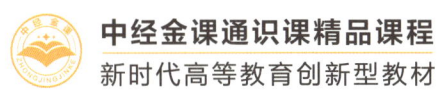

中经金课通识课精品课程
新时代高等教育创新型教材

认同与自信
中华优秀传统文化概论

主编 ◎ 丁 蕾　莫艳萍　高 艳
副主编 ◎ 谭 琴　舒晓军　颜 青
　　　　张珊珊　成 浩　马艳纯

中国经济出版社

图书在版编目（CIP）数据

认同与自信：中华优秀传统文化概论 / 丁蕾，莫艳萍，高艳主编. --北京：中国经济出版社，2023.8
中经金课通识课精品课程
ISBN 978-7-5136-7390-7

Ⅰ.①认… Ⅱ.①丁… ②莫… ③高… Ⅲ.①中华文化—高等学校—教材 Ⅳ.①K203

中国国家版本馆CIP数据核字（2023）第162804号

选题策划	雷　生
责任编辑	彭　欣
责任印制	马小宾
封面设计	牧野春晖

出版发行	中国经济出版社
印 刷 者	北京富泰印刷有限责任公司
经 销 者	各地新华书店
开　　本	889 mm×1194 mm　　1/16
印　　张	12
字　　数	338 千字
版　　次	2023 年 8 月第 1 版
印　　次	2023 年 8 月第 1 次
定　　价	52.00 元
广告经营许可证	京西工商广字第 8179 号

中国经济出版社　网址 www.economyph.con　社址 北京市东城区安定门外大街 58 号　邮编 100011
本版图书如存在印装质量问题，请与本社销售中心联系调换（联系电话：010-57512564）

版权所有　盗版必究（举报电话：010-57512600）
国家版权局反盗版举报中心（举报电话：12390）　　服务热线：010-57512564

前言

我国的高等职业教育将培养高素质、技能型人才作为育人目标，要求高职院校在注重学生职业技能、专业素养培育的同时，重视关切学生"精神成长"的人文素养的教育。作为职业教育文化的根脉，中华优秀传统文化是实现职业教育"健全德技并修、工学结合育人"机制的底蕴。职业教育文化要在中华优秀传统文化独一无二的理念、智慧、气度、神韵中寻找"根"与"魂"，阐释精神价值。于是，"中华优秀传统文化"课程在学生"精神成长"过程中的作用日渐凸显。

本书以培养学生在未来工作中必须具备的人文素养、职业素养，及其在职场中投射的应用能力为目标，深入分析授课对象的综合能力基础与专业知识基础，内容设置适应岗位需求。

首先，解答"为何传承与发展中华优秀传统文化"问题。

中华优秀传统文化是中华民族在长期的历史发展过程中孕育、形成、保留和发展起来的，具有稳定形态，涵盖思想观念、思维模式、价值取向、道德情操、礼仪制度、风俗习惯、行为方式、生活况味、宗教信仰、文学艺术、教育科技、文物典籍等具体与抽象的内容。中华优秀传统文化博大精深、源远流长，璀璨夺目、精深神奇，底蕴无穷、千古不绝，至今仍焕发着蓬勃的生命力和独特的魅力，是中华民族团结奋进、继往开来，傲立于世界民族之林的实践基础与精神支撑。

近代以来，中华文明与西方文明不断发生摩擦、碰撞和融合，但中华优秀传统文化的精髓始终流淌在中华民族的血液中，经久不衰、历久弥新，其中，蕴藏了哪些瑰宝精华？几经沧桑、几度沉浮，在近代经历了怎样的转型，又如何与现代社会相适应？

要回答这些时代之问、发展之问，就要真正学懂弄通中华优秀传统文化为何是实现中华民族伟大复兴的文化根基。在市场经济迅猛发展和现代化浪潮冲击下的当今社会，我们应该如何从中华经典思想中、往圣先贤思想遗存中，汲取营养、凝练智慧，从而强化文化认同、重铸中华文明？

其次，解答"以何传承与发展中华优秀传统文化"问题。

作为国际舞台上极为重要的国家，中国在历史长河中，拥有丰富的对外交往和国际关系实践，也有着连接传统与现代的、宏大的文化传播思想体系。作为中华优秀传统文化的继承者，我们应全情投入思考"何以中国"的问题，结合历史和现实、理论与实际，以强健的文化自信，激荡于世界不同文明互学互鉴这一人类历史洪流中，成为推动中华优秀传统文化创造性转化和创新性发展的主体责任人。

有学者研判，在全球化的今天，中华优秀传统文化中的"仁""礼""德""和""中庸"等维持社会秩序的道德规范与概念论述仍可焕发时代活力。应从试图验证西方理论是否适用中国历史和实践，转向以原创性中国概念解释中国在全球治理体系中的思维和行为，乃至为其他国家提供新的启示。

在传统文化课堂上讲好中国故事，应明晰文史相通是中国故事的叙事之道，融通中国故事在各种文化语境中的自如表达，必须以中华文化在时代中的嬗变和特色为原点。持续深化对中华优秀传统文化的研究，梳理、提炼、挖掘优秀传统文化，对提升学习者的文化素质，丰富学习者的文化涵养，有着十分重要的作用。值得注意的是，一些经典论述给我们提供了价值指向与实践经验。譬如，唐宋时期，在推进文化对外传播的过程中，注重对其精神标识的播扬，凝练"尚公""思辨""贵和""重礼"等概念。"尚公"，强调坚守本民族优秀文化传统，包容外民族优秀文化的整体发展；"贵和"，强调增强本民族优秀文化竞争力，借鉴外民族优秀文化的合作共赢。结合丝绸之路的驼铃声声到"一带一路"上风驰电掣的中欧班列等极具时代印记的事件，呈现出中华民族历来重视睦邻友好与文明交流的历史与现实图景。

最后，解答"如何传承与发展中华优秀传统文化"问题。

本书将带领大家以真实不妄的态度走近中华优秀传统文化，在先贤与原典的指引下领略优秀传统文化的精华要素，在历史与现实的思考中体会优秀传统文化的风骨气韵。本书编写以学生为中心、以任务为导向、以应用为目标，优化教学过程：以中华优秀传统文化的文化精神及思维方式为主线，从多层次、多角度展示中华优秀传统文化的主要内容和特色，展开中华文明的历史画卷；结构清晰，自成体系，促使学生对中华优秀传统文化的发展历史形成一定的了解，对各类文化概况有一定的认知，逐级打通"厘清概念—明晰原理—践行行为"研习模式各环节。

前 言

本书概述了中华优秀传统文化的地位、历史发展、主要特征、基本精神和核心理念构成，结合中国共产党人的传统文化观及当代学习传承中华优秀传统文化的意义，阐明如何正确认识和弘扬中华优秀传统文化。同时，通过中国古代哲学思想、传统美德、文学经典、传统建筑、医药养生、传统节日、服饰与美食等主题，探析天人合一、精忠报国、天下大同、勤俭廉政、舍生取义、仁爱孝悌、和而不同、敬业乐群、诚实守信、自强不息、厚德载物、尊师重道等中华优秀传统文化中的核心理念。以经典文本为据，以古今案例为辅，深入浅出，结合日常工作、学习、生活的实际，辨析优秀传统文化的独特内涵，切实弘扬中华优秀传统文化传承至今的精神内核，捍卫中华优秀传统文化中的优秀理念，铸就每一个中国人挺立的精神人格。

通过对中华优秀传统文化的系统学习，品读并理解"先天下之忧而忧，后天下之乐而乐"的政治抱负，"富贵不能淫，贫贱不能移，威武不能屈"的浩然正气，"苟利国家生死以，岂因祸福避趋之"的报国情怀，"鞠躬尽瘁，死而后已"的献身精神，"利民之事，丝发必兴；厉民之事，毫末必去"的爱民之心，"其身正，不令而行；其身不正，虽令不从"的律己追求，"明者因时而变，知者随事而制"的守正创新，"天下大事必作于细"的务实之风，这些都镌刻着中华民族"执古之道，以御今之有"的精神基因与奋斗智慧。

为实现对高职院校传统文化教育施行改革的大胆尝试，本书极力凝练出以下主要特色。

一是提升应用效果。通过系统学习，学习者应基本掌握中华优秀传统文化的历史价值、民族意义、时代价值、世界意义，汲取中华文明之精华而熔铸之、贯通之。如何活用经典思想以"修身"与"治世"，用什么、如何用、效果如何，既是处世能力、治理思想、学术风格的折射，也是将往圣先贤哲学智慧运用于治理现代化的当代实践。承袭这一理念，本书在突出人文性的基础上兼顾高职高专应用型人才培养的目标，强调"人文性"与"应用性"的结合。

二是彰显时代特征。充分考量高职高专院校学生的学习能力特点，在体系构建上形成以下原则：遴选并深度解读体现"中华文明"金质名片、讲述精彩中国故事的经典案例与经典表达，这些正是"让书写在古籍里的文字活起来"的生动范本；注重开放性的同时，体现"经典性"与"时代性"结合，譬如，在对中国古典文学作品的文本解读中，阐释如何古为今用，共同探索分析解决世界问题的中国方案。激励学生乐于薪火相传，延续泱泱华夏之文脉学统。

三是强调逻辑思辨。本书采用模块式结构，将教学内容根据不同的主题分成不同的模块，各大主题建立起多样态的联系，凸显优秀传统文化一脉相承、与时俱进的逻辑关系与理论品质。锚定指导学习者构思解决人生问题的根源性方案，以及敢于钻研探索，以增加人类知识总量为己任的价值追求。

本书由丁蕾、莫艳萍、高艳担任主编，谭琴、舒晓军、颜青、张珊珊、成浩、马艳纯担任副主编。丁蕾、莫艳萍对全书进行审校、统稿，高艳、谭琴、舒晓军、颜青、张珊珊、成浩等对部分文稿开展润饰和校对工作。

本书的顺利出版，得到了湖南外国语职业学院董事长宁平的大力支持和悉心指导，中国经济出版社的编辑为本书提出了宝贵的修改意见，付出了辛勤劳动。在此，谨向他们致以诚挚的谢意。

本书在编写过程中，参考借鉴了大量文献资料、网络资料和相关研究成果，以及一些专家学者的理论和观点，这在参考文献中已一一列出。由于时间仓促等，未能与各位作者取得联系，在此谨表谢忱。

本书编写人员水平有限，加之编写仓促，缺点错误在所难免。如有疏失，敬请使用本书的师生及读者不吝赐教，以便修正。

编　者

2023 年 3 月

目 录

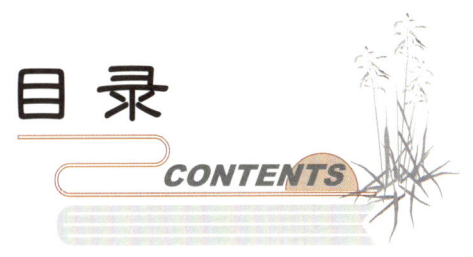

第一章　中华优秀传统文化概述 ⋯⋯⋯⋯⋯⋯⋯⋯⋯⋯⋯⋯⋯⋯⋯⋯ 001
　　第一节　中华优秀传统文化的定义 ⋯⋯⋯⋯⋯⋯⋯⋯⋯⋯⋯⋯⋯⋯ 003
　　第二节　学习中华优秀传统文化的意义 ⋯⋯⋯⋯⋯⋯⋯⋯⋯⋯⋯⋯ 009
　　第三节　如何弘扬中华优秀传统文化 ⋯⋯⋯⋯⋯⋯⋯⋯⋯⋯⋯⋯⋯ 011

第二章　中国古代哲学思想 ⋯⋯⋯⋯⋯⋯⋯⋯⋯⋯⋯⋯⋯⋯⋯⋯⋯⋯ 015
　　第一节　天人合一思想 ⋯⋯⋯⋯⋯⋯⋯⋯⋯⋯⋯⋯⋯⋯⋯⋯⋯⋯⋯ 017
　　第二节　舍生取义的气节 ⋯⋯⋯⋯⋯⋯⋯⋯⋯⋯⋯⋯⋯⋯⋯⋯⋯⋯ 020
　　第三节　知行合一的主张 ⋯⋯⋯⋯⋯⋯⋯⋯⋯⋯⋯⋯⋯⋯⋯⋯⋯⋯ 022
　　第四节　天下大同的理想 ⋯⋯⋯⋯⋯⋯⋯⋯⋯⋯⋯⋯⋯⋯⋯⋯⋯⋯ 025

第三章　中华传统美德 ⋯⋯⋯⋯⋯⋯⋯⋯⋯⋯⋯⋯⋯⋯⋯⋯⋯⋯⋯⋯ 031
　　第一节　正心修身的追求 ⋯⋯⋯⋯⋯⋯⋯⋯⋯⋯⋯⋯⋯⋯⋯⋯⋯⋯ 033
　　第二节　与人为善的处世原则 ⋯⋯⋯⋯⋯⋯⋯⋯⋯⋯⋯⋯⋯⋯⋯⋯ 039
　　第三节　精忠报国的爱国精神 ⋯⋯⋯⋯⋯⋯⋯⋯⋯⋯⋯⋯⋯⋯⋯⋯ 044

第四章　中国古代文学 ⋯⋯⋯⋯⋯⋯⋯⋯⋯⋯⋯⋯⋯⋯⋯⋯⋯⋯⋯⋯ 051
　　第一节　中国古代文学发展历程 ⋯⋯⋯⋯⋯⋯⋯⋯⋯⋯⋯⋯⋯⋯⋯ 053
　　第二节　中国古代文学的文化特征 ⋯⋯⋯⋯⋯⋯⋯⋯⋯⋯⋯⋯⋯⋯ 064
　　第三节　中国古代文学的精神内涵 ⋯⋯⋯⋯⋯⋯⋯⋯⋯⋯⋯⋯⋯⋯ 068

第五章　中国古代建筑 ⋯⋯⋯⋯⋯⋯⋯⋯⋯⋯⋯⋯⋯⋯⋯⋯⋯⋯⋯⋯ 073
　　第一节　中国古代建筑的发展历史 ⋯⋯⋯⋯⋯⋯⋯⋯⋯⋯⋯⋯⋯⋯ 075
　　第二节　中国古代建筑的基本特点 ⋯⋯⋯⋯⋯⋯⋯⋯⋯⋯⋯⋯⋯⋯ 078
　　第三节　中国古代建筑的主要类型 ⋯⋯⋯⋯⋯⋯⋯⋯⋯⋯⋯⋯⋯⋯ 081

第六章　中国医药养生 ······ 095
第一节　阴阳之辨 ······ 097
第二节　经络气血 ······ 104
第三节　中医养生之道 ······ 111

第七章　中国传统服饰文化 ······ 119
第一节　中国传统服饰文化发展形态 ······ 121
第二节　绚丽的中国传统服饰 ······ 122
第三节　中国传统服饰制度 ······ 130
第四节　中国传统服饰礼俗 ······ 132

第八章　中国传统节日文化 ······ 139
第一节　中国传统节日 ······ 141
第二节　文化内涵 ······ 153
第三节　现实意义 ······ 155

第九章　中国传统美食与美饮 ······ 159
第一节　中国传统美食文化 ······ 161
第二节　中国传统酒文化 ······ 168
第三节　中国传统茶文化 ······ 172

参考文献 ······ 183

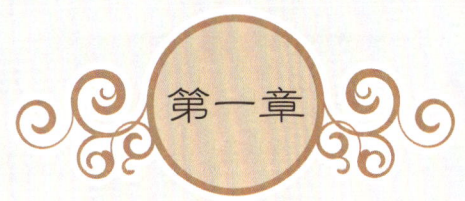

第一章

中华优秀传统文化概述

21世纪，中华民族正在复兴和崛起，不仅是经济上的复兴和崛起，也是中华文化的复兴和崛起。历史上，无数华夏儿女创造了辉煌灿烂的民族文化，形成了中华民族优秀的文化传统。在漫长的历史发展中，中华民族之所以能够成为伟大的民族，历经磨难而愈挫愈勇、奋发奋起，始终屹立于世界民族之林，一个重要原因就在于培育和发展了独具特色、博大精深的中华文化，为自身发展提供了强大精神支撑和丰厚文化滋养。这种文化不但在历史上曾经为世界上其他民族所赞叹和仰视，直到今天仍在世界各地有着广泛影响力。

习近平总书记指出："世世代代的中华儿女培育和发展了独具特色、博大精深的中华文化，为中华民族克服困难、生生不息提供了强大精神支撑。"因此，我们要尽可能地多了解本民族的优秀传统文化，以便更好地继承和弘扬民族文化。

【知识目标】

了解文化、传统文化和中华优秀传统文化的概念、特征，理解学习中华优秀传统文化的意义，掌握学习中华优秀传统文化的方法。

【能力目标】

能从文化的视野分析、解读当代社会的种种现象。

【素质目标】

增强文化自信，培养家国情怀，强化使命担当，提升道德修养。

【情境导入】

世界上一些有识之士认为，包括儒家思想在内的中华优秀传统文化中蕴藏着解决当代人类面临的难题的重要启示。这些有识之士，包括英国著名历史哲学家汤恩比先生，他从文化学的角度研究了历史，最后得出了这样的结论："能够真正解决21世纪社会问题的，只有中国的传统文化。"他的一本书名字就是《未来属于中国》，这里说的不是中国的经济、军事，而是中国的文化，是中国文化能够统一的时代。1988年1月，75位诺贝尔奖获得者，在法国巴黎开会，面对世界的环境危机、恐怖主义、道德危机，发出了共同的呼吁："人类要在21世纪生存下去，就必须回到2500年前汲取孔夫子的智慧。"俄罗斯前总统梅德韦杰夫在2010年6月19日的圣彼得堡国际经济论坛上也提出："如果我们遵循中国哲学家的遗训，我认为，我们能够找到平衡点，并成功走出这场巨大的考验。"这些人都是某些领域的顶尖科学家、思想家、哲学家，他们提出这样的论断，都不是偶然的，说明他们对博大精深的中华优秀传统文化有着深刻的理解和认同。

综上所述，中华优秀传统文化蕴含的无穷智慧，显现出它消弭戾气、驱除偏狭、抑制凶顽的可贵效能；中华优秀传统文化的特有魅力，必能促进世界文化朝着繁荣稳定、公平正义、秩序和谐的方向健康发展。为此，我们要深入发掘与着力激活中华优秀传统文化的生命力，深化推动中华优秀传统文化创造性转化和创新性发展。

第一节 中华优秀传统文化的定义

一、文化与中华优秀传统文化

(一) 文化

"文化"一词是从拉丁文 Cultura 演化而来的，原意是耕作和植物培育，后来逐渐由物质生产领域拓展到精神领域。

我国古代最早将"文化"二字连在一起的是西汉著名学者刘向。他在《说苑·指武》中说："凡武之兴，为不服也；文化不改，然后加诛。"这里的文化都含"文治教化"的意思，它与天文（自然）是相对的，天文蕴含的是古代中国人的自然和宇宙意识，而人文体现的则是他们对人伦社会活动的思考。

文化有广义和狭义之分。广义的文化又称为"大文化"，它着眼于人与一般动物、人类社会与自然界的本质区别，指人类在社会活动中创造的一切，包括物质和精神的创造及其成果的总和。如认识领域的语言、哲学、科学、教育等，艺术领域的文学、美术、音乐、舞蹈、戏剧等，器用科学领域的生产工具、日用器皿以及相关制造技术等，社会领域的制度、组织、风俗习惯等。这里既有物质文化，又有精神文化。

狭义的文化专注于精神创造活动及其成果，因而又称为"小文化"，是指某一社会集体（民族或阶层）在长期历史发展过程中，经过传承积累自然凝聚的共有的人文精神及其物质体现总体体系。狭义的文化不但以人为中心，而且以人的精神活动为中心，即使观察物质世界，也是以其中的人文精神为内核。狭义的文化关注的不是个体的精神活动，而是经过历史传承积累凝聚的、共有的、成体系的人文精神。狭义的文化的重点不仅是全人类的普遍共性，而且更加注重不同民族、阶层、集团人文精神的特点。

(二) 中华优秀传统文化

研究中华优秀传统文化，必须明确什么是"传统"。一般认为，"传统"是指那些世代相传的价值和仍具有活力、影响力的事物。美国社会学家希尔斯在《论传统》一书中写道："传统是人类行为、思想和想象的产物，并且被代代相传。"他认为"传统"不仅包含物质载体，也包含人们的观念、风俗和社会制度、人和事物的历史地位等意识层面。

中华优秀传统文化概述

传统文化是指在长期的历史发展过程中形成和发展起来的、保留在每个民族中具有稳定形态的文化，包括思维方式、价值观念、审美意识、道德风尚等一系列社会意识及行为习惯。传统文化负载着一个民族的价值取向，影响着一个民族的行为方式和生活方式，汇集出一个民族自我认同的凝聚力。

中华优秀传统文化，是指1840年鸦片战争以前，我国在长期的历史发展过程中形成和发展起来的、保留在中华民族中具有稳定形态的中国文化，具体包括思想观念、思维方式、价值取向、道德情操、礼仪制度、风俗习惯、行为方式、生活方式、宗教信仰、文学艺术、教育科技、文物典籍等。中华优秀传统文化内涵丰富，文学艺术异彩纷呈，语言文字内涵深厚，典章制度浩繁精细，科技工艺独具特色，哲学宗教睿智深奥，这些内容集中体现了中华优秀传统文化的博大精深。中华优秀传统文化是中华民族几千年文明的结晶，是中华民族的集体记忆与精神家园。

二、中华优秀传统文化的特征

中华优秀传统文化是中华民族根据自己的美学或哲学观点与思维模式，在认识和改造自然、社会和民族自身过程中创造积累的全部文明成果，具有自身的民族与国度特色。

（一）兼容并包　丰富多彩

中国人认为，只有包容、兼容，吸纳不同的意见，汇集不同的声音，才能在矛盾的对立统一中体现自身的价值。中华优秀传统文化在演进过程中不断吸纳和兼收周边少数民族及其他国家的思想智慧，得以丰富和发展，使与不同文明互学互鉴成为中国历史的主流。中国文化在宗教方面，儒、释、道三教合一，并且吸收了基督教、伊斯兰教等外来宗教的营养；在民族价值观方面，以礼待人，承认与吸收任何民族的优秀文化；在治国之道方面，倡导兼容天下。亲善睦邻、协和万邦的思维方式与文化精神对中国文化和社会生活如文学、医学、艺术、建筑等方面，都具有广泛而深刻的影响。

相关链接

中国历史上的四次民族大融合

第一次民族大融合： 春秋战国时期，持续近600年。这次大融合从周平王东迁开始，到秦始皇统一六国结束，在中国的腹心地区，进行了一场大规模的民族融合，形成了我国的主体民族——汉族。

第二次民族大融合： 魏晋南北朝时期，自汉末到隋朝的建立，持续了400年左右。这个时期，中原地区因战乱十分动荡，很多中原地区的汉人去了南方，史称"衣冠南渡"，也有很多北方的少数民族进入中原地区，并且在这里生活下来。这个时期，科学技术成就突出，文学、绘画、石窟等艺术大量涌现，佛教、儒教、道教文化不断冲突和逐渐合流等，促进了文化繁荣发展。

第三次民族大融合： 唐、五代、宋元时期，历时数百年之久。这个时期，北方的羌族、契丹族、女真族、蒙古族等民族不断入侵并与汉族融合，同时加强了与中亚和东欧的联系。如唐朝推行和亲政策，并与吐蕃和亲建立友好关系。也有很多汉民族融入了北方的少数民族。

阎立本《步辇图》

第四次民族大融合：明清时期，基本奠定了中国的疆域和以汉族为主的中华民族。虽然清朝统治者长期奉行拒绝与外族通婚，尤其是不与汉族通婚的政策，但随着时间的推移，形势的变化，还是有很多满族与汉族通婚的情况发生，这也在客观上促进了民族大融合。

（二）儒道为主　三教合流

中国传统文化有多个源头，儒家思想是其中之一，在随后的历史发展中，儒家思想因切合新出现的封建大一统思想的需要，被国家权力所接受。西汉时期，汉武帝实行了"罢黜百家，独尊儒术"的政策，儒家思想成为官方正统思想，进而在长期的封建社会里占据主导地位。此后，儒家思想始终与其他思想并存，通过与其他思想的交融，在发展中维持自己的主导地位。

东汉以后，随着道教的兴起和佛教的传入，很快形成了儒、道、佛三足鼎立的局面，儒家思想的正统地位受到道家和佛家的严重冲击，但儒家思想始终能保持自己的应变能力，通过与其他思想的交融，在发展中维持自己的主导地位。魏晋玄学从本质上可以说是儒道结合的产物。自宋以来，儒家思想发生很大变化，融合了儒家、道家、佛家的某些理论，内容更加丰富，而佛家、道家最终承认以三纲为核心的伦理纲常。明清之际，理学集大成者朱熹的著作《四书章句集注》，最后被确定为科举取士的"教科书"。这表明儒家思想成功地解除了危机，再次巩固了自己在社会生活中的主导地位。儒家思想成为中华传统文化的主流，是历史选择的结果。从根本上来讲，这是因为儒家思想反映了中国封建社会现实的社会关系，适应了中国封建社会稳定发展的需要。

（三）以人为本　伦理至上

以人为本就是将人作为考虑一切问题的出发点和归宿。在中华传统文化中，始终强调以人为本，并将天、地、人三者并列，以人为宇宙中心，认为人是万物之本。在处理人事

相关链接

孟子的民本思想

人性方面，孟子主张性善论。认为人生来就具备仁、义、礼、智四种品德。人可以通过内省去保持和扩充它，否则将会丧失这些善的品质。因而，孟子要求人们重视内省的作用。在社会政治观点方面，孟子突出仁政、王道的理论。仁政就是对人民"省刑罚，薄税敛"。

他提出"民贵君轻"的主张，认为君主必须重视人民，"诸侯之宝三，土地、人民、政事"。君主如有大过，臣下则谏之；如谏而不听，则以易其位。

至于像桀、纣一样的暴君，臣民可以起来诛灭之。孟子反对实行霸道，即用战争征服别的国家；认为应该行仁政，争取民心的归附，以不战而服，即其所说的"仁者无敌"，实行王道就可以无敌于天下。

与天道的关系时，不少政治家和思想家主张先尽人事再考虑天道；在治国理念上，提出"民为重，社稷次之，君为轻"，"水能载舟，亦能覆舟"的主张；在国计民生上，提倡"重农抑商、鼓励农耕"；在教育上，主张"有教无类"等。

在中国封建社会时期，人们的生产生活普遍聚焦于处理家庭、邦国内部的父子、长幼、上下、尊卑等人伦关系，对人伦关系的重视远远超过对宇宙、自然及生产技术的探索。强调群体优先原则，千年以来一直延续"家族本位"传统。重伦理、轻自然，重集体、轻个人的特点非常显著。

（四）自强不息　刚健有为

中华民族的生生不息和中华文化的绵延不绝，离不开华夏儿女"自强不息"的精神。"天行健，君子以自强不息"强调人们要具备像天那样坚忍刚毅、永不停息的优秀品质。"自强不息"这一思想在历史的长河里，激励着一代又一代的仁人志士，是后世奋发有为的、人们立身处世的重要原则。《史记·太史公自序》有云："昔西伯拘羑里，演《周易》；孔子厄陈、蔡，作《春秋》；屈原放逐，著《离骚》；左丘失明，厥有《国语》；孙子膑脚，而论兵法；不韦迁蜀，世传《吕览》；韩非囚秦，《说难》《孤愤》；《诗》三百篇，大抵贤圣发愤之所为作也。"仁人志士虽身处困苦之中，但仍发愤图强，自强不息，终在苦难中磨炼了自己，功成名就，名垂青史。他们这种面对困境积极抗争、永不停歇的精神，鼓舞了一代又一代的中国人，使中华儿女总能在危亡、艰难的时刻，保持不放弃的精神，誓死抗争，顽强拼搏。

刚健有为、自强不息是中华优秀传统文化的基本精神，应该在当今中国传承下去。当代大学生是国家的栋梁之材，是国家未来建设的中坚力量，更应该继承和发展这种民族精神，更好地促进我国各项事业兴旺发达。

（五）崇尚统一　追求稳定

我国历代统治者与被统治者都认同统一，认为只有统一才能创造开明的政治、繁荣的

相关链接

闻鸡起舞

传说东晋时期的将领祖逖小时候是个不爱读书的孩子，在他青年时才意识到自己知识的贫乏，深感不读书无以报效国家，于是就发奋读书，广泛阅读书籍，认真学习历史。后来和好友刘琨谈论时局，慷慨激昂，满怀义愤。为了报效国家，他们决定要做一个能文能武的有用之人，于是在半夜一听到鸡鸣，就披衣起床，拔剑练武，刻苦锻炼，听到鸡啼就起来舞剑。功夫不负有心人，他们终于成了既能写一手好文章，又能带兵打仗的文武全才，祖逖被封为镇西将军，实现了他报效国家的愿望，刘琨做了征北中郎将，兼管并、冀、幽三州的军事。因此，闻鸡起舞后来比喻有志报国的人及时奋起，也比喻意志坚强，有毅力有耐心的有志之士。

闻鸡起舞

经济和文明的社会，国家才能强盛，百姓才能安居乐业。秦始皇统一六国之后，汉代董仲舒继而对"大一统"观念进行理论阐释，备受汉武帝推崇。"统一"逐渐转化为民族文化深层结构的社会心理，凝练出中华民族独特的政治思维定式。虽然朝代更迭，时代变迁，但是以江山统一为乐，以社稷分裂为忧，成为中华民族矢志不渝的政治价值取向。"天下兴亡，匹夫有责"正是这种精神的体现。从陆游临终发出"但悲不见九州同"的悲叹到辛弃疾"栏杆拍遍"，从文天祥"留取丹心照汗青"到周恩来"为中华之崛起而读书"，几千年来，这种精神一直被中华儿女传承着，无数仁人志士为了领土完整和民族统一，抛头颅，洒热血，不计个人利益，奋斗不息。它培育了中华民族"富贵不能淫，贫贱不能移，威武不能屈"，"宁为玉碎，不为瓦全"的崇高民族气节和骨气。这些都说明，崇尚统一，维护统一的多民族国家的共同利益是中华民族的优良传统。

（六）尊老尚古　贵和尚中

在中国人的观念中，老者是智慧与经验的化身，应尊老尚古，以孝为本。"和"，即和气、和睦、和平、和谐。"中"，即不偏不倚，也就是孟子所说的"中庸"。中国人一贯追求群体和谐、社会和谐、天人和谐，认为"天时不如地利，地利不如人和"。中华优秀传统文化的理想境界就是达到人与自然、人与自我、人与他人三个层面关系的和谐统一。

人与自然的关系在中国古代就是天人关系。老子提出人道应效法天道，主张人法地，地法天，天法道，道法自然。庄子继承了老子的道法自然，认为人只要顺应自然的和谐，与道为一，就能逍遥自在。孔子也多次提到，天、天命，对天、天命充满了敬畏之心。但与道家无为主张不同的是，孔子更重人事：人能弘道，非道弘人。

（1）人与自我的身心关系的和谐。这种和谐主要体现在自我身心修养和理论实践方面。

无论性善论还是性恶论，都是向上的道德方向和实践。如孟子提出，"养心莫善于寡欲"，养浩然之气。

（2）人与他人的群己关系的和谐。《论语》中多次提到以和为贵。和为贵力求通过群己关系的和谐达到社会整体的和谐。

（七）知行合一　经世致用

"知行合一"是指理论和实践相统一，又指言与行相统一。要求我们正确处理理论和实践的关系，坚持"实践是检验真理的唯一标准"，从实践中来，到实践中去。同时，我们要言行一致，表里如一，说到做到。

中国人历来重视实际，深信"眼见为实，耳听为虚"，崇尚在实际工作和生活中追求人生理想，实现人生价值，于是形成了中华优秀传统文化中实事求是的思想方法、身体力行的价值取向、经世致用的治学传统。《礼记·中庸》说的"力行近乎仁"在一定程度上体现了"行重知轻"的认识理论，这与实践品质具有某种一致性。正是在这种经世致用的治学传统影响下，中国古代的科学如天文、数学、医药、地理、农学水利乃至四大发明，大多成为与国计民生密切相关的实用科学。这些实用科学的成就之高，解决实际问题的能力之

相关链接

都江堰——中国古人"经世致用"的伟大工程

秦昭襄王五十一年（前256），秦国蜀郡太守李冰和他的儿子，汲取前人的治水经验，率领当地人民，主持修建了著名的都江堰水利工程。整体规划是将岷江水流分成两条，其中一条水流引入成都平原，既可以分洪减灾，又可以引水灌田、变害为利。都江堰水利工程包括鱼嘴分水堤、飞沙堰溢洪道、宝瓶口引水口三大主体工程，以及百丈堤、人字堤等附属工程，科学地解决了江水自动分流、自动排沙、控制进水流量等问题，消除了水患，使川西平原成为"天府之国"。

都江堰

都江堰水利工程遵循的"深淘滩，低作堰"，"乘势利导、因时制宜"，"遇弯截角、逢正抽心"治水方略，使其成为世界最佳水资源利用典范。2000年，在联合国世界遗产委员会第二十四届大会上，都江堰被确定为世界文化遗产。

两千多年来，都江堰水利工程一直发挥着防洪灌溉的作用，其创建以不破坏自然资源，充分利用自然资源为人类服务为前提，使人、地、水三者高度和谐统一，充分体现了中国古人"经世致用"的思想。

强，曾在世界历史上遥遥领先，但对于其中的原理和方法研究不够，有些原理至今仍然不知其详。

（八）强调人格　提倡节烈

主张为国尽忠，杀身以成仁，舍生以取义是中华优秀传统文化的另一个特征。孔子认为，人生在世一定要有独立的人格。为了维护自己人格的尊严，实现自己的志向，宁可牺牲生命，也不苟且偷生。他说："志士仁人，无求生以害仁，有杀身以成仁。"政治清明，符合自己为之奋斗的理想，可以出来做官；天下无道，政治黑暗，就应该退隐，不应贪图富贵荣华。孟子认为，生命与道义都是可贵的，假如二者不能兼得，就应该舍生以取义。他认为，大丈夫应该具备一种"富贵不能淫，贫贱不能移，威武不能屈"的精神。正是在这种优秀传统文化的熏陶下，我国历史上出现了苏武、杨业、岳飞、文天祥等无数忠君爱国的英雄。这种思想，在进行现代化建设的今天，仍然具有很强的现实意义。

第二节　学习中华优秀传统文化的意义

当前，我国正处于经济社会发展的深刻变革时期。随着改革进入攻坚期，全球化进程进一步加快，互联网和新媒体快速发展，各种思想交流、交融、交锋更加频繁，给人们的思想带来了极大的冲击。在这样的时代背景下，青年大学生的思想意识更加自主，价值追求多样化，个性特点更加鲜明，社会上一些不良思想倾向和道德行为，对青年大学生的健康成长产生了不容忽视的影响。

中华优秀传统文化历来倡导的是以道德实践提升人的精神境界，对自己对社会都要具有高度的责任感，倡导建立的关心人、爱护人、尊重人的协调有序的人际关系，特别是"格物、致知、正心、诚意、修身、齐家、治国、平天下"的道德实践要义，对当代大学生道德修养建设具有极为重要的指导作用。

为什么要学习中华优秀传统文化呢？

（一）有助于大学生树立社会主义核心价值观

社会主义核心价值观是社会主义核心价值体系的内核，是社会主义核心价值体系的高度凝练和集中表达，它是中华优秀传统文化长期积淀的成果，承载着中华优秀传统文化的基因。社会主义核心价值观和中华优秀传统文化之间的价值观有很多是相通的，文明、和谐、诚信、爱国、敬业、友善等既是社会主义核心价值观的要求，更是中华优秀传统文化的核心价值理念。社会主义核心价值观和中华优秀传统文化这种天然的联系，决定了弘扬中华优秀传统文化是培育社会主义核心价值观的重要途径。

（二）有助于培养大学生的爱国主义精神

中华民族在几千年的发展中，在多次外族入侵略面前没有亡国的直接原因是中华民族拥有爱国主义传统。我国历史上出现过许多著名的爱国主义者和民族英雄，如"路漫漫其

相关链接

社会主义核心价值观

国家层面的价值目标：富强、民主、文明、和谐

社会层面的价值取向：自由、平等、公正、法治

个人层面的价值准则：爱国、敬业、诚信、友善

修远兮，吾将上下而求索"的爱国诗人屈原，"王师北定中原日，家祭无忘告乃翁"的陆游，前仆后继抵御外族入侵的杨家将，"壮志饥餐胡虏肉，笑谈渴饮匈奴血"的岳飞，"先天下之忧而忧，后天下之乐而乐"的范仲淹，收复台湾的郑成功，抗击倭寇的戚继光，鸦片战争时期的林则徐、关天培，中日甲午战争中的邓世昌，"我自横刀向天笑，去留肝胆两昆仑"的谭嗣同等，都是中华民族爱国人物的杰出代表。

学习优秀传统文化，通过这些杰出的爱国人物的熏陶，加深大学生对爱国主义的理解，激发大学生的爱国热情，能帮助其修养"为天下立功，为万世开太平"的圣贤品格。

（三）有助于大学生建立良好人际关系的道德规范

中华优秀传统文化博大精深，蕴含着大量人际交往的智慧，对大学生构建和谐人际关系有着重要的指引作用。"仁"是儒家思想的核心，"义"是儒家思想的价值准绳。在孔子的学说中，"人"和"己"是不可分的。孔子的哲学是事事从我做起，从自己做起，每个人都把自己做好，整个社会自然就好。每个人在做人和做事的时候都要考虑别人，也就是把别人也当作自己，要"推己及人"。因为，别人的别人就是自己，害人其实也是害己。孔子的名言是"己所不欲，勿施于人""己欲立而立人，己欲达而达人"。这种"立己达人"的人生哲学和人际关系道德规范即使在今天也仍然具有十分重要的意义。大学生要做高素养、讲文明、有爱心的中国人，就要学习和借鉴中华优秀传统文化中"仁爱共济，立己达人"的道德思想。

（四）有助于提升大学生的道德修养

学习优秀传统文化可以丰富大学生的精神修养，规范思想品德。以儒家思想为代表的传统思想主张"内修外教""穷则独善其身，达则兼济天下""舍生取义，杀身成仁""虽体解吾犹未变兮""虽九死其犹未悔"等。中华优秀传统文化还倡导积极进取、自强不息的奋斗精神，注重气节、操守和崇高的精神境界，强调忧国忧民对社会的高度责任感，强调群体意识与团结和谐的人际关系，以及修己安人的思想等，形成了一整套教人如何做人的观念和规范。它尤其强调个人的"内省"和"慎独"，以及启发主体的内在道德功能和自觉性。这种古老而优秀的传统文化，对于塑造大学生自身品格，有着重要的意义。

（五）有助于坚定大学生的文化自信

今日之中国之所以能自信地屹立于世界东方，是因为我们拥有坚定的道路自信、理论自信、制度自信，其本质是建立在5000多年文明传承基础上的文化自信。文化自信是一个国家、一个民族对自身拥有的生存方式和价值体系的充分肯定，是对自身文化生命力、创造力、影响力的坚定信念，关乎民族精神状态和社会精神风貌，关乎国家发展进步的动力与活力。实现中华民族伟大复兴，需要充分激扬文化自信的强大精神力量。

中华优秀传统之所以能坚定文化自信，是因为我们可以从历史和现实两个角度进行审视。从历史角度来看，中华民族之所以生生不息发展壮大到如今，中华文明绵延几千年发展到今天不中断，是因为有中华优秀传统文化持续不断的优秀资源。这对形成和维护中国团结统一的政治局面，对形成和巩固中国多民族和合一体的大家庭，对形成和丰富中华民族精神，对激励中华儿女维护民族独立、反抗外来侵略，对推动中国社会发展进步、促进中国社会利益和社会关系平衡，都发挥了十分重要的作用。从现实角度来看，中华优秀传统文化历久弥新，蕴含着解决当代人类面临的难题的重要启示。习近平总书记指出，中华优秀传统文化丰富的哲学思想、人文精神、教化思想、道德理念等，可以为人们认识和改造世界提供有益启迪，可以为治国理政提供有益启示，也可以为道德建设提供有益启发。

第三节　如何弘扬中华优秀传统文化

当代大学生作为国家现代化建设的主力军，社会主义事业的建设者和接班人，肩负着实现中华民族伟大复兴的历史使命，理应在中华优秀传统文化的传承和弘扬中发挥重要作用，做好以下几点。

一、大力弘扬中华优秀传统文化应当处理好几个重大关系

（一）正确处理指导思想与文化传承的关系

大力弘扬中华优秀传统文化，必须首先正确认识和处理马克思主义的指导地位与传承中华优秀传统文化的关系。马克思主义传入中国后，通过不断吸纳中华优秀传统文化精髓，厚植了在中国落地生根的文化沃土。由此可见，坚持马克思主义的指导地位与传承弘扬中华优秀传统文化，是相得益彰、相辅相成的。在新时代条件下，正确认识和处理马克思主义的指导地位与传承中华优秀传统文化的关系，关键还是要以马克思主义中国化的最新理论成果——习近平新时代中国特色社会主义思想为指导，不断推进中华优秀传统文化的创造性转化、创新性发展。

（二）正确处理继承传统与发展创新的关系

中华优秀传统文化是中华民族最深厚的文化软实力，认同中华优秀传统文化是树立中华民族文化自信的前提与基础，是推动大学生成长成才的精神食粮和内在需求。因此，作为中华优秀传统文化的继承者与传播者、建设者与践行者，当代大学生必须敢于担负起传承与弘扬中华优秀传统文化的历史责任，只有通过自觉的学习才能了解、认识中华优秀传统文化，从而科学理性地认识中国传统文化。在看待中国传统文化时，既要认识到它蕴藏着丰富的思想哲理和文化精髓，有利于我们更好地回应时代需求和解决现实问题，又要认

识到它是在特定的历史条件下形成和发展起来的，不可避免地会受到当时人们的认识水平、时代条件、社会制度局限性的制约和影响。如"三纲五常"中的"三纲"，封建等级观念，以及"饿死事小，失节事大"等，都属于封建糟粕。因此，当代大学生要坚持全面、历史、辩证地看待它。在新时代背景下，要将中华优秀传统文化更好地传承下去，必须推动优秀传统文化继续保持其优秀特质、发挥其优点长处，推动优秀传统文化与现实文化相融相通，努力推进中华优秀传统文化在当代社会生根发芽、开花结果，不断使其结合新的实践要求，推动中华优秀传统文化创新发展，更好地融入当今时代、服务当代社会，赋予其新的时代内涵和现代表现形式。

（三）正确处理不忘本来与吸收外来的关系

"独学而无友，则孤陋而寡闻。"大力弘扬中华优秀传统文化，必须正确处理本土文化与外来文化的关系。对本土文化要"吸取精华，去其糟粕"，对外来文化要以"海纳百川，有容乃大"的精神气度对待，不断在汲取世界其他文明的养分中实现创新发展。不忘本来才能始终保持中华优秀传统文化与生俱来的民族特色，使其以独具一格的理念向度、精神气度，卓然屹立于世界文化之林，不断绽放绚丽夺目的光彩。只有吸收外来文化才能敞开胸襟、面对未来，广泛借鉴吸收各国各民族思想文化的长处和精华，使之服务于本土文化建设，不断为中华优秀传统文化的创新发展注入新的活力。对于古今中外的人类文明优秀成果，我们应该采取学习借鉴的态度，积极吸纳其中的有益成分，使之与当代文化相适应、与现代社会相协调，弘扬跨越时空、超越国度、富有永恒魅力、具有当代价值的优秀文化精神。

二、大力弘扬中华优秀传统文化必须坚持与社会实践相结合

中华文化绵延至今，是波澜壮阔的社会实践淘洗检验的结果，是中华民族历尽苦难的社会实践结晶。

弘扬中华优秀传统文化与社会实践相结合，是大学生认识世界的重要方式。自古以来，中华文化就强调经世致用，强调于社会生活中追寻真理。道法自然、天人合一的思想，产生于中华文化力图实现人与自然和谐相处的实践探索；仁者爱人、讲信修睦的思想，产生于中华文化对于促进社会和谐进步的实践追求；天下为公、天下大同的思想，产生于中华文化推动人类共同进步发展的实践。中华优秀传统文化中包含着许多人类共同遵循的普遍性生存智慧，这些思想"思考和表达了人类生存与发展的根本问题，其智慧光芒穿透历史，思想价值跨越时空，历久弥新，成为人类共有的精神财富"。因此，弘扬中华优秀传统文化，必须坚持实践标准，只有这样才能紧紧把握时代脉搏，赶上时代步伐，为回应时代需求和挑战提供有益启迪，为解决当代中国现实问题提供有益启示，为实现中华民族伟大复兴的中国梦提供巨大精神支撑。

三、大力弘扬中华优秀传统文化必须坚持走创新之路

随着信息技术的不断发展、"互联网＋"时代的到来，人们的生活方式正在发生改变，信息传播的方式也发生了改变，这为弘扬中华优秀传统文化提供了新的契机。当代新媒体的使用，可以使中华优秀传统文化传播速度更快，传播形式更灵活。

大学生作为信息时代的引领者，理应承担起利用新媒体技术弘扬中华优秀传统文化的责任，使新媒体和中华优秀传统文化有效融合，使之成为实现中华民族伟大复兴中国梦的创新驱动力，让更多人参与学习和弘扬中华优秀传统文化的活动。

单元练习一

一、单选题

1．"富贵不能淫，贫贱不能移，威武不能屈"是（　　）提出来的。
　　A．孔子　　　　　　　　　　　　B．孟子
　　C．墨子　　　　　　　　　　　　D．荀子

2．古人说，"人无志，非人也"，"志不立，天下无可成之事"，"天行健，君子以自强不息"，这些话体现了中华民族传统美德中的（　　）。
　　A．求真务实　　　　　　　　　　B．乐群贵和
　　C．爱国奉献　　　　　　　　　　D．励志自强

3．秦国蜀郡太守（　　）和他的儿子，汲取前人的治水经验，率领当地人民，主持修建了著名的都江堰水利工程。
　　A．李斯　　　　　　　　　　　　B．韩非子
　　C．李冰　　　　　　　　　　　　D．吕不韦

4．"罢黜百家，独尊儒术"是（　　）提出来的。
　　A．汉武帝　　　　　　　　　　　B．孔子
　　C．董仲舒　　　　　　　　　　　D．秦始皇

5．西汉的（　　）曾两次出使西域。
　　A．霍去病　　　　　　　　　　　B．李广
　　C．张骞　　　　　　　　　　　　D．卫青

6．与孔子"己所不欲，勿施于人"意思相近的是（　　）。
　　A．将加人先问己　　　　　　　　B．道人善即是善
　　C．人知之愈思勉　　　　　　　　D．无为而治

7．"民为重，社稷次之，君为轻"，"水能载舟，亦能覆舟"体现了（　　）的思想。
　　A．兼容并包　　　　　　　　　　B．以人为本
　　C．自强不息　　　　　　　　　　D．贵和尚中

8．经过长期发展，中华优秀传统文化以（　　）为主，具备三教融合的特征。
　　A．道教　　　　　　　　　　　　B．佛教
　　C．墨家　　　　　　　　　　　　D．儒教

9．闻鸡起舞说的是（　　）。
　　A．匡衡和苏轼　　　　　　　　　B．车胤和孙康
　　C．苏秦和张仪　　　　　　　　　D．祖逖和刘琨

10.《正气歌》的作者是（ ）。

A．陶渊明 B．文天祥

C．苏轼 D．岳飞

二、多选题

1．对待中华传统文化的正确原则是（ ）。

A．去粗取精 B．去伪存真

C．推陈出新 D．创造性转化和创新性发展

2．中国古代思想家强调在"义"和"利"发生矛盾时，应当（ ）。

A．以义为上 B．先义后利

C．见利思义 D．见义勇为

3．中华优秀传统文化博大精深，以下选项属于中华优秀传统文化的是（ ）。

A．思想观念和思维方式 B．礼仪制度和风俗习惯

C．宗教信仰和教育科技 D．文学艺术和文物典籍

4．中国人一贯追求群体和谐、社会和谐、天人和谐，认为"天时不如地利，地利不如人和"。中华优秀传统文化的理想境界就是达到（ ）三个层面关系的和谐统一。

A．人与自然 B．人与自我

C．人与他人 D．人与社会

5．中国历史上四次民族大融合是（ ）。

A．秦汉时期 B．魏晋南北朝时期

C．唐、五代、宋元时期 D．明清时期

三、简答题

1．中华优秀传统文化有哪些鲜明的特点？

2．你认为应当如何学习中华优秀传统文化？

3．结合当今社会实际，谈谈为什么要弘扬中华优秀传统文化。

四、实践活动

组织一次关于中华优秀传统文化现代价值的演讲比赛。

第二章

中国古代哲学思想

中国古代哲学思想蕴藏于中华优秀传统文化中，占据着核心主导地位，深刻影响着当今的中国和世界。在对中华优秀传统文化进行系统学习的过程中，只有静下心来品味往圣先贤经史典籍中的哲学智慧，才能真正洞悉其中蕴含的文化精神，及其作为中华优秀传统文化载体特有的、深厚的人文积淀。

春秋战国时期，王权衰落，诸侯争霸。为了壮大实力，各国开放政权以延揽人才，打破了原有的贵族政治体制，使原本几乎没有资格参与政治的庶民也可以发表政见并参与政治决策。这一时期，有思想的知识分子异常活跃，针对彼时的社会问题与人生万象，提出了政见与思路。个人与国家之间的利害关系相互影响，致使各种学说、思想纷纷出现，呈现出"百家争鸣"的繁荣局面。

其间，各种思想学术流派的成就，与同期古希腊文明遥相辉映。以孔子、老子、墨子为代表的三大哲学体系，引领百家形成蔚为壮观的学术景象。"诸子百家"，是对先秦时期各学术派别的总称。其中，流传较广、影响较大，且最终被发展成学派的，有法家、道家、墨家、儒家、阴阳家、名家、杂家、农家、小说家、纵横家、兵家、医家。中华优秀传统文化的核心内容虽由多家思想共同构成，但以孔子、孟子为代表的儒家思想在宋朝时期全面上位，自此之后一直处于主导地位。

历经千年浮沉，基于中国古代哲学思想形成与发展的历史条件和思想基础，中华民族形成了以"和"为核心的文化精神和价值理念，既有天下为公、兼济天下的天下情怀，也有和而不同、和衷共济的和合思维。提倡讲信修睦、互利共赢，追求美美与共、天下大同。本章精选"天人合一""舍生取义""知行合一""天下大同"四个具有代表性的中国古代哲学思想核心理念，学习领会这些宝贵的治国理政之典与经世致用之学，探讨其作为优秀传统文化精髓的独特内涵与当代价值。

【知识目标】

理解"天人合一""舍生取义""知行合一""天下大同"这四个中国传统哲学思想的核心理念，提高对传统哲学思想的兴趣和价值认同。

【能力目标】

通过对我国古代哲学思想的探究，形成辩证思维，正确看待学习、工作及生活中的现象；能将哲学智慧深度运用到生活中去，丰富个人专业技术知识，提升自身业务能力。

【素质目标】

明确往圣先贤对于一些哲学思想的核心理念的现实解释和精神追求，提升剖析其中深藏的哲学智慧，并结合当代社会实际进行理解、深化、应用。

培养对我国优秀传统文化的认知和情感，增强民族自豪感。

【情境导入】

据《吕氏春秋》记载，孔子周游列国，曾因兵荒马乱，旅途困顿，三餐以野菜果腹，与弟子已七日没吃下一粒米。一天，弟子颜回好不容易要到了一些白米煮饭。饭快煮熟时，孔子看到颜回掀起锅盖，抓些白饭往嘴里塞，孔子当时装作没看见，也不去责问。饭煮好后，颜回请孔子进食，孔子假装若有所思地说："我刚才梦到祖先来找我，我想把干净还没人吃过的米饭，先拿来祭祖先吧！"颜回顿时慌张起来说："不可以的，这锅饭我已先吃一口了，不可以祭祖先了。"孔子问为什么。颜回涨红脸，嗫嚅地说："刚才在煮饭时，不小心掉了些灰在锅里，染灰的白饭丢了太可惜，我只好抓起来先吃了，我不是故意把饭吃了。"孔子听了，恍然大悟，为自己的错误观察感到愧疚，思忖道："我平常对颜回最信任，仍然会怀疑他，可见我们内心是最难确定和稳定的。"

可见，逢人遇事应从多个层面和多个维度辨正认知，才能最大限度地接近真相、观照现实。中国古代哲学中许多具备时代价值与世界意义的理念，给我们提供了无数认识世界、照见自身的解局利器。

第一节　天人合一思想

张载

"天人合一"典出北宋大儒张载所作《正蒙·乾称篇》，其原文为"儒者则因明致诚，因诚致明，故天人合一，致学而可以成圣，得天而未始遗人"。该书主要是为了说明儒家的世界观以及相关的修身要求，其理论源头为《周易》。在《周易》中，天之于人，通过阴阳五行予以生成、造化，因此，天人之间有着深刻的内在关联。这种关联性思维贯穿了先秦文化经典以及此后中华文明的整个发展历程。张载所说的"天人合一"，实际上正是千百年来中华文明的凝练表达。在这种理想的图景中，人保持着对于天地宇宙的敬畏与热爱，由此使自身的道德人格得以挺立，从而与自然共处于和谐、从容的共生状态，最终进入超越自身、融洽万物的圣贤境界。

一、天人合一

天人合一

"天人合一"思想，既包含人对"天"这个生命主宰者的敬畏与崇拜，也包含对自然之"天"的能动适应和遵循。中国哲学认为，人生的最高理想就是自觉地达到天人合一的境界。当代国学大师季羡林先生这样解释"天人合一"：天，就是大自然；人，就是人类；合，就是互相理解，结成友谊。

"天人合一"的观点认为，人与自然是不可分割的整体，二者彼此相通、血肉相连。儒家更是从"性天同一"的思想出发，竭力主张天人一体，反对人与自然的分割和对立。天赋于人以道德萌芽，经过后天的努力和修炼，日臻完备，达到人天相参、上下与天地同流的人生境界。

在认识论方面，中国传统思想在思考人与自然关系时主张天人合一。"人"并非"天"外之物，也就无所谓对立。最具代表性的就是《庄子·齐物论》所言的"天地与我并生，而万物与我为一"。张载在《西铭》中说得很明白：人处自然（乾坤）之中，民（人类）固是同胞，万物亦为同类，即"民吾同胞，物吾与也"。

在实践论方面，与西方哲学相通，中国哲学也强调"知天"。如老子所说："人法地，地法天，天法道，道法自然。"但了解和认识"天"后，中国哲学指向的并不是使用和改造，而是"于自然无所违""与天地合其德，与日月合其明，与四时合其序"。

老子认为，宇宙演进的模式就是"道生一，一生二，二生三，三生万物"。人来源于大自然，是大自然的有机组成部分，是大自然造化的产物。人不能游离于自然之外，更不能凌驾于自然之上，天、地、人彼此之间有着不可分割的内在联系，是一气贯通的，它们同处一个充满生机的生命洪流中。

二、"人道"与"天道"相统一

"天人合一"学说强调"人道"与"天道"相统一，其中的"天道"可以理解为自然界的客观规律，"人道"则指人类社会遵循的道德原则。既然人为天地孕育，是天地万物的一员，那么"天道"便与"人道"具有相通性。

当我们将"人道"与"天道"视为相通时，人与自然的相处之道，便建立在对"天道"的体悟基础上。《周易》里有两句话最能说明中国古代哲人对"人道"与"天道"相通的理解："天行健，君子以自强不息；地势坤，君子以厚德载物。"天（自然）的运动刚强劲健，相应于此，君子处世，应像天一样，力求进步，刚毅坚卓，发愤图强，永不停息；大地的气势厚实和顺，君子应增厚美德，容载万物。

作为第一个正式提出"天人合一"命题的思想家，张载把天地视为人类的父母，指出人类在天地间是极其渺小的，即"天地化育人"。那么，人既然是天地所化育，是否就要完全对天地俯首呢？中国古代哲学家的答案是否定的。因为，在他们看来，人是天地之心，《礼记·礼运》里讲："故人者，天地之心也。"人是自然万物的一分子，但人又是万物之灵。朱熹说："人是天地中最灵之物。"张载更豪言："人应该为天地立心。"

遵循天道，追求天人和谐。"天人合一"的思想方法要求我们在与自然打交道尤其是涉及利害关系时，怀有敬畏、顾惜之心，在顺应自然的前提下利用自然，对自己的行为要加以节制，同时，反哺自然，从而达到万物并育、天人和谐。

三、中国哲学为何关注"天人合一"

自古以来，中国就是一个以血缘关系为纽带，以农立国的农业国家，要从事农业生产，首先要了解自然时令的变化规律。民以食为天，勤劳智慧的先民很早就对与农业生产相关的天文历法、农业知识、中医知识、数学知识有了充分认识。由此，历朝历代的思想家都重视探讨天与人之间的关系，把天人关系看作自己思想的出发点。北京故宫的核心建筑太和殿、中和殿、保和殿以及皇家园林颐和园，还有天坛、地坛、日坛、月坛等，建筑风格都反映了"天人合一"的思想理念。

北京故宫

四、从"天人合一"思想探析中西哲学区隔

西方哲学不否认人来源于大自然，人是自然发展的产物，但在人类对待自然界的态度以及人类在自然界中居于一种怎样的位置上，中西哲学之间有了分歧。西方哲学主张自然界是没有生命的客观存在，人是万物的尺度，人类是自然界的主宰，人类的目的就是征服自然、战胜自然，这是典型的人类中心主义观点，是西方哲学天人二分思维方式必然导致的结果。中国哲学则不然，一开始就把认知思考的视角放在了天人关系上，天人关系的落脚点是人，而不是天，是推天道以尽人事，最终要落实到人事上，也就是荀子说的"善言天者必有征于人"。

五、与马克思主义唯物观的关联

以敬天为中心的"天人合一"思想与马克思主义之间有许多契合之处，主要体现在以下几个方面：唯物主义精神，将平等作为根本政治价值观，发展生产力。

出于对近代以来西方自然观念的反思及对当代人类现实生存困境的关切，马克思主义也强调人与自然相互依赖。马克思指出，"只要有人存在，自然史和人类史就彼此相互制约"。恩格斯提醒，不可过分陶醉于对自然界的胜利，对于每一次胜利，"自然界都报复了我们"。这与中国的传统自然观如榫遇卯、有机结合。在顺应自然、遵循自然规律的前提下，中国古人还强调"取之有道，用之有度"。"人与自然和谐共生""绿水青山就是金山银山""人与自然是生命共同体"等重大理论成果，强调人与自然辩证统一、互利共生的辩证法，为认识当下的生态问题提供了思想武器，中国开出的对症之方正得到国际社会的广泛认同。

"天人合一"思想从最深处塑造了中华文明的根性，带来了中国人积极向上的生命观、包容的文明观和人本中道的生态观，是中国哲学思考一切问题的出发点和归宿点，成为古往今来中国人共同的精神追求，贯穿中国历史发展的各个阶段。

相关链接

网开一面

司马迁在《史记·殷本纪》中记载了这么一个故事。一日，商汤看见一个捕鸟的人，在四周都设了网，想要把飞鸟捕尽。看到此情景，商汤对捕鸟人说，你不可能把天下的鸟捕尽，鸟是我们的朋友，你就向东方设网，把西方、南方、北方的网撤掉吧。然后，商汤心中默念："鸟，你愿意往左飞就往左飞，愿意往右飞就往右飞，实在不想活了，再进入网中。"这个故事传开后，天下诸侯觉得商汤是一个有仁爱之心的君王，就归顺于他，商汤得以建立了商朝。这就是成语"网开一面"的由来，说明中国古人对万物是有仁爱之心的。

第二节 舍生取义的气节

"舍生取义"最早出自战国时期孟轲的言论著作《孟子·告子上·鱼我所欲也》:"鱼,我所欲也;熊掌,亦我所欲也。二者不可得兼,舍鱼而取熊掌者也。生,亦我所欲也;义,亦我所欲也。二者不可得兼,舍生而取义者也。生亦我所欲,所欲有甚于生者,故不为苟得也;死亦我所恶,所恶有甚于死者,故患有所不辟也。"

孟子

一、舍生取义

鱼是我喜欢的,熊掌也是我喜欢的。如果两者都不能得到,就舍弃鱼,而要熊掌。生命是我喜欢的,义也是我喜欢的。如果两者不能并有,就舍弃生命,而要义。生命本是我喜欢的,但是还有比生命更让我喜欢的,所以我不干苟且偷生的事;死亡本是我厌恶的,但是还有比死亡更让我厌恶的,所以有的祸害我不能躲避。孟子借鱼和熊掌的对比取舍,层层深入,生动地阐明了"舍生取义"这一主题。

后世据此典故引申出成语"舍生取义",指为正义事业牺牲生命。

孟子认为,求生是人的第一本能,但还有比生命更宝贵的东西,那就是"义"。当人的生命与"义"发生对立时,必须舍生而取义,为义即不能苟生,绝不能贪生怕死而行不义之事。为了追求人格理想,实现人的价值和维护人格尊严而不惜舍生取义,以死殉道,这是孟子人生理论中最有价值的思想。

舍生取义

二、"义"的定义及评价标准

"舍生取义"中的"生"指生命,不可错记为"舍身取义"。文天祥曾写道:"孔曰成仁,孟曰取义,唯其义尽,所以仁至。""仁"和"义"是儒家思想的核心要义和重要的道德范畴。与"舍生取义"相对应的还有一个理念叫"杀身成仁",指为了维护正义事业而舍弃自己的生命,出自《论语·卫灵公》:"志士仁人,无求生以害仁,有杀身以成仁。"孔子的弟子问他,仁德忠义与生命发生冲突怎么办?孔子说:"真正的志士仁人都不会因为贪生怕死而损害仁义,为了成全仁德,可以不顾自己的生命。"

作为"舍生取义"理念的核心,千百年来,围绕"'义'是什么""'义'的评判标准是什么""什么样的'义'才值得我们牺牲生命"等议题的争论从未休止。我们认为,第一,"舍生取义"的概念内涵并不是否认生命的崇高价值,而是高度肯定生命的宝贵,由此凸显舍生取义在道义上的极致;第二,只有在牺牲生命才能实现大义的情况下,主动通过"舍生"实现更大的价值,是对宝贵生命的另一种阐释;第三,实现"大义"的方式有很多种,绝不认同在任何情况下都必须牺牲生命,不能要求甚至逼迫他人牺牲生命成全"大义",因为牺牲自己去成就"大义",如拯救成千上万个生命,等等,是光耀千古的高德,但不是勒令执行的义务。

中华民族自古是一个热爱生命的民族，更是一个崇尚气节的民族。为民族大义舍生忘死者历代有之，他们成为中华民族的精神标杆与道德楷模，受到敬仰尊重。无论是林则徐的"苟利国家生死以，岂因祸福避趋之"，还是杨开慧临刑前的豪言"要我与毛泽东脱离关系，除非海枯石烂！我死不足惜，但愿润之革命早日成功"。几千年来，中华民族的志士仁人为了实现人格价值和人格理想，为了祖国的振兴、民族的进步，从孟子的"舍生取义"中汲取精神力量，英勇献身、前仆后继。作为新时代公民，我们要继承和发展孟子的"舍生取义"献身精神和对人格价值、人格理想的追求，当义与利、生与死发生尖锐对立时，不要因追逐名利而玷污自己崇高的人格。

三、管仲之"义"

管仲辅助公子纠时，曾经一箭差点射死公子小白（后来的齐桓公）。公子纠被齐桓公杀掉后，管仲又在鲍叔牙的推荐下辅佐齐桓公，使其"一匡天下"。这似乎不符合"舍生取义"的价值要求。因为，古代君臣讲"从主死节"，谓之"仁"。于是，就有了《论语》中孔子与其弟子关于管仲之"义"的一番讨论。子贡问："管仲恐怕不能算是行仁义的人吧？齐桓公杀了管仲的主公公子纠，管仲并没有以身殉主，反而做了齐桓公的臣子，帮助他统治齐国。"孔子却不以为然，说："管仲辅佐齐桓公，使齐国强大，齐桓公成为诸侯的领袖。各国的政治经济因此得到发展，人民至今还在享受他的好处。假如没有管仲，华夏很可能会遭异族侵凌，我如今只怕也会披头散发，穿游牧民族的衣服了。难道个人为了对主子表忠心，便可以不顾天下人的利益，一索子吊死在山沟沟里头，不明不白地去做主子的殉葬品吗？"

管仲拜相

相关链接

爱国情怀

南宋抗元英雄文天祥被俘期间，元世祖忽必烈以高官厚禄劝降他，文天祥宁死不屈，豪言"惟其义尽，所以仁至"。临刑前，文天祥向南遥拜天子，称："吾事毕矣，庶几无愧！"围观者无不涕泣。文天祥为后世留下呈现其浩然正气的《过零丁洋》，诗中名句"人生自古谁无死？留取丹心照汗青"何其壮怀激烈！

谭嗣同，"戊戌六君子"之一，其于光绪二十四年（1898），参加领导戊戌变法，失败后被杀，年仅33岁。谭嗣同本有机会逃跑，但他放弃了转瞬即逝的求生机会，豪言"各国变法，无不从流血而成，今中国未闻有因变法而流血者，此国之所以不昌。有之，请自嗣同始"。临刑前，谭嗣同高呼："有心杀贼，无力回天。死得其所，快哉快哉！"并为后世留下在狱中为自己写就的祭死之诗——《绝命诗》，以表明自己的拳拳爱国心。诗中"我自横刀向天笑，去留肝胆两昆仑"成为千古名言。

子路说："齐桓公杀了公子纠，召忽自杀以殉，但管仲没有自杀。管仲不能算是仁人吧？"孔子说："齐桓公多次召集各诸侯国的盟会，不用武力，都是管仲的力量啊！这就是他的仁德。"

孔子认为"君君臣臣"，同时又赞管仲是"如其仁"，对公子纠的忠诚只是"小义""小德"，而以较为和平的方式实现统一，使老百姓安居乐业，才是"大义""大德"。管仲舍"小义"而求"大义"，不是那些愚昧的死士可以比的。由此可见，孔子并不主张"愚忠"，而是赞同一分为二地看人。

第三节 知行合一的主张

明朝思想家王守仁（王阳明）基于心学"心外无理"的主张，提出"知行合一"说，体现了对"知""行"关系的认识，即认识事物的道理与实行其事，是密不可分的。在中国传统哲学中，"知"属于认识问题，"行"大致相当于实践问题。"知行合一"成为中国古代哲学中关于认识与实践关系命题的经典学说。

王守仁

一、知行合一

《尚书·商书·说命中》记载了殷高宗武丁与大臣傅说的一段对话。傅说提出"非知之艰，行之惟艰"命题，意思是知不难而行难，成为中国古代哲学最早出现的关于知行关系的论述。王守仁在其所著《传习录》中指出:"外心以求理,此知行之所以二也;求理于吾心,此圣门知行合一之教。"意指,在心外寻求理,是将知行分别为两件事的原因;在心中寻求理,是圣门"知行合一"的教法。他进一步分析:"知之真切笃实处,即是行;行之明觉精察处,即是知。知行工夫,本不可离,只为后世学者分作两截用功,失却知行本体,故有合一并进之说。"即认知达到真切笃实的境地,便是"行";践行达到明确的自觉和精微的省察,便是"知"。"知"与"行"的功夫原本不能割裂,只是因为后世的学者将二者作为两件事分别去用功,背离了"知""行"本来的状态,因此有"知行合一"并进之说。

"知",即知识、理论,指对人伦日用之道的认知和体察。在中国古代哲学家看来,"读万卷书"要求我们广博地学习前人积累的知识,特别是研习圣贤之说。求知从博览群书开始,在研究、借鉴、评说前人知识、学说的基础上,在学术观点与运用范畴方面有所突破和创新,从而自成一家之言。只有有了"知"的指导,才能保障"行"的正确。

"行",即行动、实践,指践行人伦日用之道。中国古代哲学家在博览群书之后,会通过亲见、亲历、亲行,开展游学实践。例如,孔子、孟子、司马迁等,都是经历了极其刻苦勤奋的读书阶段,继而周游列国,成为学贯天下的大学者。游学的益处不仅在于充实见闻,还可以在游历中将自己的知识和学说施之于"行"。可见,游学既可以获取新的直接经验丰富学养,也可以验证习得的间接知识,更有机会在实践中传播和运用自己的见解与主张。

王阳明认为,对人伦日用之道的体认与践行不能割裂,二者是一体的两面。一方面,心中有所"知"必然会付诸行动,"行"是"知"的自然运用。若不"行",就不是真正的"知"。另一方面,"行"必然带来深刻切实的认知。若没有"知",仅仅是不自觉的或迫不得已的行为,则不能实现端正之"行"。

孔子周游列国

二、"知行相须"与"知行一致"

与"知行合一"相类的还有"知行相须""知行一致",它们都是中国传统哲学关于思想与物质、认知与实践关系的研究成果，也是中国人始终推崇的学习、成长之道。中国古代讨论的"知行"，并不是一般意义上对外物的认知以及利用和改造外物的行为，而是针对人伦日用之道的体认与践行。人必须通过目见耳闻或心思感悟等不同方式实现"知"。"知行相须""知行一致"，不仅强调知识与验证的统一，更强调品德与行为的一致。

朱熹在其《朱子语类》中提出："知行常相须，如目无足不行，足无目不见。"论述"知"和"行"的关系，就像有眼无足不能走路、有足无眼看不见路，既相互依赖，又相互促进。往圣先贤认为，"行"不仅仅止于游学，更重要的是把所学知识应用于实践，在实践中检验知识的真理性。这才是"行"的真正内涵。"知行相须"体现了马克思主义哲学的认识论观点：理论（知）与实践（行）既相互依赖，又相互促进，要坚持理论与实践的辩证统一。既要用理论指导实践，又要用实践检验、完善和发展理论。

中国古代哲学家认为，只有把"知"和"行"统一起来，才能称得上"善"。这里的"统一"，实际上是指"知"与"行"的一致和匹配。同时，在中国传统哲学中，"知行一致"还包含品德与行为的一致。王阳明极力反对道德教育上的知行脱节、知而不行，突出地把一切道德归于个体的自觉行动，这是有积极意义的。从道德教育来看，道德意识离不开道德行为，道德行为也离不开道德意识。"知"必然要表现为"行"，不"行"不能算真知。道德认识和道德意识必然表现为道德行为，如果不去行动，就不能算是真知。

相关链接

晏子的行为准则

春秋时期，齐相晏子与大夫梁丘据有过这样一段对话。梁丘据谓晏子曰："吾至死不及夫子矣！"晏子曰："婴闻之，为者常成，行者常至。婴非有异与人也，常为而不置、常行而不休者，故难及也。"（《晏子春秋》）梁丘据与晏子既是朋友，也是政治对手。一次，他对晏子说："我恐怕到死也赶不上先生您了！"晏子说："我听说，努力去做的人通常可以成功，不倦前行的人常常可以到达目的地。我和别人比并没有什么不同，只是经常做个不停、走个不停罢了，所以很难被赶上。"

"为者常成，行者常至"，就是晏子的行为准则。正是靠着这种执着进取的精神，"长不满六尺"（身高相当于现在的1.4米左右）、貌不出众的晏子，成为齐国历史上与管仲齐名并称的大政治家。《晏子春秋》记载了晏子许多优良品质和高尚情操。他衣着朴素，坐破车，驾驽马上朝。其人格修为的标准是："从轻不为进，从重不为退，省行而不伐，让利而不夸，陈物而勿专，见象而勿强，道不灭，身不废矣。"司马迁在《史记·管晏列传》对其盛赞道："假令晏子而在，余虽为之执鞭，所忻慕焉。"表达出对晏子的敬仰之情。在后来的《荀子·劝学篇》中也有类似"为者常成，行者常至"的表述，即"不积跬步，无以至千里"，"锲而不舍，金石可镂"。这些观点具有相通相近之处，对"知行合一"思想展开不同维度的表达。

三、"知行合一"解决了什么问题

哲学首先要解决认识论问题,其次要解决的是方法论问题。"知""行"在认识论方面的先行理念有知易行难、行易知难,有知先行后、行先知后。实际是理学基于对儒学关于认识论的经典学说的研判,而其结论千百年来已形成固定模式。如要确立阳明心学的特色,必须在儒家此前的固有模式上往前跨一大步。"知"与"行"本来就是两个概念,王阳明把"知""行"融合起来,从儒家角度来看是石破天惊的。

哈佛大学教授杜维明先生曾预言,21世纪是阳明心学的世纪。王阳明汲取了儒家及此前中国古代哲学的思想精华,直接把认识论跨越到方法论的实践层面,然后把认识论和方法论完全融合在一起,又将"知行合一"分解成"心上学、事上练",让人在现实中遇到问题的时候,能真正做到无往不利。后世之所以从张居正、徐阶,到顾炎武、黄宗羲、王夫之,500年来众多杰出人物成为阳明心学"信徒",就是因为一旦掌握了"知行合一",就具有了强大的行动力和执行力。这就是"天人合一"的价值体现。

"道虽迩,不行不至;事虽小,不为不成"。每项事业的成功,依靠的都是点滴实践、苦干实干、久久为功,决不能坐而论道、庸政怠政、明哲保身、得过且过。只有在"知行合一"方面下苦功,才能破解难题、赢取胜利、实现梦想、铸就辉煌;只有脚踏实地,才能实干兴邦、实干强国、实干富民。

第四节　天下大同的理想

"天下大同"思想,典出《礼记》。"大道之行也,天下为公,选贤与能,讲信修睦。故人不独亲其亲,不独子其子,使老有所终,壮有所用,幼有所长,矜、寡、孤、独、废疾者皆有所养,男有分,女有归。货恶其弃于地也,不必藏于己;力恶其不出于身也,不必为己。是故谋闭而不兴,盗窃乱贼而不作,故外户而不闭,是谓大同。"

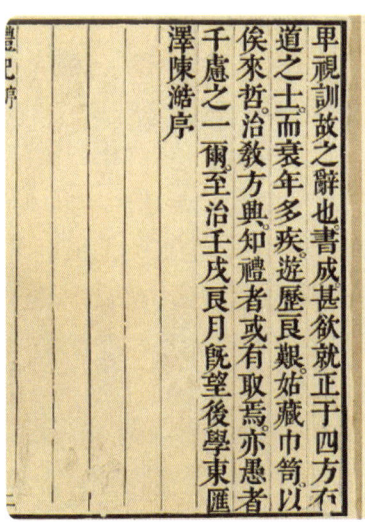

《礼记》

一、天下大同

《礼记》为我们构建了一个这样的世界：在大道施行的时候，天下是人们共有的，把品德高尚、能干的人选拔出来，讲求诚信，培养和睦（气氛）。因此，人们不单奉养自己的父母，不单抚育自己的子女，要使老年人能终其天年，中年人能为社会效力，让年幼的孩子有可以健康成长的地方，让老而无妻的人、老而无夫的人、幼而无父的人、老而无子的人、残疾人都得到社会的供养，男子有职务，女子有归宿。对于财货，人们憎恨把它扔在地上的行为，却不一定要自己私藏；人们都愿意为公众之事竭尽全力，而不一定为自己谋私利。奸邪之谋不会发生，盗窃、造反和害人的事情不会发生。因此，大门都不用关上了，这叫作理想社会。

天下大同，原是儒家宣扬的"人人为公"的理想社会，为中国古代社会的基本思想底框。"天下"是古人对世界的表达；"大同"指没有差异、没有战争，生产资料共有，人们之间没有等级差别、没有剥削压迫、平等和睦相处、各有所得所乐，是"仁"的最终归途。天下大同是中华优秀传统文化的智慧，也是对当代"推动构建人类命运共同体"的诠释。

我国古代思想家提出"天下大同"哲学思想，不仅突出强调了不同国家"相互依存、协调合作、互利共赢"的理念，也主张各国在谋取自身利益时追求"各美其美，美人之美，美美与共，天下大同"的境界。自古以来，人类从来没有放弃过构建理想世界的努力，西方国家的"理想国""乌托邦"，中国的"大同世界"等，底层逻辑存在共通之处，都呈现出追求"天下大同"的思路框架。

二、"天下大同"与"全球化"

将"天下大同"理念应用于当代语境，其核心要义在于：主张世界上所有人都平等、和谐地相处；取消私有制，取消家庭制度，取消国与国之间的界别；在既有的生产制度和社会关系中，不同国家和民族之间和平共处、共同繁荣。那么，在现阶段，强调世界大同的"天下大同"观念与强调爱护本国利益高于爱护别国利益的"爱国主义"思想是否相互冲突呢？答案是并不冲突。天下大同的追求绝不是要求我们在现阶段放弃国家和民族的利益，而是倡导在把自己的国家和民族利益放在首位的同时，推动世界的平等与和谐。这两项实践并行不悖。

讨论如何实现天下大同，一定会引申到"全球化"概念。"天下大同"理念折射出的天下观，可以说是对当今全球化本质内涵的最早探究与研判。当今世界的全球化如何"化"和向何处"化"，攸关世界各国、各民族甚至每个人的前途命运。例如，全球化是统一于单一的西方模式，还是各种文化和文明的相互融合、求同存异？全球化是用文化、经济、军事的霸权征服世界，还是世界各国、各民族平等相待、和平共处、共谋发展？全球化对每个国家和民族价值观念和习惯做法提出了怎样的挑战？等等。

那么，在试图用"天下大同"理念解释以上当今世界全球化问题时，要关注两个焦点。一是中华优秀传统文化中涉及全球化本质内涵的部分思想，原先是针对内地和边疆、中原与边区、汉民族与周边少数民族之间的事务处置，后来逐渐发展成为中国处理国与国关系和

相关链接

古今中外的"大同"思想

"天下大同"是人类孜孜以求的理想目标,在其他国家、文明的不同历史经纬中,都出现过对构建类似"大同世界"的价值追求。《礼记》描绘的"大同世界"、《圣经》中的"伊甸园"、陶渊明笔下的"世外桃源"、莫尔刻画的"乌托邦"、康帕内拉塑造的"太阳城"……人类这种乌托邦的向往,无不是这种期盼的热切表达。天下有识之士一直呼唤"乐者为同,礼者为异。同则相亲,异则相敬"的文明交往,希望生活在"人人有德,人人敬老,人人爱幼,无处不均匀,无人不饱暖"的大同世界。

孙中山曾提出他的"大同"思想:"余之谋中国革命,其所持主义,有因袭吾国固有之思想者,有规抚欧洲之学说事迹者,有吾所独见而创获者。"什么是民生主义呢?民生主义就是社会主义,又名共产主义,类似于大同主义。"我们要将来能够治国平天下,便要先恢复民族主义和民族地位,用固有的道德和平做基础去统一世界,成一个大同之治"。

经由马克思主义革命性改造,"天下大同"最终由空想变成了科学。马克思主义以全人类的解放为目标,"以科学的理论为最终建立一个没有压迫、没有剥削、人人平等、人人自由的理想社会指明了方向"。

伟大领袖毛泽东深刻解析了他的"大同"思想:"现代殖民地半殖民地的革命,乃小资产阶级、半资产阶级、无产阶级这三个阶级合作的革命……其终极是要消灭全世界的帝国主义,建设一个真正平等自由的世界联盟。""中国共产党人是国际主义者,他们主张世界大同运动,但同时又是保卫祖国的爱国主义者,为了保卫祖国,愿意抵抗日本到最后一滴血。""经过人民共和国到达社会主义和共产主义,到达阶级的消灭和世界的大同。"

积极参与全球化的原则。二是当今时代已经发生了巨大变化,今天所说的全球化,从内涵到外延,都远比"天下大同"所涉的研究样本要复杂宽泛得多,但千百年积淀下来的"天下大同"理念中有利于揭示当今全球化本质内涵的启示,依然是人类文明的瑰宝。正确认识和评价"天下大同"理念精华,对于推动当今全球化的健康发展,仍然具有积极的借鉴作用。

马克思指出,任何真正的哲学都是自己时代精神的精华。只有将"天下大同"理念组成要素进行系统剖析,才能结合时代特征并释放出当代价值与世界意义。第一,天下为公、世界大同是千百年来中国人民为之不懈奋斗的理想和信念,是中华优秀传统文化对推进全球化和研究人类社会发展规律本质内涵的最早理论贡献。第二,以和为贵、亲仁善邻、协和万邦是中华民族与世界各国人民友好相处的传统伦理美德,是中华民族为实现大同之道铺就的对外关系的基石。

三、"人类命运共同体"理念

当今世界,机遇与挑战并存。一方面,经济全球化潮流使世界相互联系、相互依存空前加深；另一方面，世界面临的挑战层出不穷、风险日益增多，军事冲突、恐怖主义、难民危机、网络战争、重大传染性疾病、气候变化等传统安全和非传统安全威胁持续加剧。在这种背景下，以零和博弈为基础的冷战思维和强权政治肆意滥觞，民粹主义、孤立主义、贸易保护主义等逆全球化潮流粉墨登场，给人类发展带来严峻挑战。

习近平总书记审视全球发展大势，运用马克思主义哲学思维和中国传统智慧，对新时代的紧迫课题进行了哲学的解答。2017年1月18日，习近平总书记在联合国日内瓦总部发表《共同构建人类命运共同体》的主旨演讲，提出"构建人类命运共同体，实现共赢共享"的中国方案。"构建人类命运共同体"的理念，契合"天人合一"的哲学主张，彰显了"天下为公"的价值诉求，体现出追求"协和万邦""兼济天下"的包容胸怀，是"天下大同"思想和普遍联系的辩证思维在社会历史领域的具体运用，是中华民族的哲学思维和价值理念在新时代的实践。强调在追求本国利益的同时兼顾他国的合理关切，在谋求本国发展的同时促进各国共同发展。

在力所能及的情况下，我们应该尊重其他国家与民族，促进经济合作，积极地帮助他国人民过得更平等、更和谐、更有尊严。从"天下大同"理想到"人类命运共同体"理念，体现了中国对和谐世界和美好生活的自觉建构，不仅蕴含着中华优秀传统文化的智慧，更是对中国特色社会主义未来命运的深度思考，以及对人类命运的一种前瞻性规划。在全球化时代，探析从"天下大同"到"人类命运共同体"的文化生成图式，可为携手共建全球治理新秩序提供扎实的学理支撑。

单元练习二

一、单选题

1. 孟子所言："可以死，可以无死，死伤勇。"可以理解为（　　）。

A. 只要为了取义，一定要先舍生

B. 舍生并不是取义的唯一方法，在可以不死时不必牺牲生命

C. 舍生和取义关系不大

D. 舍生一定能取义

2. 对"大同"理解错误的是（　　）。

A. 天下大同的核心思想是世界上所有人都平等、和谐地相处

B. 天下大同是一种理想，应该立刻取消国家

C. 在现阶段，天下大同与爱国主义并不互相冲突，即天下大同并不否定我们对自己的亲人或国人有特别的责任

D. 我们的时代不适合取消私有制，取消家庭制度，取消国与国之间的界别

3. 天下大同的核心思想是（　　）。

A. 没有任何冲突

B．取消一切制度

C．世界上所有人都平等、和谐地相处

D．建立一个覆盖全球的国家

4．关于孔子对管仲行为的看法，说法正确的是（　　）。

A．孔子认为管仲在公子纠被杀后没有殉主，没有做到舍生取义

B．孔子认为管仲选择了小义而舍弃了大义所以苟活下来

C．孔子认为管仲没有自杀而是选择为齐国的发展贡献力量是弃小义而从大义

D．孔子认为管仲虽然做到了义，但是没有做到仁

二、多选题

1．以下关于天人合一的说法，可以成立的是（　　）。

A．天人合一，是中华优秀传统文化中非常重要的一个概念和范畴

B．天人合一是一种较为注重直觉、顿悟的思维方式

C．天人合一说，早在先秦时期就已经有学者提出

D．古代的天人合一说，并没有当代重视生态平衡、保护生态环境的成分

E．天人合一是一种比较原始、低级的思维方式

2．关于为什么要天下大同，理解正确的是（　　）。

A．当今是一个全球化的时代，各国的经济互相依赖得越来越紧密。如果其他国家常年处在战乱或贫穷中，很可能会影响到我们自己国家的情况

B．从道德层面来说，我们对于每个人都有道德责任，无论他们的国籍和民族是什么

C．只要其他国家不干涉我们国家的内政，我们就没有必要去关心其他国家的人是否过得好

D．从自己国家的长远利益出发，我们需要帮助其他国家

3．各国要想加强经济合作，建设一个共同繁荣的世界应（　　）。

A．主要经济体要加强宏观政策协调，维护世界贸易组织规则，支持开放、透明、包容、非歧视性的多边贸易体制，构建开放型世界经济

B．推广"一带一路"区域经济合作战略

C．帮助别国脱贫致富

D．控制别国的经济命脉

4．对舍生取义理解正确的是（　　）。

A．在只有牺牲生命才能实现大义的情况下，为了大义而牺牲自己的生命

B．"舍生取义"意味着有比生命更重要的事，否定了生命的价值

C．"舍生取义"不是为了名利或小义、小德而牺牲生命

D．"舍生取义"不是说为了"大义"在任何情况下都值得牺牲生命，"可以死，可以无死，死伤勇"

三、材料分析题

1．解读以下"纸上谈兵"典故，结合你对"知行合一"思想的领悟，谈谈启示意义。

《史记·廉颇蔺相如列传》载有"纸上谈兵"的典故。赵括是赵国名将赵奢之子，自幼

研习兵法，"言兵事，以天下莫能当"。后来，赵括率军抗秦，生搬硬套兵书拟制作战方案，不知变通，致使四十多万赵军全军覆没，赵国从此日渐衰落。

2．根据材料，进行解析。

"天人合一"认为人和自然在本质上是相通的，一切人与事均应顺乎自然规律，达到人与自然和谐。青藏铁路设计人员根据沿线野生动物的生活习性、迁徙规律等要素，在相应地段设置野生动物通道，以保障野生动物的正常生活、迁徙和繁衍。请运用"天人合一"哲学思想与马克思主义原理中"世界是普遍联系的"等观点，对青藏铁路的设计理念加以评析。

第三章

中华传统美德

　　中华传统美德内涵丰富，博大精深。其中，有忧国忧民、道济天下的爱国情怀；有勤劳勇敢、自强不息的奋进品格；有自尊互敬、助人为乐的和乐风范；有诚信守法、见利思义的高尚情操；有孝敬父母、尊敬师长的伦理规范；有律己宽人、扬善抑恶的处世准则。经过长期的历史积淀，中华传统美德已经融入中华民族的思维方式、价值观念、行为方式和风俗习惯，成为一种文化基因。中华传统美德是中国人两千多年来处理人际关系、人与社会关系实践的结晶，是支撑中华民族生生不息的强大力量，是建设富强民主文明和谐美丽的社会主义现代化强国的精神力量。

　　认真研讨中华传统美德，不仅有助于我们把握优秀传统文化的特质，对于建构具有现代意识的思想文化体系也有着重大的现实意义。当前，人类面临的诸多问题，也可以从中华文化的思想观念和道德传统中找到解决的答案。

ZHONGHUA CHUANTONG MEIDE

【知识目标】

了解修己慎独、克己奉公、安贫乐道、勤劳节俭、仁爱孝悌、明礼诚信、勇毅力行及精忠报国等中华传统美德的基本内涵，并领悟其思想精髓。

领会中华传统美德的时代价值。

【能力目标】

学习践行中华传统美德，提升辨别是非的能力，能自觉运用中华传统美德指引、约束自己的行为，抵制社会上的不正之风。

【素质目标】

领会古人话语中的深层智慧，运用中华传统美德规范自己的言行。

从身边的小事做起，修身立德，践行"君子之道"，提升道德修养。

弘扬传统美德，涵养时代新风，树立文化自信。

【情境导入】

负米奉亲

仲由，字子路。早年家中贫穷，自己常常采野菜做饭食，却从百里之外负米回家侍奉双亲。父母去世后，他做了大官，随从的车马有百乘之众，所积的粮食有万钟之多。

中国儒家思想

坐在累叠的锦褥上，吃着丰盛的筵席，他常常怀念双亲，慨叹说："即使我现在想吃野菜，为父母亲去负米，哪里能够再如愿以偿呢？"

第一节　正心修身的追求

中华民族最讲究修身。《礼记·大学》中说道："自天子以至于庶人，壹是皆以修身为本。"可见修身是根本。孔子提倡"修己"；孟子既讲"修身"，又讲"养心"；荀子也重视"修身"，提出"以修身自强，则名配尧舜"。老子说："重积德则无不克。"《礼记·大学》中说，修身、齐家、治国、平天下，把个人的"修身"作为"齐家""治国""平天下"的基点。"穷则独善其身，达则兼济天下"将"修身"和"平天下"提到了同等高度。由此可见，修身是读书人成才的一道门槛。不修养道德，不陶冶情操，不约束私欲，就做不了一个纯粹的人、一个高尚的人、一个精神完美的人。可见，修身是一个人成才和处世的条件，也是一个人成就事业的根本。实现正心修身的方法要做到修己慎独、克己奉公、安贫乐道和勤劳节俭。

一、修己慎独

（一）修己慎独的含义

"修己"出自《论语·宪问篇》，指修养自己的道德情操。子路问君子，子曰："修己以敬。"曰："如斯而已乎？"曰："修己以安人。"曰："如斯而已乎？"曰："修己以安百姓。修己以安百姓，尧、舜其犹病诸！"子路请教孔子，怎样才能成为一个君子，孔子提出了君子的三个层次，三种境界：第一层"修己以敬"，指修养身心，保持恭敬之心，养成敬畏之心，这是"内圣"的功夫；第二层"修己以安人"，指修养身心，并能使亲朋好友感到安定快乐，这是"外王"的过渡阶段；第三层"修己以安百姓"，指修养身心，并使天下百姓过上太平的生活，这是"外王"的终极目标。无论哪种境界，孔子都将个人的道德修养放在首位。

"慎独"一词出自《礼记·中庸》："莫见乎隐，莫显乎微，故君子慎其独也。"意为即使是独自一人，也能做到表里如一，严格要求自己，自觉遵守道德准则。"修己慎独"倡导内外兼修，修正自己的心思和言行，从而使自己达到内心充满良善，言行合乎礼仪规范，表里如一。

（二）如何培养"修己慎独"的人格品质

在这个极具物质诱惑的社会中，要做到"修己慎独"应该做到以下几点。

1. 培养"修己慎独"的传统美德

中国有"正人先正己"的古训，强调人人要从我做起，"修己慎独"不仅是修养自身，更是对社会负责。古人关于"修己慎独"的论述很多：在自我修养中，儒家思想强调"见贤思齐焉，见不贤而内自省也"（《论语·里仁篇》）。在处理人与人之间的关系上，孔子认为要"躬自厚而薄责于人"（《论语·卫灵公》）。孟子则说，一个人如果碰到别人以不合理的态度对待自己的时候，就要自我反省，做到"反求诸己"。荀子说："君子博学而日参省乎己，则知明而行无过矣。"（《论语·劝学》）可见，"修己慎独"倡导内外兼修，是一种人生境界、一种修养，是一种自我挑战与监督，更是一种情操、一种自律精神、一种表里如一的坦荡。

2. 发挥榜样的示范作用

"修己慎独"的修养传统培养了中华民族践履道德的自觉性和主动性，造就了许多具有高尚品质和坚定节操的君子人格。当代大学生可以通过树立"修己慎独"精神榜样引导自己。

宋代赵康靖公，曾在自家的桌子上放了一个瓶子，利用黑豆和白豆检修信念。当他起一个善念时，就放一颗白豆在那个瓶子里；当他动一个恶念时，就放一颗黑豆在那个瓶子里。起先，黑豆占大多数，往后黑豆便逐渐减少了，达到修心的目的。苏轼高度赞扬他是"恢然伟人也"，撰文说："赵康靖公为人和睦快乐、平易近人，扬人善、掩人恶，以德报怨……"野史《宋稗类钞》中记载他："康靖公厚德长者，从不言人短。"可见，修己先要

相关链接

杨震拒金

东汉时，杨震在任荆州刺史时发现王密才华出众，便向朝廷举荐王密为昌邑县令。后来他调任东莱太守，途经王密任县令的昌邑（今山东巨野南）时，王密亲赴郊外迎接恩师。

晚上，王密前去拜会杨震，两人聊得非常高兴，不知不觉已是深夜。王密准备起身告辞，突然他从怀中捧出黄金，放在桌上，说道："恩师难得光临，我准备了一
点小礼，以报栽培之恩。"杨震说："以前正因为我了解你的真才实学，所以才举荐你，希望你做一个廉洁奉公的好官。可你这样做，岂不是违背我的初衷和对你的厚望？你对我最好的回报是为国效力，而不是送给我个人什么东西。"可是王密还坚持说："三更半夜，不会有人知道的，请收下吧！"杨震立刻变得非常严肃，声色俱厉地说："你这是什么话？天知，地知，我知，你知！你怎么可以说，没有人知道呢？没有别人在，难道你我的良心就不在了吗？"王密顿时满脸通红赶紧像贼一样消失在沉沉的夜幕中。

这个故事启示我们，要慎独。慎独是自律的最高境界，它能让一个人在独立工作、无人监督的时候，不被外物左右，丝毫不放松自我监督，谨慎自觉地按照一贯的道德准则去规范自己的言行，一如既往地保持道德自觉，它是制度以外最好的廉洁防线。

正己，正己先要正心，心正则言行自正，也就达到修身的目的了。

孔子的学生曾子勤奋好学，他有一个良好的习惯"吾日三省吾身"。他说："吾日三省吾身：为人谋而不忠乎？与朋友交而不信乎？传不习乎？"（《论语·学而》）因此，曾参深得孔子喜爱。孔子主张人应当寻求与他人的契合，在求诸他人之时首先求诸自身：我是否做到了？以此感化和引导世人，这是他修己以安人的积极理念。

清代学者金缨在《格言联璧》中提出："修己以清心为要，涉世以慎言为先。群处守嘴，独处守心。"不独于此，许多人以实行"静坐常思自己过，闲谈不论他人非"为荣，追求做守心克己、守口如瓶、守身如玉、心口合一、德行高尚之人。

二、克己奉公

（一）"克己奉公"的含义

"克己"指克制约束自己，克制自己的私心；"奉公"指以公事为重。"克己奉公"最早出自南朝宋范晔《后汉书·祭遵传》，意思是克制自己的私欲，维护集体利益。克己奉公的具象化体现就是集体主义价值观。中国伦理道德历来强调公私之辨，把"公义胜私欲"作为道德的根本要求，乃至把"公"作为道德的标准。朱熹曾说："凡事便有两端，是底即天理之公，非底即人欲之私。""克己奉公"的精神本质上是先公后私，个人私利服从社会公利的精神。中国文化中的大同境界，其基本精神就是一个"公"字。"大道之行也，天下为公。选贤与能，讲信修睦。故人不独亲其亲，不独子其子，使老有所终，壮有所用，幼有所长，矜、寡、孤、独、废疾者皆有所养……是谓大同。"这种"公"的精神培育是强化对社会、民族的义务感和历史责任感。如"先天下之忧而忧，后天下之乐而乐"的高尚襟怀、"天下兴亡，匹夫有责"的思想、"苟利国家生死以，岂因祸福避趋之"的诗句，都体现着强烈的为国家、为民族、为整体而献身的精神和情操。当然，奉公并不完全反对私利，关键看它是否合乎道德。

（二）集体主义和个人主义

一般情况下，个人利益与集体利益在根本上是一致的。集体利益，即广大人民群众的根本利益高于一切，我们的一切言论和行动都必须以社会的集体利益为出发点与归宿点。

当个人利益与集体利益发生矛盾时，我们要坚持以集体利益为重，并愿意放弃或牺牲一些个人利益。从长远来看，坚持集体主义是对个人利益的最大保护。

坚持集体主义并不意味着只顾集体利益，不顾个人利益，正当、合理的个人利益是应该受到尊重和保护的。

当个人利益和集体利益发生矛盾时，需要从多方面周全地考虑并做出妥善处理。

（三）如何践行"克己奉公"

1. 克制私欲

当代大学生，要常怀律己之心，克制不正当的欲望，放弃非分之想，常思贪欲之害，老老实实做人，踏踏实实做事。要出于公心，秉公办事，不徇私情。当国家、集体利益与个人利益发生矛盾和冲突时，以国家、集体利益为重，先公后私，以至公而忘私。保持高尚的精神追求，永葆浩然正气，时刻把党和人民的利益放在首位，真心实意地为广大人民谋利造福。在为中华民族伟大复兴的中国梦不懈奋斗的新的历史时期，大学生更要坚持大公无私、克己奉公的做人理念。

2. 树立榜样

我国历史上出现过无数爱国爱民、为民族为社会、舍小家顾大家的杰出人物，他们创造了无数可歌可泣、克己奉公的事迹，成为中华民族的骄傲。诸葛孔明，"奉命于危难之际"，鞠躬尽瘁，死而后已；廉颇、蔺相如，为公为国克制了自己的虚荣心和功利心，团结一致捍卫了国家的主权；包拯，不徇私情、秉公执法，被人们尊称为"包公""包青天"；武训，节俭朴素，乞讨攒钱，兴办义学，以自己清贫的生活来换取众多孩童受教育的机会。这些都是克己奉公的范例。

相关链接

克己奉公的祭遵

公元24年，汉光武帝刘秀攻打颍阳时，祭遵前去投靠，刘秀将他收为门下吏。祭遵自幼读书，是个通情达理之人，虽然出身尊贵，但生活上一向简朴。祭遵做了刘秀帐下的执法官后，主要负责军营的法令事务。祭遵执法严明，不徇私枉法，深受军中将士尊敬。

有一次，刘秀身边的一个小侍从犯了错，祭遵查明情况后，处死了这个小侍从，这让刘秀很是生气，想要降罪于祭遵。不过立刻就有人前来说情："严明军令，这是大王您下的命令。如今祭遵就是遵从您的号令执法的，军中上下才会齐心协力。也只有像他这样言行一致的人，才能维护军中的威信啊。"

祭遵

刘秀听后觉得有道理，不仅没有降罪于祭遵，还加封他为征虏大将军、颍阳侯。祭遵一生克己奉公，为官清廉，经常受到刘秀的赏赐。不过，祭遵都把这些赏赐拿来分给部下，自己并不私用。

祭遵临终前，留下遗嘱，葬礼从简，不许铺张浪费，要求用牛车装载自己的棺木，拉到洛阳埋掉就好。祭遵去世多年后，刘秀还时常想起这个克己奉公的大臣，不禁怀念万分。

三、安贫乐道

（一）"安贫乐道"的含义

"安贫乐道"最早是由先秦儒家倡导、标榜的一种处世态度和人生境界，几千年来，人们对它的称扬一直长盛不衰。所谓"安贫乐道"，指处境虽然贫困，但仍乐于坚守信仰。孔子说的"贤哉，回也！一箪食，一瓢饮，在陋巷，人不堪其忧，回也不改其乐"和唐代诗人刘禹锡《陋室铭》中的名句"斯是陋室，惟吾德馨"，便可以看作中国古人"安贫乐道"的最好写照。孔子认为"贫而无谄，富而无骄"不如"贫而乐，富而好礼"。可见"安贫乐道"核心要点是"乐道"，而不是乐贫、守贫。

"安贫乐道"不是无所作为，也不是不拒绝富贵，死守贫穷，更不是越穷越光荣，而是在富贵不可得的情况下，根据自己的现实条件安排生活，保持平和的心境。不眼红别人的富贵，更鄙弃"不义而富且贵"，将贫穷的日子过得清高而有气节，决不为了摆脱贫困而不顾廉耻，泯灭良心，贪污盗窃，坑蒙拐骗，吞嗟来之食，这是一种保持人的尊严和品格高尚的"体面"生活。

（二）安贫乐道的现实意义

随着经济和物质的发展，现代社会尤其在社会的转型阶段，人们面对的压力和困难越来越大，社会矛盾越来越凸显，生活方式也发生了变化。在这种情况下，我们更应该具有安贫乐道的精神。

首先，作为一种正心修身的方法，"安贫乐道"有助于大学生更好地修炼自己的心智；乐道有助于大学生克服当下的贫苦，坚定自己的理想和信念。

其次，富贵可求，但必须合乎道义。"富与贵，是人之所欲也；不以其道得之，不处也。"（《论语·里仁篇》）人们希望获得富贵，厌恶贫贱，这是生活在现实社会中人的一种欲望和共性，是无法遏制的。但违背道义去实现这个目标是不可取的。

最后，"安贫乐道"能使人内心舒坦。"君子坦荡荡，小人长戚戚"（《论语·述而》），贪官污吏老是提心吊胆，担忧东窗事发，哪里能获得内心舒坦？"安贫乐道"之人，"饭疏食，饮水，曲肱而枕之，乐亦在其中矣"（《论语·述而》）。乐以忘忧，心境平和，是内心舒坦的必备条件，不讲礼义廉耻去追求个人名利，又怎能活得愉快、舒坦？

颜回

四、勤劳节俭

（一）勤劳节俭的含义

《说文解字》对"勤"字的解释是："勤，劳也。"可见"勤"和"劳"在古代是相通的。"勤劳"是指人们对待劳动的态度和品格，作为道德规范，它要求人们热爱劳动，积极参与劳动，用双手创造和丰富自己的生活。

我国古代人民很早就认识到"赖其力者生，不赖其力者不生"的真理。懂得勤劳的重要性，明白热爱劳动是立身、安家、兴邦的根本。在古代人民的观念中，无论走卒还是达官贵人，都有劳动的意识和行动。在中国文学史上，流传着许多用劳动征服大自然的故事，我们的祖先用辛勤的劳动修筑了万里长城、大运河和都江堰伟大工程，这都是中华民族勤劳美德的体现。

相关链接

敬姜论劳逸

春秋时期，鲁国贵族子弟公父文伯继承了祖上大夫爵位，他扬扬得意。一次，公父文伯退朝回家时，看见母亲敬姜正在绩麻，便说："像我们这样的人家，母亲还要绩什么麻呢？不怕别人笑话我不能奉养您老吗？"于是，公父文伯的母亲就给他讲了许多必须重视劳动的道理，其中有几句是这样说的："劳则思，思则善心生；逸则淫，淫则忘善，忘善则恶心生。"意思是，只有参加劳动，才会认真思考问题，善良待人；贪图安逸的人只会荒淫奢侈，荒淫奢侈就会忘记善良，忘记善良心里就会生出邪恶。

这就是"劳思逸淫"的由来。

《左传·庄公·庄公二十四年》中说："俭，德之共也；侈，恶之大也"。大概意思是说：节俭，是善行中的大德；奢侈，是邪恶中的大恶。

节俭是中华民族几千年来一直提倡并保存下来的传统美德，正所谓"历览前贤国与家，成由勤俭破由奢"，可以说小到个人、家庭，大到社会、国家，要想取得长久的稳定和发展，就要牢记"节俭"的优良传统。诸葛亮把"静以修身，俭以养德"作为"修身"之道；朱子将"一粥一饭，当思来之不易；半丝半缕，恒念物力维艰"当作"齐家"的训言；毛泽东以"厉行节约，勤俭建国"作为"治国"之本。

如果说勤劳的美德是开源，那么节俭的美德就是节流。中华民族正是靠着勤劳与节俭，生产和积累了大量的物质财富与精神财富，支撑起个人、家庭和国家的发展、成长，也正是这种勤劳节俭、艰苦奋斗的传统美德，使中华民族不断繁衍发展，屹立于世界民族之林。

（二）勤劳节俭的意义

1. 提高自身修养

"勤劳节俭"是古代士人修身养性的一种生活方式。"非淡泊无以明志"，即只有清心寡欲才能明确志向；"俭以养德"，即节俭可以培养自己的品德；"淫慢则不能励精"，即荒淫散漫就不能励精图治。只有"勤劳节俭""俭以养德"才能培养自己远大的志向，学业和事业才能有所成就，品德才会高尚。

2. 减少不正世风

勤俭节约的生活方式可以减少人类社会一些不正之风，比如，贪污腐败、制度问题人情化（如请客送礼）、拜金主义、享乐主义等，这些现象不仅败坏社会风气，严重的话还会导致国家社会关系紧张、社会生产力水平下降，破坏社会公平等严重后果。

3. 保护自然资源

随着我国经济的快速发展，资源的供求矛盾也日益凸显，浪费最直接的后果就是影响经济发展，影响百姓生活质量。因此，作为当代大学生，心中要时刻想着"居安思危，戒奢倡俭"，在享受丰富的物质生活时，承担节约资源、杜绝浪费的责任。

相关链接

节俭的皇帝

南朝宋的开国国君刘裕，年轻时家境清寒，为生活不得不外出谋生。刘裕辞别家人，穿上新婚妻子亲手缝制的粗布衫裤，到新州帮人收割芦苇以换取温饱。一连数天，顶着烈日挥汗工作，新衣裳很快就破烂不堪了，辛苦赚来的血汗钱也只能勉强维持生活。后来，刘裕穿着这身破衣投身军旅，凭着战功得到晋升，之后当上了南朝宋的皇帝。刘裕登上皇位后，并没有忘记年轻时的贫寒日子，他将破烂的粗布衫裤仔细收藏起来，并常告诫子孙说："我保存这套粗布衣裤，就是为了提醒自己，不要忘记当年。后代子孙如果有奢侈不知节俭者，一定要家法严惩。"由于刘裕带头崇尚俭朴，东晋以来浮夸奢侈的社会风气大为改观。

勤劳节俭名言

学问勤中得，富裕俭中来。

节约莫急慢，积少成千万。

勤俭节约是中华民族的传统美德。

饭粒虽小犹不易，莫把辛劳当儿戏。

吃饭不忘农人苦，穿衣不忘工人忙，喝水不忘挖井人！

勤俭，从你我开始。高尚，从这里起步！践行节约，人人有责！

勤俭节约是传家宝，祖祖辈辈传到今天，不管什么时候都要牢记于心。

勤俭节约，国更富，民更安，咱们生活更幸福美满！

第二节 与人为善的处世原则

人不是孤立的，每个人都处于一定的社会关系中。而中国人始终把人际关系当作人生中的一件大事，围绕着这件大事，形成了诸多传统美德。这些美德主要有忠、孝、仁、义，它们分别规定了中国传统社会中最重要的四类人际关系。在此基础上，传统道德的其他规范得以建立和发展。总体而言，这四种传统道德的终极目的可以归纳为四个字："与人为善。"

与人为善是一种崇高的道德修养，我国人民把它视为君子美德。正如《孟子·公孙丑上》中所说，"君子莫大乎与人为善"，"和谐"是中国传统社会道德生活的基石。

一、仁爱孝悌

（一）仁爱孝悌的含义

1. 仁爱

"仁"是中华民族道德精神的象征，也是儒家伦理中最基本的范畴，其本义是指人与人相互亲爱。"仁"的核心是爱人，即"仁者爱人"。孔子提出"己所不欲，勿施于人"（《论语·卫灵公》），可见"仁"又有推己及人的含义，要求人们将心比心、设身处地地为他人着想，给他人以机会和力所能及的帮助。从"夫仁者，己欲立而立人，己欲达而达人"（《论语·雍也》）可见，"仁"不仅是一种博大的同情心与爱心，也是一种忠恕之道，具有宽容忠恕的精神。孟子继承了孔子的思想，并对儒家的伦理道德思想进行了丰富和发展。他认为，"孝悌"是仁爱的开端，只有开端还不够，还要扩充发展仁爱之心，他主张"老吾老以及人之老，幼吾幼以及人之幼"（《孟子·梁惠王上》）、"亲亲而仁民，仁民而爱物"（《孟子·梁惠王上》），将"仁爱"的精神，由亲人推广到社会，甚至是宇宙万物，由爱自己的亲人，进而推广到爱人类、爱自然万物。

仁爱孝悌

2. 孝悌

"孝"是中华传统道德中最重要的内容之一。《尔雅·释训》说："善事父母为孝。"可见，"孝"指身为子女要顺承父母的意思，并且要奉养父母。"悌"，指敬爱、顺从兄长，目的在于维护封建的宗法制度。总的来说，"孝悌"就是父慈子孝、兄友弟恭，它形成了一种浓烈的家庭亲情氛围，对中国的家庭关系及中国社会的稳定起了极为重要的作用，是民族团结的基石。

儒家思想的"仁爱孝悌"对后来中国的社会道德和制度设计都有非常深远的影响。在社会道德方面，中国人讲"百善孝为先"，把道德典范称为"仁人君子"。在制度设计方面，从汉武帝开始，中国的统治者一直强调以孝治天下，目的在于使天下归仁。因为，孝是仁的根本，好的政策称为"仁政"，好的君主被称为"仁君"。

从"孝"字的古文写法上看，"孝"字上面是一个老人，下面是一个小孩，就像是一个孩子用头承接着老人的手行走。

（二）如何践行"仁爱孝悌"

前面提到"仁爱孝悌"的核心是爱人。爱人是指按照适当的礼节或适当的原则去无私地帮助他人，而不是把它当作满足自己利益的手段。践行"仁爱孝悌"应当做到以下几点。

1. 遵守孝道

遵守孝道首先要做到的就是不要将"仁爱孝悌"当作实现自己利益的工具。老子说：

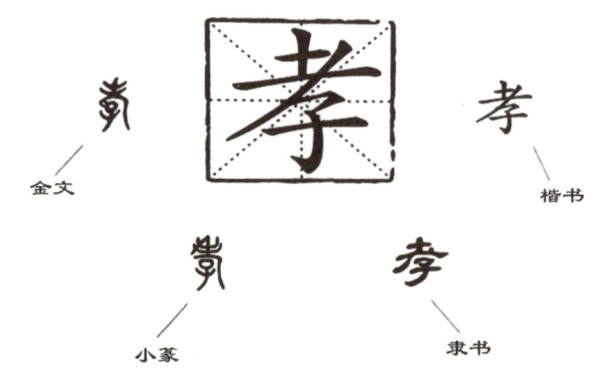

"六亲不和，有孝慈。"是指父子、兄弟、夫妇之间出现纠纷，通常是因为孝慈过度。如果乐于助人、孝敬父母的动机是自私的，是希望从父母或者别人那里获得更多回馈，或者希望获得一定社会名声，方便自己捞取更多利益，那么这种做法是不可取的。其次要做到"己所不欲，勿施于人"，推己及人，将心比心。

2. 把握原则

孝是为人之本。作为中华传统美德第一经的《孝经》，更是将"孝"提到了无与伦比的高度："夫孝，天之经也，地之义也，人之行也。"但真正的"孝"不是无原则地满足别人的需要，而是以适当的礼节去孝敬。

《孔子家语》记载鲁国国君曾经问孔子，儿子总是顺从父亲的要求，算是孝吗？孔子学生子贡认为是孝。孔子不同意，认为总是顺从父亲的要求是小人行径，真正的孝子要先看父亲的要求是否合理再决定是否顺从。

《孝经·译注》记载了类似的故事，曾子问孔子："敢问子从父之令，可谓孝乎？"孔子回答说，你这是说什么话？父亲的要求一定要合理，如果父亲要求不合理就是陷父亲于不义，不是孝子所为。

因此，孝敬父母意味着敬爱父母，是尽可能地帮助他们，而不是无原则地讨好他们。

相关链接

亲尝汤药

汉文帝刘恒，汉高祖第四子，为薄太后所生。高后八年（前180）即帝位。他以仁孝之名闻于天下，侍奉母亲从不懈怠。母亲卧病三年，他常常目不交睫，衣不解带；母亲的汤药，他亲口尝过后才放心让母亲服用。

汉文帝刘恒在位24年，重德治，兴礼仪，注重发展农业，使西汉社会稳定，人丁兴旺，经济得到恢复和发展，他与汉景帝的统治时期被誉为"文景之治"。

汉文帝亲尝汤药

二、明礼诚信

《论语》中说："君子敬而无失，与人恭而有礼，四海之内，皆兄弟也。"又说，"自古皆有死，民无信不立"。这两句话被后人归纳为中华传统美德之一：明礼诚信。"明礼诚信"早已被古人重视、推崇。"明礼"就是讲究"礼仪"和"礼让"，包括重礼节、讲礼貌。"明礼"作为公民道德规范，包括两个方面的要求。从狭义上讲，"明礼"就是讲究起码的礼节、礼仪和礼貌。无论是在公共场所，还是在职业场所，抑或个人家庭生活中，行为举止都得体、适宜。从广义上讲，"明礼"就是讲文明，特别是注重公共场合中言谈举止的文明，如爱护公共财物、维护公共秩序、遵守交通规则、不随地吐痰、不乱扔垃圾、不大声喧哗等。"诚"主要是指诚实、诚恳，"信"主要是讲信用、信任。"诚信"合起来指做人要忠诚老实，诚恳待人，以信用取信于人，对他人给予信任。

"明礼"是指人的外在行为表现，"诚信"是指人的内心状态。"诚信"是对"明礼"规范的进一步深化和"升华"，即古人所说的"礼于外，诚于内"。自古以来，"明礼诚信"就是中华民族的传统美德。"诚信"，作为修身安邦的基石，维护社会交往的准则，千百年来一直根植于中华民族的血脉中。当代大学生肩负着中华民族伟大复兴的历史重任，理应成为文明有礼、诚实守信的先锋和表率，应当树立正确的价值观，做到"立身当立德，诚信我为先""人无信不立，业无信不荣，家无信必衰，国无信必危"。让我们从自己做起，从现在做起，从小事做起，做一个诚实守信的新时代大学生！

相关链接

商鞅立木取信

春秋战国时期，秦国的商鞅在秦孝公的支持下主持变法。当时，战争频繁、人心惶惶，为了树立威信、推进改革，商鞅下令在都城南门外立一根三丈长的木头，并当众许下诺言："谁能把这根木头搬到北门，赏金十金。"围观的人不相信如此轻而易举的事能得到如此高的赏赐，没人肯出手一试。于是，商鞅将赏金提高到五十金。重赏之下必有勇夫，终于有人将木头扛到了北门。商鞅立即赏了他五十金。商鞅这一举动，在百姓心中树立起了威信，使商鞅接下来的变法很快在秦国推广开来。新法使秦国渐渐强盛，最终统一了六国。

三、勇毅力行

中国自古就有"勇"的德目。"勇"有凭力气的血气之勇，有凭意志的意气之勇，有理直气壮、恪守坚定的道德信念的"大勇"。"杀身成仁""舍生取义"就是大勇的体现。

"毅"是在艰难困苦中坚持下去的毅力，以及在遵守道德准则方面的毅力。"毅"的美德的突出表现就是养气守节，固守高尚的情操。"三军可以夺帅，匹夫不可以夺志"，"富贵不能淫，贫贱不能移，威武不能屈"的"大丈夫"人格，也是以坚毅、勇毅为基础和前提的。

"勇毅"指在困难、危险面前不退缩，有以下三点内涵：

一是在困难、危险面前有胆量，不害怕、不退缩；

二是在困难中不动摇，不因艰难困苦而左右摇摆，一如既往地坚持战斗；

三是能持久，善于长期"坚守阵地"，始终如一。

张骞出使西域

张骞出使西域又称"张骞通西域"，指的是汉武帝时期希望联合大月氏夹击匈奴，派遣张骞出使西域各国的历史事件。

建元元年（前140），汉武帝刘彻即位，张骞任皇宫中的郎官。建元三年（前138），汉武帝招募使者出使大月氏欲联合大月氏攻击匈奴，张骞应募任使者，于长安出发，经匈奴，被俘，被困十年，后逃脱。西行至大宛，经康居，抵达大月氏，再至大夏，停留了一年多才返回。在归途中，张骞改从南道，依傍南山，企图避免被匈奴发现，但仍为匈奴所得，又被拘留一年多。元朔三年（前126），匈奴内乱，张骞趁机逃回汉朝，向汉武帝详细报告了西域情况，被汉武帝授以太中大夫官名。因张骞在西域有威信，后来汉所遣使者多称"博望侯"以取信于诸国。

张骞出使西域本为贯彻汉武帝联合大月氏抗击匈奴之战略意图，但出使西域后汉夷文化交往频繁，中原文明通过丝绸之路迅速向四周传播。因而，张骞出使西域这一历史事件便具有了特殊的历史意义。张骞对开辟中国通往西域的丝绸之路有卓越贡献，举世称道。

中国人历来重视"力行"的美德。中国文化认为，人格的完善，社会的进步，重心不在于言，而在于行。"力行近乎仁""君子讷于言而敏于行""知之者不如好之者"，只有身体力行，才能成圣成仁。至王阳明，更是提出"知行合一"的命题，把力行的美德提高到哲学的高度。"勇""毅""力行"合起来指勇敢坚毅，做事咬定目标不放松，脚踏实地坚持到底，即"天行健，君子以自强不息"。

在实现中华民族伟大复兴的新长征路上，尤其需要传承"勇毅力行"的美德。

荀灌孤胆突围

荀灌是东晋时期赫赫有名的平南将军荀崧的女儿，她年少时便有奇才。荀灌生活在战乱频仍的年代，自幼随父亲习武，小小年纪便练就了一身高超的武艺。

荀灌13岁那年，几万贼兵由西域流窜到荀崧驻守的宛城。当时，宛城守军仅有千人，形势非常危急。荀崧知道，目前唯一可行的方法，就是派遣一个智勇双全的人突围出城，前往邻近的襄阳求救。可是当荀崧把他的想法向属下宣布后，大家虽然十分赞同，却没有一人愿意担任突围求救的任务。此时的宛城已经被贼兵里三层外三层地围困起来，突围无异于送死，谁愿意白白送死呢？

正在荀崧一筹莫展的时候，一个清脆响亮的声音在大厅里响起："父亲，我去！"荀崧一看，是女儿荀灌。他大惊失色，厉声拒绝道："不行！你一个女孩，如何能够突出重围，又如何能够抵挡得了贼兵的追杀？！"荀灌将头一昂，大声说："父亲，女儿自幼习武，武艺如何父亲心中最清楚，更何况，城外的地形也只有我最熟悉。现在，坐守孤城是死，突围失败也是死，与其在这里等死，还不如拼却一死！如果突围成功，请来了救兵，就能挽救全城人的性命了。"听了荀灌一席话，众将都惭愧于自己的勇气与胆识竟然不如一个13岁的小女孩，于是纷纷主动请缨，要求突围求救。

荀崧考虑了良久，最终还是同意了女儿的请求，他选派20名身强力壮、武艺高超的勇士，组成一支突围队伍，借着浓浓的夜色，护送荀灌向襄阳城飞奔而去。贼兵措手不及，眼睁睁地看着一队人马消失在黑暗的远方。队伍在第三天下午抵达襄阳，襄阳太守石览看到荀崧的求救信，又听到荀灌的慷慨陈词，被荀灌甘冒生命危险突出重围的精神感动。他当即发兵，而且请求荆州太守协同出兵解救宛城。

援军一到，很快就击退了贼兵，解救了宛城的百姓。

第三节　精忠报国的爱国精神

一、精忠报国的含义

"精忠报国"出自《北史·颜之仪传》："公等备受朝恩，当精忠报国。"形容精心忠诚，报效祖国，为国家竭尽忠诚，牺牲一切。"精忠报国"是优良家风的重要内容，是新时代每个中国人不可或缺的精神血脉。"精忠报国"四字不但能概括岳飞一生的精神境界，而且是他行动上孜孜不倦终生追求的最大动力，对此后的中国人以及中国人的精神世界产生了深远影响。当中华民族遭受外侮时，"精忠报国"这个"岳飞精神"立刻成为反侵略的动员力量和决胜力量，是非常珍贵的精神遗产。因此，应继续认识、研究"精忠报国"蕴含的价值观念，让它继续作为塑造当代中国人崇高精神境界、让中华民族更加团结强大、让国人生活更加富足高尚的珍贵思想与精神之钙。

二、新时代"精忠报国"的内涵

"精忠报国"是爱国主义精神在岳飞这个民族英雄身上的一种具象投射，也是当时战争环境的产物。只要这个世界还有侵略、奴役、非正义行为，不诚信、不勇敢、不廉洁、不高尚等思想和行为存在，"精忠报国"的基本内涵就不过时，就是中国国民精神、主流意识、国家意志的重要组成部分，国家的"主旋律"和"正能量"。对于其中某些不合时宜的含义，仍需要随着社会的发展、观念的更新、文明的进步，与时俱进地进行微调。

从新时代角度解读"精忠报国"，其具备三层含义。

第一，爱国需要付诸行动，且不能打着为了国家利益的旗号，谋取个人私利。永不叛国，不损害祖国利益。

第二，为祖国而非他国而奋斗，爱自己的国家要高于爱其他国家。

第三，希望自己的祖国以一种令人尊敬的方式繁荣昌盛，并且为之而奋斗，并不是要求公民为了国家利益牺牲所有个人利益。

三、如何践行精忠报国

爱国主义是"对祖国的忠诚和热爱"，是"千百年来巩固起来的对自己祖国的一种最深厚的感情"。它是中国人民自强不息、团结奋斗的一面旗帜，是推动我国社会不断发展进步的巨大精神力量，是各族人民共同的精神支柱。5000多年来，中华民族历经重重劫难而一直屹立于世界民族之林，正是得益于这种爱国主义伟大情怀的动员和鼓舞。

当前，我国正处在改革发展的关键时刻，面对国内外复杂的社会环境，我们应当如何践行爱国行为呢？总的来说，就是要把自己的理想同祖国的前途、把自己的人生同民族的命运紧密联系在一起。

（一）坚定信念

青年大学生正处在价值观形成和确立的时期，古语有言，"立志而圣则圣矣，立志而贤则贤矣"，可见这一时期的价值观养成十分重要。有了爱国主义的信念，就有了照耀我们前行的灯塔。

党的十八大以来，以习近平同志为核心的党中央大力弘扬爱国主义精神，强调要让爱国主义成为每个中国人的坚定信念和精神依靠。少年兴则国兴，少年强则国强。广大青年大学生要适应时代发展的要求，正确认识新中国的历史和现实，增强爱国的情感和振兴新中国的责任感，树立民族自尊心与自信心；弘扬伟大的中华民族精神，高举爱国主义旗帜，锐意进取，自强不息，艰苦奋斗，顽强拼搏。

（二）理性爱国

要理性爱国，就必须了解我们的国家和民族，只有了解祖国的历史与现状、优点与缺点，才能理智、理性地爱国。目前，很多大学生对于祖国的历史，中华民族的传统，马克思列宁主义、毛泽东思想的基本理论，知之甚少。很难想象，一个不了解自己祖国和民族的人，怎么可能从心底升腾出对祖国的热爱？因此，我们必须了解祖国的光辉历史和改革开放的伟大成就，熟知祖国的地理环境，学习历史文化，知道老一辈无产阶级革命家的丰功伟绩，了解民族英雄、科学家和艺术家的卓越贡献。

（三）树立榜样

学习爱国英雄精忠报国的精神，并自觉维护、传承与弘扬。习近平总书记曾动情地说，在社会主义核心价值观中，最深层、最根本、最永恒的是爱国主义。爱国主义是常写常新的主题。拥有家国情怀的作品，最能感召中华儿女团结奋斗。范仲淹的"先天下之忧而忧，后天下之乐而乐"，陆游的"王师北定中原日，家祭无忘告乃翁""位卑未敢忘忧国""夜阑卧听风吹雨，铁马冰河入梦来"，岳飞的《满江红》，方志敏的《可爱的中国》，等等，都以全部热情为祖国放歌抒怀。

（四）付诸行动

习近平总书记说："爱国，不能停留在口号上，而是要把自己的理想同祖国的前途、把自己的人生同民族的命运紧密联系在一起，扎根人民，奉献国家。"更不能打着为了国家利益的旗号，谋取个人私利。青年大学生要将弘扬爱国主义的优良传统付诸行动，就要将树立远大的报国志向、刻苦学习专业知识和用行动践行报国热情有机统一起来，真正把爱国之志变成报国之行。努力做到今天为振兴中华而勤奋学习，明天为创造祖国辉煌未来贡献自己的力量。

（五）和平共处

主张与其他国家和平共处，不能将自己国家的利益置于人道之上，而是在优先本国利益的同时，兼顾别国利益。

相关链接

精忠报国

相传，岳飞小时候家境贫寒，但他勤奋好学，练就一身好武艺，成为文武双全的人才。当时，北方金兵时常攻打中原。岳飞母亲鼓励儿子报效国家，并在他背上刺下"尽忠报国"四个大字。岳飞为后人纪念的，除了这段热血家训，还有莫须有冤死的悲戚，更有气吞山河的壮烈。他的《满江红》折射出伟大的爱国情操和高尚的民族气节，向中华儿女持续传播浓烈的家国情怀。

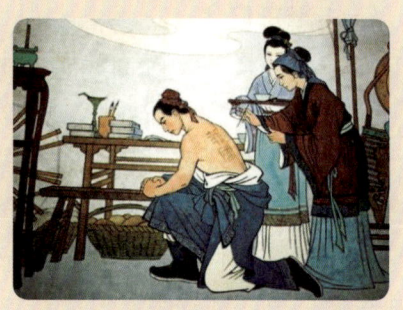

岳母刺字

后世的名臣于谦、张煌言等，正是以岳飞为榜样，在民族危亡之际挺身而出，担负起国家兴亡的重任。清末著名的民族英雄林则徐也深受岳飞影响，他严禁鸦片，抵抗西方列强的侵略。林则徐曾在路过汤阴时拜谒岳飞祠，为岳飞的英雄气概所折服，也为他的悲壮命运而扼腕，写下"黄龙未饮心徒赤，白马难遮血已红"的泣血诗句。在这片伟大的热土上，对"精忠报国"精神传承与弘扬的感人史实层出不穷，绝不会隐入历史的烟尘中。

"人生自古谁无死，留取丹心照汗青。"文天祥为筹军资耗尽家财，在各地抗元义军和人民支持下，攻江西，于雩都击败元军，收复兴国及赣州、吉州的属县。最终，文天祥因势孤力单，败退广东，后在五坡岭被俘，被解至元大都。元世祖忽必烈亲自劝降文天祥，对其许以中书宰相之职。文天祥大义凛然，宁死不屈。1283年，文天祥于元大都就义，终年47岁。他的千古名作《过零丁洋》，就是对其精忠报国决心与意志的磅礴书写。

无名无利无悔，有情有义有祖国。1931年，钱伟长以中文、历史双百的成绩考上清华大学历史系。同年，"九一八"事变爆发，钱伟长惊愕于国力的衰败，决定转读物理系，立志为国家研发制造能御侮图强的飞机大炮。但他物理才考了5分，化学和数学一共20分，英语零分。钱伟长迎难而上，从清华大学物理系旁听生起步，昼夜不分刻苦学习。5年后，他以第一名的成绩从清华大学物理系毕业。师从世界导弹之父冯·卡门，终成享誉世界、当之无愧的现代中国力学之父，兑现青年时期"振兴中国军力"的庄严承诺。

今天，百折不挠的中华民族早已通过艰苦卓绝的奋斗，实现了民族独立，又通过改革开放实现了彪炳史册的经济腾飞。在实现中华民族伟大复兴的时代征途上，"精忠报国"的爱国精神仍然闪耀着灿烂的光芒，在它的指引与感召下，无数坚守岗位的中华儿女，用血肉之躯与爱国赤忱铸就祖国各项事业的钢筋铁骨。在和平环境下，中国仍然需要"精忠报国"的岳飞精神，它是现代公民精神的重要内涵与滋养土壤。我们还应从"精忠报国"理念与时代洪流的激荡中，进一步阐释有利于国家繁荣、文明、强大的爱国主义思想的时代特征。

单元练习三

一、单选题

1. （　　）作为中国传统道德的精华部分，为今天的道德建设提供了丰富的资源。

   A．中华优秀传统文化　　　　　　　　B．中国革命道德
   C．社会主义道德　　　　　　　　　　D．中华传统美德

2. 杨震拒金的故事反映了他（　　）的品质。

   A．仁爱孝悌　　B．克己奉公　　C．修己慎独　　D．明礼诚信

3. （　　）能够体现"推己及人，将心比心"。

   A．君子以俭德辟难

   B．己所不欲，勿施于人

   C．赖其力者生，不赖其力者不生

   D．立身当立德，诚信我为先

4. "人无信不立，业无信不荣，家无信必衰，国无信必危"体现了（　　）的美德。

   A．精忠报国　　　　　　　　　　　　B．勤劳节俭
   C．明礼诚信　　　　　　　　　　　　D．勇毅力行

5. 孔子强调"己所不欲，勿施于人"，"己欲立而立人，己欲达而达人"，反映了中华传统美德中的（　　）。

   A．倡导言行一致，强调恪守诚信的思想

   B．讲求谦敬礼让，强调克骄防矜的思想

   C．重视道德践履，强调道德修养的思想

   D．推崇"仁爱"原则，追求人际和谐的思想

6. 从"商鞅立木取信"的故事，可以知道（　　）的道理。
   A. 要保护环境　　　　　　　　　B. 要勤俭节约
   C. 要对工作认真负责　　　　　　D. 要诚实守信

7. 古人提倡"修己""克己""慎独""见贤思齐焉，见不贤而内自省"，体现了中华民族传统美德中的（　　）。
   A. 提倡人伦价值，重视道德义务
   B. 推崇"仁爱"原则，注重以和为贵
   C. 强调道德修养，注重道德践履
   D. 重视整体利益，强调责任奉献

8. 孟子说"富贵不能淫，贫贱不能移，威武不能屈"，此之谓大丈夫的主张，体现了中华传统美德（　　）的基本精神。
   A. 重视整体利益，强调责任奉献
   B. 推崇仁爱原则，注重以和为贵
   C. 注重人伦关系，重视道德义务
   D. 强调道德修养，注重道德践履

9. 传承中华传统美德是（　　）的内在要求。
   A. 加强新时代中国特色社会主义道德建设
   B. 培育和践行社会主义核心价值观
   C. 推进新时代个人成长成才
   D. 注重道德践履、塑造理想人格

10. 在处理个人和国家、社会关系时，中华传统美德重视（　　），强调责任奉献。
    A. 整体利益　　　　　　　　　　B. 全局利益
    C. 共同利益　　　　　　　　　　D. 个人利益

二、多选题

1. "公义胜私欲"是中华传统美德的根本要求，以下表述中体现这一思想的是（　　）。
   A. 夙夜在公
   B. 公耳忘私，国耳忘家
   C. 以公灭私，民其允怀
   D. 苟利国家生死以，岂因祸福避趋之

2. 中华传统美德的基本精神有（　　）。
   A. 重视整体利益，强调责任奉献
   B. 推崇仁爱原则，注重以和为贵
   C. 提倡人伦价值，重视道德义务
   D. 追求精神境界，向往理想人格
   E. 强调道德修养，注重道德践行

3. 对待中华传统美德，要（　　）。
   A. 全盘肯定

B．把其中带有阶级和时代局限性的成分剔除掉

C．把其中具有当代价值的道德精神挖掘出来

D．进行新的诠释和激活，结合现代生活赋予其新的时代内涵

E．推动中华传统美德的创造性转化和创新性发展

4．实现中华传统美德的创造性转化和创新性发展，需要（　　）。

A．用中华传统美德滋养社会主义道德建设

B．反对"复古论"和"虚无论"两种错误思潮

C．坚持古为今用、推陈出新的原则

D．加强对中华传统美德的挖掘和阐发

5．诚实守信是中华民族的传统美德，也是我国公民道德建设的重点，在我国思想道德建设中具有特殊重要的作用。下列说法正确的是（　　）。

A．就个人而言，诚实守信是高尚的人格力量

B．就社会而言，诚实守信是正常秩序的基本保证

C．就国家而言，诚实守信是良好的国际形象

D．在职业道德中，诚实守信是对从业者的道德要求

三、简答题

1．如何培养"修己慎独"的人格品质？

2．如何践行"精忠报国"精神？

3．如何处理集体主义和个人主义的矛盾？

4．近几年，社会上出现了对"仁爱孝悌"的质疑声音，它们认为"各人自扫门前雪，莫管他人瓦上霜"。在一些陌生人需要帮助时，即使能轻松帮助他们，也不应该去做，因为他们可能是"碰瓷"的骗子，担心他们在接受我们的帮助后会栽赃诬陷、敲诈勒索我们。也有一些人认为传统孝悌提倡对父母和兄长绝对敬爱是非常不合理的，因为有些父母和兄长自私愚蠢、人格低劣，并不值得我们去敬爱，请结合这些现象谈谈你的看法。

四、论述题

披着"爱国主义"外衣的"沙文主义"

沙文主义，是侵略性的民族主义。18世纪末19世纪初产生于法国，因法国士兵沙文（Nicolas Chauvin）狂热拥护拿破仑一世的侵略扩张政策，主张用暴力建立法兰西帝国而得名。沙文主义鼓吹法兰西民族是世界上最优秀的民族，宣扬本民族利益高于一切，煽动民族之间的仇恨，主张征服和奴役其他民族。在帝国主义时代，沙文主义是帝国主义侵略和压迫其他国家和民族的一种舆论工具，关联民族主义、种族主义等相近释义。

1925年，因作品有理想和人道主义而荣获诺贝尔文学奖的英国剧作家乔治·萧伯纳说："所谓爱国心，是指你身为这个国家的国民，对于这个国家，应当比对其他一切的国家感情更深厚。"同时，萧伯纳对沙文主义也有着猛力的讽刺。他评价道："除非你把爱国主义（这里指沙文主义）从人类中驱逐出去，否则你将永远不会拥有一个宁静的世界。爱国主义是一种有害的、精神错乱的白痴形式。爱国主义就是让你确信这个国家比所有其他的国家都要出色，只因为你生在这里。"

萧伯纳清晰地阐明了爱国主义与沙文主义各自的本质。倘若无底限地信奉爱国主义，必将会不顾事实地认定自己的祖国最伟大，对这个国家存在的弊端视而不见，进而容不下任何对这个国家的批评，甚至昧着良心为各种恶行洗地。倘若不能克服狭隘的民族主义情绪，就会盲目地相信自己的民族比其他所有民族都高等，这时已不再只是民族自豪感和民族自尊心的问题了，而是成了滋生民族矛盾的温床。倘若种族主义观念根深蒂固，就会认为自己所属的人种最优越，导致种族歧视的顽疾无法根除。可以说，爱国主义、沙文主义、民族主义、种族主义的本质虽然相似，但如果将爱国主义不加限定、不加条件地肆意扩展，就会演变为疯狂的个人崇拜，最终引向沙文主义、民族主义、种族主义的歧途，由此酿成的恶果势必危害国家的稳定与发展。

请结合所学知识，列举相关案例，辨析"爱国主义"与"沙文主义"的区别。

第四章

中国古代文学

我们伟大的祖国拥有5000年历史，人们在这块美丽富饶的土地上劳作繁衍生息，而黄河、长江像两条大动脉，日夜奔腾不息，孕育着中华儿女。万里长城就是我们中华民族劳动人民智慧与勤劳的结晶。在漫长的岁月里，我们的先辈在社会生活中，在与大自然的搏斗中，为我们创造了一大笔极为丰富的文化遗产，使我们能在今天了解到我们祖先的社会生活面貌，了解到祖国历史发展的概貌。直到今天，这些文化遗产仍能给我们以美的享受，为我们的文学创作提供借鉴。

我们有值得骄傲的辉煌文学遗产，存留下来的一代又一代无数文学作品，反映了我们的先辈是如何在这片土地上劳作、生活，如何历尽艰辛、开拓发展的。史书记录着民族的发展史，而文学作品则记录下我们先人的心灵。时光流逝，史书留下的是历史过程，而文学作品留下的是这个过程中种种人物的心理活动，以及他们的喜怒哀乐。可以说，我们的文学遗产，是我们民族的一部心灵史，解读这部心灵史，是文学家不容置疑的任务。

在我们的文学遗产里，存留着我们先人的情怀和希望，人格操守和志趣追求，从中我们不但可以看到他们的精神风貌，而且依稀可以看到他们的风度神态。解读文学遗产，对于民族精神的传承，也是至关重要的。在我们的文学遗产里，有我们先人美的创造，我们可以从中受到美的熏陶，培养审美能力。其中一些不朽的作品，给我们一代又一代人以美的震撼、美的享受。古代文学的一个重要任务，就是揭示我们先人创造的文学的美，揭示这种美的形态和它的民族特色，揭示它的艺术魅力之所在。

【知识目标】

梳理中国古代文学发展脉络，厘清不同时期代表性的文学样式。

理解中国古代文学的文化特征和精神内涵。

【能力目标】

掌握古代文学知识的基本理论。

具备独立分析、评论、鉴赏中国古代文学作品的能力。

【素质目标】

汲取中国古代文学的思想精华，提高自身的文化素养。

提高审美情趣，增强民族自豪感，培养爱国情操。

【情境导入】

高山流水

春秋时期，俞伯牙工琴，琴曲托意摇深，常人难解，仅钟子期能赏。伯牙鼓琴，志在高山，钟子期赞曰：善哉，峨峨兮若泰山。伯牙旋又志在流水，钟子期叹曰：善哉，洋洋兮若江河。后来，钟子期去世，伯牙痛失知音，废琴终身不弹。后人遂以"高山流水"喻知音难遇，也指乐曲绝妙。

第一节 中国古代文学发展历程

一、先秦两汉文学

（一）先秦文学

先秦时期，指从传说中的三皇五帝、夏、商、周、春秋、战国到秦统一六国之前那一阶段，是华夏文明的起始。作为中国古代文学的起步，先秦文学经历了三个阶段：原始社会的口头文学——神话传说与歌谣，奴隶社会的诗乐舞相结合的诗歌祭颂；封建社会萌芽时期的散文、楚辞、寓言并举。这一时期的文学具有文史哲不分、作品由稚嫩走向成熟等特点。

《诗经》里的爱情故事

1. 神话传说和歌谣

中国文学产生于传说中的三皇五帝时代：有燧人氏钻木取火、神农氏教民稼穑、有巢氏盖筑房屋、伏羲氏制河图洛书、轩辕氏制作衣裳等神话与传说。这些原始神话和歌谣由人们口头代代相传，经过漫长的时间流传，直到有了文字以后，才有了只言片语的记载，散见于后来的《山海经》《穆天子传》《楚辞》《淮南子》《列子》等书。其中，有些故事为人们所熟知，如女娲补天、夸父逐日、大禹治水、精卫填海等。这些远古的歌谣和神话，我们可称为"传说时期的文学"。它们的共同特征是：内容上，反映了上古之初人同自然斗争的业绩，歌颂了人民战天斗地的恢宏气魄和坚强意志；形式上，幻想丰富，极具浪漫主义精神；它们充分反映了我国古代人民无尽的想象力和艺术天才，对后世文学产生了深远的影响。

相关链接

精卫填海

精卫填海，是中国上古神话传说之一。相传精卫本是炎帝神农氏的小女儿，名唤女娃。一日，女娃到东海游玩，溺于水中。死后的女娃化作花脑袋、白嘴壳、红爪子的一种神鸟，每天从山上衔来石头和草木，投入东海，然后发出"精卫、精卫"的悲鸣，好像在呼唤着自己。

精卫填海

文字产生后，中国文学脱离了传说时期，各种文学形式不断成熟、发展。最早出现的是上古歌谣。这些歌谣没有专集记载，只散见于其他古籍中。如《尚书》《周易》《礼记》《吕氏春秋》等。这些歌谣或表现上古人民的劳动情景与对男欢女爱的追求,或表现战争的悲哀与喜悦,或记载对天地鬼神的敬畏与祈求。在内容上,紧密联系最原始的劳动与斗争,表现劳动者的质朴、率真;在形式上,词语简略,节奏明快。到战国时代,文学得到了空前的发展,其主要类型是散文和诗歌。

2.《诗经》

《诗经》是我国最早的一部现实主义诗歌总集,据说由孔子编录而成。《诗经》收录了305篇从西周初期到春秋中叶几百年间的诗歌创作,内容丰富,对周王朝的发展壮大做了生动的记录,也对当时社会的土地剥削、兵役徭役、奴隶主之间的战争、百姓的渔猎农事、朝野间的婚姻爱情、社会风俗等,做了广泛而深刻的记述描绘,反映了奴隶制社会奴隶大众的反抗情绪、勤劳质朴的品格、渴望光明与自由和追求美好生活的理想、愿望。

《诗经》的内容分为风、雅、颂三类。风是民间乐歌;雅是周王畿直接领地的乐歌,分大雅、小雅两部分;颂是宗庙祭祀的颂歌。《诗经》使用的创作原则与方法是赋、比、兴。宋代朱熹说:"赋者,敷陈其事而直言之也";"比者,以彼物比此物也";"兴者,先言他物以引起所咏之词也"。这个解释很有见地,简单说,赋是陈述,比是比喻,兴是起兴。《诗经》风格朴素自然,句式以四言为主,又兼有多言。篇章结构上重章叠句,回环复沓。语汇丰富,韵律和谐,具有很高的艺术价值。

相关链接

关雎

关关雎鸠,在河之洲。窈窕淑女,君子好逑。
参差荇菜,左右流之。窈窕淑女,寤寐求之。
求之不得,寤寐思服。悠哉悠哉,辗转反侧。
参差荇菜,左右采之。窈窕淑女,琴瑟友之。
参差荇菜,左右芼之。窈窕淑女,钟鼓乐之。

3.《楚辞》

战国后期的《楚辞》,是继《诗经》之后出现的又一诗歌高峰。楚辞,楚地诗歌,在屈原以前就有大量楚地歌谣在民间流传,而屈原的出现,将楚辞的发展推向高潮,造就了光辉灿烂的楚辞文学。屈原的作品《离骚》《天问》《九章》等,在艺术构思上,摆脱了创作素材的束缚,想象奇伟瑰丽,塑造出生动的艺术形象,具有荡人心魄的力量;在创作形式上,独创"兮"字放在句中或句尾的"骚体"句式,文笔自由,长短不一;在艺术表达上,开创了以"香草美人"喻理想和美好这一最具中华民族特色的创作手法,达到了思想性与艺术性的高度统一。继屈原后,又有宋玉、景差等一批楚辞作家,将楚辞这一独特的诗歌形式发扬光大,使之成为中国诗歌史中一朵奇葩。

相关链接

《离骚》是中国爱国主义诗篇的开山之作，开辟了中国文学浪漫主义的源头，对中国文学的发展以及对后世文人的创作产生了重要而深远的影响。后世文人无不对这首长诗推崇备至。唐代大诗人李白曾宣称："屈平辞赋悬日月，楚王台榭空山丘。"李白的许多作品同《离骚》一样，往往大量地编织神话传说、日月风云和历史人物，构成具有象征意义的雄奇图画。

4. 先秦散文

先秦散文分为以叙事为主的历史散文和以说理为主的诸子散文。叙事（历史）散文是史官在文化传统的基础上渐进产生并成熟起来的。先秦说理散文，是指战国时期各个学派的著作，反映了不同学派的思想倾向、政治主张和哲学观点。

（1）《尚书》《春秋》

《尚书》是我国最早的一部历史文献汇编，在中国古代散文史上具有奠基的意义。《春秋》是我国第一部编年体断代史，是编年体史书之祖，其体例和"笔法"都对后世散文产生了深远的影响。这两本书体现了早期历史散文的特征。左史记言，右史记事，事为《春秋》，言为《尚书》。春秋三传：《公羊传》《穀梁传》《左传》。

（2）《国语》《战国策》

《国语》是我国最早的一部国别体史书，共 21 卷，记载了周、鲁、齐、晋、郑、楚、吴、越八国的历史。《国语》以记言为主，文字朴实平易，也善于描写人物情态，其文学成就比《左传》稍逊一筹，但它表现的民本思想、反抗精神是很可贵的。《战国策》也是一部国别体史书，主要收录了战国初期策士游说的言辞。由汉代学者刘向整理、校订，依国别编成体系，合为 33 篇，定名为《战国策》。其文风辩丽横肆，辞令睿智机敏，体现了当时纵横捭阖的时代特征，标志着历史散文语言运用的新水平。《战国策》对汉代散文影响很大，司马迁就得其写情状物酣畅淋漓的长处。

（3）《庄子》

《庄子》是庄周及其门人后学所著，今本《庄子》33 篇，分为内、外、杂三个部分。以丰富的寓言和奇丽的想象来说理，行文如行云流水，文风汪洋恣肆，使说理文具有了散文诗般的艺术魅力，对后世文学的影响极为深刻。

（二）两汉文学

两汉文学是在先秦文学基础上，在汉代现实生活土壤里发展起来的。从文体上来看，两汉主要有散文、汉赋和汉乐府。

1. 散文

汉代散文内容丰富，形式多样。主要有政论散文、记事散文、抒情议理散文和史传散文。政论散文在西汉初期最为发达，代表作有西汉初年贾谊的《过秦论》《陈政事疏》等。这些散文抓住国家、社会的重大问题，议论风发、富于气势，又善用比喻和排偶，富于文采。记事散文有刘向的《说苑》《新序》《列女传》。它们具有许多小说的因素，在小说发展史上具有重要地位，此类著作尚有《淮南子》等。汉代的抒情议理散文是在先秦策士的言辞与书信基础上发展而来的，流传的名篇不少，司马迁的《报任安书》便是其中杰出的代表。

（1）《史记》

《史记》和《汉书》的许多篇章，是汉代史传文学的代表。《史记》是古代散文史上的一座丰碑，它既是一部博大的历史著作，也是一部杰出的史传文学作品，它的"本纪""世家""列传"语言生动，情节曲折，人物各具性格，是中国传记文学的奠基之作，给后人以无穷的启示和深远的影响，被鲁迅誉为"史家之绝唱，无韵之离骚"。

（2）《汉书》

东汉时期，班固编著的《汉书》，只写西汉的一朝之事，因此是"断代史"的创始之作。《汉书》在汉代享有极高的声誉，与《史记》并称"史汉"，后加上《后汉书》《三国志》，并称"四史"。

2. 汉赋

汉代文学的主流是辞赋。西汉初年，由于全国统一，政治相对稳定，经济逐步恢复、发展，到汉武帝时，社会经济达到一定程度的繁荣富庶。统治阶级田猎游乐，过着骄奢淫逸的生活。与之相适应，产生了歌功颂德、粉饰太平、基本上为宫廷上层统治者服务的贵族化的宫廷文学——汉赋。

汉赋形式铺张，文字堆砌，主要为上层阶级服务。代表作家有司马相如、扬雄、班固、张衡等，并称"汉赋四大家"。其中，司马相如最为有名，其《子虚》《上林》二赋也最为驰名。此二赋比较真实地反映了汉代上层统治者荒淫骄奢的腐化生活，客观上起到了暴露现实的作用，同时对统治者进行了讽谏。

3. 汉乐府

"乐府"原是西汉王朝设立的一个掌管音乐的机构，后来人们便把这个机构收集和配乐演唱的歌辞称作"乐府诗"，或简称"乐府"。汉代的乐府诗，既有贵族、文人的创作，也包括相当一部分民歌。据记载，仅西汉"乐府"收集的民歌，就有138首，但出于种种原因，散佚颇多。流传至今的汉乐府民歌，包括东汉作品在内只有40多首，大都收在宋人郭茂倩所编《乐府诗集》（为宋以前乐府诗的总集）中。这些民歌，是汉乐府思想、艺术成就的主要代表。《木兰诗》与《孔雀东南飞》被誉为"乐府双璧"。

除乐府诗外，还有《古诗十九首》，是东汉后期中下层文人的诗作。这组诗的内容大都表现游子、思妇的离别愁绪和士子伤时失志、消极悲观、及时行乐等思想。它们全部采用五言的形式，在艺术描写方面有较高成就，是早期文人五言诗的重要作品，被认为是"中国五言诗之祖"。它的出现，标志着我国诗歌由四言和骚体进入了一个新的发展阶段。

相关链接

孔雀东南飞

《孔雀东南飞》是汉代乐府民歌中的长篇叙事诗,是乐府诗发展史上的高峰之作。

《孔雀东南飞》取材于东汉献帝年间发生在庐江郡(今安徽怀宁、潜山一带)的一桩婚姻悲剧。原题为《古诗为焦仲卿妻作》,因诗的首句为"孔雀东南飞",故又有此名。此诗共357句1785字,主要讲述了焦仲卿、刘兰芝夫妇被迫分离并双双自杀的故事,控诉了封建礼教的残酷无情,歌颂了焦刘夫妇的真挚感情和反抗精神。

二、魏晋南北朝文学

魏晋南北朝时期,指从东汉建安到隋朝统一中国这一历时约400年的时期。这一时期的文学称为"魏晋南北朝文学"。魏晋南北朝文学在整个中国文学史上有重要地位,是一个承上启下、走向繁荣的过渡时期。这一时期,在文学思想、题材、体裁以及整体风貌上,都呈现出许多新的变化。

(一)文学方面,出现了"文学自觉时代"

其一,文学的社会地位得到了提高,这一时期社会的上层包括许多帝王在内,普遍热衷于文学创作,从而影响了整个社会。其二,文学有了自己独立的学科地位,出现了陆机的《文赋》、刘勰的《文心雕龙》、钟嵘的《诗品》、萧绎的《金楼子·立言》等文学理论著作。其三,文学已经成为一种自觉的现象,如建安时代的"三曹""建安七子"。他们行则连舆,止则接席,酒酣耳热,仰面赋诗。之后又有正始时代的"竹林七贤",西晋时期的"二十四友",南朝宋的"竟陵八友"。他们的文学思想相近,创作风格相似,都有助于文学创作与理论的发展。

(二)小说、诗歌得到极大发展

1. 志怪小说与志人小说

小说在魏晋南北朝也初具规模。人们在习惯上把这一时期的小说分成"志怪"和"志人"两类。

(1)志怪小说

专记神异鬼怪故事,其中,最著名的是东晋干宝的《搜神记》。它的流行与当时道教、佛教以及其他神鬼迷信的流行有直接关系。但其中记载了不少优美的民间传说,作者有时也会有意无意地脱离宣扬神道的初衷,写出富有艺术趣味的作品。在志怪小说中,很多地方反映了当时人们的人生理想和生活情趣。

(2)志人小说

现存较完整的著作只有南朝宋刘义庆编撰的《世说新语》,内容专门记叙汉末以来上层文士的言行，尤详于东晋。它的每一篇都很短小，却能写照传神，刻画出各种人物的精神面貌。其语言以简洁隽永见长。对于了解魏晋时代士族知识分子的思想和生活来说，是一本非常重要的书。魏晋南北朝小说对后代的小说、戏曲也产生了很大影响。

相关链接

王蓝田性急

王述转尚书令，事行便拜。文度曰："故应让杜、许。"蓝田云："汝谓我堪此否？"文度曰："何为不堪！但克让自是美事，恐不可阙。"蓝田慨然曰："既云堪，何为复让？人言汝胜我，定不如我。"

——节选自刘义庆《世说新语·忿狷》

2. 建安文学

建安文学是汉末建安时期兴起的文学，是以曹操父子为核心，以及"建安七子"包括孔融、陈琳、王粲、徐干、阮瑀、应玚、刘桢等曹魏集团文人为主力的文学，曹植被称为"建安之杰"。建安文学在中国文学发展史上，开启了文学的自觉时代，取得了辉映古今的文学成就，建安诗人自觉地、创造性地学习汉乐府民歌，从中汲取养料，借鉴形式，在诗歌创作上取得突出的成就，在诗歌的内容、精神、形式等方面都为后代诗人做出了榜样。曹丕的《燕歌行》是现存最早的完整的七言乐府诗，被誉为"七言之祖"，"开千古妙境"，因而引起后世文人的极大注意和效法。

3. 山水田园诗——陶渊明

山水田园诗，源于南北朝的谢灵运和晋代陶渊明。陶渊明等诗人形成东晋田园诗派，谢灵运、谢朓等诗人形成南朝山水诗派。陶渊明以山水田园为审美对象，把细腻的笔触投向静谧的山林，悠闲的田野，创造出一种田园牧歌式的生活，借以表达对现实的不满，对宁静平和生活的向往。组诗《归园田居》是陶渊明的代表性作品。

陶渊明

魏晋南北朝是中国文学史上第一个具有文学自觉意识、在各方面富于创新精神的时代。尽管这个时代的文学也有很多缺陷，许多新的东西还没有发展成熟，但是它为后代的文学确立了一些重要的原则，开辟了多条新的道路，提供了多样发展的可能性。没有这一基础，唐代文学尤其是唐诗的进一步繁荣是难以想象的。

三、唐宋文学

（一）唐代文学

唐朝是中国封建社会的鼎盛时期，也是当时世界上文明程度最高的王朝之一。唐朝实行相对宽松的统治政策，重农重商，大力发展经济，国力空前强盛；加之南北文化的融合、中外文化的交流、科举考试以诗赋取士等多种因素，造就了唐代文学的空前繁荣。唐代文学在诗歌、散文、传奇等方面都取得了辉煌的成就。

1. 唐诗

中国是诗的王国，唐诗是中国诗的王冠，是中国古典诗歌的顶峰，唐朝是中国诗歌史上的黄金时代。古体诗、近体诗争奇斗艳，各种风格流派异彩纷呈，初、盛、中、晚各期皆名家辈出。《全唐诗》收录了2300多位作家的近5万首诗，足见唐代诗歌的空前繁荣。

"初唐诗歌"从唐高祖到唐玄宗时期，是唐诗的发展与过渡时期。初唐诗坛上出现了一批锐意革新的诗人，其中包括"初唐四杰"（王勃、杨炯、卢照邻、骆宾王）和稍后的陈子昂。

盛唐诗歌从唐玄宗开元、天宝年间到唐代宗大历元年。这一时期，出现了两大诗歌流派各领风骚：以王维、孟浩然为代表的山水田园诗派，以描写山水田园风光或隐逸生活为其特色；以高适、岑参、王昌龄等为代表的边塞诗派，则唱出报国安边、奋发进取的时代强音。接着，李白与杜甫先后崛起于诗坛，被称为我国诗歌史上雄视今古的"双子星座"。

（1）李白

李白的诗歌是盛唐气象的典型代表，诗人以其天真的赤子之心讴歌理想的人生。如果说理想色彩是盛唐一代诗风的主要特征，那么李白便是以更富于彰显的理想歌唱走在了时代的前沿。李白以其卓然不群的人格、浪漫不羁的情怀、豪放飘逸的诗风、天才横溢的篇章铸就了屈原之后又一座浪漫主义丰碑，无愧"诗仙"之称。李白的抒情名篇，如《将进酒》《行路难》，无不显示了诗人独特的情感色调和艺术个性。

（2）杜甫

杜甫的诗歌把整个动荡浩大的时代与个人的遭际合而为一，集中、深刻地反映了唐王朝由盛而衰过程中一系列重大的事件，故有"诗史"之称。他的诗歌蕴含着强烈的忧患意识，无愧"诗圣"之誉。杜甫是一位富有创造性的诗人，是一位集大成和承前启后的诗人。他的诗歌感情内在深沉，风格沉郁顿挫。

杜甫

"中唐诗歌"存在于从代宗大历初年到文宗太和末年。这一时期，"安史之乱"使唐朝社会生产力遭到极大的破坏，诗歌呈现不同的风貌，现实主义成为诗歌的主流。唐宪宗元和年间，以白居易、元稹为首，倡导了一场新乐府运动。

"晚唐诗歌"从文宗开成元年到唐王朝灭亡。唐诗走向没落，诗的气魄、格局也随之萎缩，大多染上了浓厚的衰亡感伤色彩。最有成就的诗人是杜牧和李商隐。杜牧最擅长七绝，从数量和质量来看，堪称晚唐诗歌第一高手。七绝内容多伤春伤别和咏史怀古，在艺术表现上清丽流美,意蕴悠扬,颇有神韵。李商隐各种诗体皆有佳作,但成就最高的是七律,以表现爱情相思题材见长。他的《无题》诗,工于比兴,用典甚多,诗旨深曲,意蕴深永,给人一种朦胧迷离的美感,耐人寻味。

2. 唐代散文

唐代散文既革除了六朝旧习,又开辟了宋、元以后散文的发展道路,在中国文学史上起着承前启后的作用,占有重要的地位。六朝时期骈文的畸形繁荣,成为散文发展的严重障碍。批判六朝以来的形式主义文风,恢复先秦、两汉散文的优秀传统,是时代和文学本身发展向作家提出的要求。中唐后期,韩愈、柳宗元倡导古文运动,在理论和创作实践上使古文达到全盛阶段。在"文以明道"的创作思想指导下,他们要求文章有充实的思想内容,努力去反映社会现实问题,无论是内容还是形式都达到了成熟、完美的境地。

3. 唐传奇

诗歌散文之外,唐人传奇的成就也引人注目。唐传奇建立了比较完整的小说结构,情节更为复杂,内容更偏重于反映人情世态,而人物形象的塑造、人物心理的刻画,也有了显著提高。唐传奇宣告中国古典小说进入成熟阶段,并为后世小说的发展提供了创作经验。

4. 唐五代词

词是始于盛唐,成于晚唐五代,盛于宋代的一种新诗体。最早的唐代民间词是在敦煌发现的曲子词,这些民间词反映的社会场景广阔,生活气息浓郁,语言朴素清新,为文人词的创作和发展提供了很好的借鉴。中唐时期,很多诗人如白居易、刘禹锡、张志和等都填过词。晚唐时期,文人写词者渐多,其中,影响最大的是温庭筠,代表作有《菩萨蛮》《梦江南》《更漏子》。温庭筠使词真正成为一种独立的文体,开创了真正的文人词传统,他创作了中国第一部文人词集《花间集》。此外,五代词人中成就最高的是南唐后主李煜,其作品早期多写宫廷享乐生活,国破被俘以后作品抒写家国身世之恨,极为沉痛。李煜的词,自然率直,直抒胸臆,不事雕琢,语言单纯明净、新颖别致,意境凄婉动人,扩大了词的境界,特别是在抒情艺术上取得了前所未有的成就。

相关链接

行路难·其一

唐 李白

金樽清酒斗十千,玉盘珍羞直万钱。
停杯投箸不能食,拔剑四顾心茫然。
欲渡黄河冰塞川,将登太行雪满山。
闲来垂钓碧溪上,忽复乘舟梦日边。
行路难!行路难!多歧路,今安在?
长风破浪会有时,直挂云帆济沧海!

（二）宋代文学

陈寅恪说："中国文化，造极于赵宋之世。"宋代文学是宋代文化中最重要的一环。

宋代文学继承了唐代文学的优良传统，在古文、诗、词各方面，都出现了许多著名的作家，并在创作上呈现出自己的独特面貌。特别是，词的发展形成了宋代文学的主要标志。另外，在小说和戏剧方面，宋代也有突出的成就。

1. 宋诗

宋代诗人很懂得唐诗的价值，注重向唐代诗人学习，如李白、杜甫、韩愈、刘禹锡、李商隐以及晚唐一些诗人都曾是宋代一些诗人学习的对象。在继承唐诗传统的基础上，他们又另辟蹊径，有了自己的创作，因而形成了自己独具的特色。关于唐诗和宋诗孰优孰劣，几百年来一直争论不休，从两代诗歌的总体成就来看，唐代诗歌的成就要更高一些，对后世和世界的影响要更大。缪钺在《论宋诗》中说："就内容论，宋诗较唐诗更为广阔。就技巧论，宋诗较唐诗更为精细。然此中各有利弊，故宋诗非能胜于唐诗，仅异于唐诗而已。"

北宋初年，杨亿、刘筠、钱惟演等在皇帝的秘阁编书，经常写诗唱和，后来编成《西昆酬唱集》（传说神仙住的西方昆仑山上有座藏书楼，故用"西昆"比喻皇帝的秘阁）。他们刻意模仿晚唐诗人李商隐，追求辞藻的华丽，堆砌典故，诗歌内容浮泛空虚。由于这些人社会地位高，故影响很大。

在"西昆体"盛行时期，没有受其影响并有自己独特风格的诗人是王禹偁、梅尧臣和苏舜钦。其中，王禹偁受白居易的影响，关心民生疾苦，感情真挚，诗风流畅自然。

南宋时期的诗虽然仍受着江西诗派的影响，但兴亡巨变改变了诗人的心境，使南宋时期的诗歌具备了时代特征，其最大成就是以陆游为代表的爱国诗，其次是以范成大为代表的田园诗。

2. 宋词

词兴起于唐，发展于五代，到宋代进入鼎盛时期。据《全宋词》载，作品近 2 万首，词人 1400 余位。唐诗、宋词，堪称中国文学的"双璧"。

北宋初年的词，多受五代的影响。著名的作家如晏殊、晏几道父子，或富贵秾丽，或婉转秀丽，都承袭了花间派的流风。自柳永开始，词风有了很大改变。柳永词长于铺叙，多用俗语，内容反映都市中下层人民的生活和知识分子怀才不遇的苦闷。到苏轼时，词的风气又一变。苏轼一反柳永旖旎之情，代之以清旷豪放之风，常以诗赋、经典入词，并用散文句法作词。他拓展了词的题材、范围和意境，举凡吊古伤今、述志咏怀、感叹时政，描绘山川景色、农村风光，以至阐说哲理等题材，皆可入词。自苏轼词出，宋词与五代词始有截然之别，并由此形成了豪放派词。苏轼词代表了北宋词坛的最高成就。

在苏轼之后，北宋主要词人是周邦彦、秦观、贺铸，他们的词作又回到了所谓婉约的正宗。南宋最伟大的爱国主义词人当推辛弃疾。他的词抚时感事，气魄雄伟。继承了苏轼词豪放的风格，并加以变化，大大发展了散文化的句法。辛弃疾词中还有部分作品是描写农村景物和田园风光的小词，活泼清新，是继苏轼之后，又一位擅长农村题材词的大家。在词的发展史上，辛弃疾大大丰富了词的表现手法。辛派词人有陆游、陈亮、刘过、刘克庄、刘辰翁等。

相关链接

豪放派诗词代表人物

豪放派和婉约派是宋代词坛上的两大流派。豪放派的作品创作视野较为广阔，气势豪放，意境雄浑，充满豪情壮志。代表词人以苏轼、辛弃疾为主。婉约派的作品则主要侧重儿女风情，结构深细缜密，语言清丽、含蓄，表达的感情婉转缠绵，有一种柔婉之美。代表词人有柳永、秦观、李清照等。

苏轼

江城子·乙卯正月二十日夜记梦
苏轼

十年生死两茫茫，不思量，自难忘。千里孤坟，无处话凄凉。纵使相逢应不识，尘满面，鬓如霜。

夜来幽梦忽还乡，小轩窗，正梳妆。相顾无言，惟有泪千行。料得年年肠断处，明月夜，短松冈。

3. 散文

散文到晚唐中衰。宋初杨亿、刘筠等承五代之风，文趋骈俪，一时文士，靡然相从。北宋最早提出恢复韩柳散文传统的是柳开、石介、尹洙、穆修等。王禹偁的《待漏院记》、范仲淹的《岳阳楼记》都是这一时期文质兼美的佳作。到庆历以后，经欧阳修、苏轼等诸家的努力，宋代散文的发展达到了高潮。

欧阳修是宋代古文运动的领袖。宋仁宗时，欧阳修主持文坛，发起并领导了一场声势浩大的诗文革新运动。他文宗韩愈，但独富韵味，委婉畅达。他的散文内容丰富，体裁不拘一格。政论文大多立足现实，立意深刻，具有很强的致用性。《朋党论》《五代史伶官传序》等作品，与现实政治的联系十分密切，在艺术上说理透辟，笔带激情，气势充沛。他的记人、叙事、写景以及其他题材的散文，如《醉翁亭记》《秋声赋》等，笔墨流畅自然，抒情委婉舒缓，音调和美，唱叹有致，既富于情韵，又内含理趣。

"三苏"的散文，以苏轼成就最高。他才华横溢，所写散文自由驰骋，纵横多变。各体散文都有很高造诣。他的议论文主要包括政论和史论两种。苏轼的记叙文最能体现其挥洒自如、变幻莫测、姿态横生的特点。苏轼的书序、书简、题跋、杂记等随笔小品，信手拈来，随意而写，皆成妙文，佳作极多，以《赤壁赋》《石钟山记》等最为人们传诵。

戏曲在宋代也有很大发展。当时的戏曲有滑稽戏、歌舞戏、傀儡戏、影戏、讲唱戏等。除滑稽戏、歌舞戏外，其他主要在民间流传。讲唱戏分为鼓子词和诸宫调，其中，诸宫调对后世影响最大。

四、元明清文学

(一) 元代戏曲

元代文学的代表是元曲。元曲汲取了唐、宋以来的"说话"艺术，并在此基础上形成了新的文学样式。它是元代文学的灵魂，是"一代之佳作"。元曲包括杂剧和散曲两部分。杂剧是戏剧，而散曲则是诗歌的一体。元曲不仅是文人咏志抒怀得心应手的工具，而且为反映社会生活提供了人民群众喜闻乐见的崭新的艺术形式。

关汉卿、白朴、郑光祖、马致远被称为"元曲四大家"。元杂剧的代表作有被称为"爱情四大剧"的《倩女离魂》《西厢记》《墙头马上》《拜月亭》。元代末期出现了南戏，其中，最著名的是"四大南戏"（《荆钗记》《刘知远白兔记》《拜月亭记》《杀狗记》）和《琵琶记》。

散曲的兴起比杂剧来得早，在元代被称为"乐府"或"词"。作者有达官显贵，但更多的是落魄文人以及倡优妓妾。因此，散曲是与下层人民生活密切相关的，反映人民疾苦的艺术形式。

散曲包括小令和套数。小令又叫作"叶儿"，一般用单支曲子写成。它是按照不同的曲调创作的，每个曲调都有个名称，如《山坡羊》《水仙子》《落梅风》《拨不断》《沉醉东风》等。每调又各有不同的乐句，因此，配合这些曲调写出来的小令，其字数和句式也各不相同。

马致远

关汉卿

(二) 明清文学

1. 明清小说

从明代开始，小说、戏曲等通俗文学获得了无限生机，而传统的文学形式却相形见绌。明代出现了长篇章回小说。章回小说是我国古代长篇小说的唯一体裁，开山之作是《三国志通俗演义》。全书分为若干卷，卷中又分若干节，有目录，已经具备了章回小说的基本特征。《三国演义》描写了魏、蜀、吴三国之间尖锐的政治斗争、军事斗争、外交斗争，历经近百年，它以虚实相间的艺术观念、类型化的人物塑造法、从全知全能到限知限能的叙事方式以及独特的扇形网状结构，形象地反映了当时三国各方面的情况。《水浒传》也是一部长篇巨著，全书描写了108位英雄好汉被逼上梁山的经过，梁山事业的发展壮大以及梁山起义最终失败的结局。其中，很多英雄，如鲁智深、林冲、杨志、石秀等都刻画得栩栩如生。另外，英雄传奇小说和神魔小说也有所成就。

小说是清代文学的主流。清代小说的观念不断更新，题材类型不断扩大，编创方式不断成熟。其中，英雄传奇小说有《水浒传》续书三种，历史演义小说有《隋唐演义》等。另外，还有公案小说、世情小说、讽刺小说、才学小说。清中叶出现了曹雪芹的《红楼梦》，是中国古典小说的最高峰。另一部巨著是吴敬梓的《儒林外史》，以讽刺的手法刻画了许多封建知识分子，矛头指向封建科举。蒲松龄的《聊斋志异》，继承了魏晋志怪小说和唐人传奇，曲折地反映现实、抨击时弊、歌颂爱情，是文言短篇小说的巨擘。

2. 明清戏曲

明代戏曲有杂剧和传奇。其中，传奇的艺术成就较高。汤显祖是林川派的代表，他的爱情剧《牡丹亭》是我国戏曲的浪漫主义杰作。作品中提出的反封建、宣扬个性、主张爱情的口号具有深刻的社会意义和思想意义。

戏剧和小说都是清代文学主流。清初戏剧达到了清代戏剧的高峰。清代戏剧的声腔剧种中的花部声腔日益兴旺。戏剧成就主要体现在传奇创作方面。其中，有以李玉为代表的苏州派，作品具有市民色彩；以吴伟业为代表的文人派，作品有较强的案头化倾向；以李渔为代表的形式派。三派之后，代表清初戏剧最高成就的是洪昇的《长生殿》和孔尚任的《桃花扇》。之后，出现了民间的地方戏曲。另外，清代文学批评理论也得到了发展，成为中华民族的重要文学遗产。

相关链接

明清戏曲

汤显祖（1550—1616），临川（今江西抚州）人，字义仍，号海若、若士、清远道人，明代戏曲家、文学家，被誉为"中国戏圣"和"东方莎士比亚"。其戏剧作品《还魂记》(《牡丹亭》)、《紫钗记》、《南柯记》、《邯郸记》合称"临川四梦"，其中，《还魂记》是其代表作。

第二节　中国古代文学的文化特征

一、"文以载道"的教化传统

中华优秀传统文化的主导思想是儒家学说，它渗透于中国几千年社会的方方面面，自然也深深地影响到中国文学。因此，儒家思想中以"修身、齐家、治国、平天下"为核心的思想，以"仁、义、礼、智、信"为标准的道德观念，以"天、地、君、亲、师"为次序的伦理观念，长期影响着中国古代的文学家，从而形成以诗文教化为核心的文学功用观。

因此，中国古代文学在内容上偏向政治主题和伦理道德主题，无论是诗歌、散文、小说，还是戏曲，概莫能外。

"文以载道"是中国古代文论的一种观念，是对文学作品中"文"与"道"关系的一种概括，最初的说法是"文以明道"。

"文以明道"的思想在《荀子》中已初见端倪，在《解蔽》《儒效》《正名》等篇中，荀子把"道"看作客观事物的规律，又把儒家的"圣人"看作客观规律的体现者，总理天地万物的枢纽。因此，要求"文以明道"。

荀子

韩愈

"文以载道"客观上对中国古代文学产生了两个方面的深刻影响。首先，这种思想强调了文学的教化功能，为古代文学表达思想内容注入了政治热情、进取精神和社会使命感，使作家重视国家、人民的群体利益，即使在纯属个人抒情的作品中也时刻不忘积极有为的人生追求。例如，在唐代诗人中，杜甫忧国忧民，对儒家仁政理想的不懈追求、对国家人民命运的深切关注成为杜诗的核心内容。即使是"诗仙"李白，也在诗中强烈地表达了追

茅屋为秋风所破歌
唐　杜甫

八月秋高风怒号，卷我屋上三重茅。茅飞渡江洒江郊，高者挂罥长林梢，下者飘转沉塘坳。

南村群童欺我老无力，忍能对面为盗贼。公然抱茅入竹去，唇焦口燥呼不得，归来倚杖自叹息。

俄顷风定云墨色，秋天漠漠向昏黑。布衾多年冷似铁，娇儿恶卧踏里裂。床头屋漏无干处，雨脚如麻未断绝。自经丧乱少睡眠，长夜沾湿何由彻！

安得广厦千万间，大庇天下寒士俱欢颜！风雨不动安如山。呜呼！何时眼前突兀见此屋，吾庐独破受冻死亦足！

求功名事业的情感，而且明确地要以孔子所作《春秋》为自己文学事业的典范。至于唐宋古文运动的巨大成就，更是在"文以载道"思想的直接指导下取得的。

二、注重现实的理性精神

古代文学的政治倾向为民族发展集思广益，使民族精英进退迂回。历览前贤家与国，情文并茂的策论、政论、讽谏书对统治者起到的作用，绝不容小觑。如贾谊的主要文学成就是政论文，著有《新书》十卷，代表作有《过秦论》上、中、下三篇，《陈政事疏》（又名《治安策》）、《论积贮疏》等。《过秦论》总结了秦代兴亡的教训，实则昭汉之过。《陈政事疏》和《论积贮疏》是批评时政之作，提出用"众建诸侯而少其力"的办法，巩固中央集权制。要"驱民而归之农"，巩固政权。其文说理透辟，逻辑严密，气势汹涌，词句铿锵有力，对后代散文影响很大。学而优则仕，是中国古代文人不约而同的集体追求。中国古典文学家的主体是政治家和准政治家，准政治家的政治理想不亚于政治家的理想，都是致力在政治方面有所作为，当政治之路走不通或者走得坎坷时，才开始文学创作，成为文学家，而文学在这些文学家手中主要是用来为政治服务的工具或者排遣政治郁闷的消遣品，文学家在文学作品中表达对政治的关心成为其心理定式。这是由中国古代文人"立德""立功""立言"的人生理想模式决定的。"立言"是最低层次的人生理想，从事文学写作是读书人不得已而求其次的选择。令人颇为遗憾的是，从孔子"知其不可为而为之"的坚韧不拔到孟子"乐以天下，忧以天下"的忧患情怀；从屈原"路漫漫其修远兮，吾将上下而求索"的执着无悔到范仲淹"先天下之忧而忧，后天下之乐而乐"的仁人襟抱，"士"文化人格"兼济天下"的理想从来就没能走上坦途，等待他们的更多是穷愁失意或贬谪、侮辱，甚至是拘捕、囚禁、流放和杀戮。

古代文学的哲理倾向为民族发展、祖国统一奠定了理论基础。天地人心，精理为文，理趣美是古典文学的一种最高境界，是情感美、画幅美和气韵美的大融合、大升华，其表现形态可以归纳为思接千载，探求常理；内省外视，揭示奥秘；定格瞬间，显示永恒等。其形成源于作者对世界外物的整体性感悟，对人生意义的普遍性揭示和哲理性思考，与作者借以承载这种思考而展示的景、事、物、场面呈现出的审美特质也密切相关。譬如，以爱国主义为核心的民族团结和国家统一精神，与春秋战国时期形成的"天下大一统"思想有着历史渊源。早在《尚书·禹贡》中，就有天下大一统之义，并赞美大禹统一中国的功绩。春秋时期，王室衰微，诸侯争霸，百家争鸣。其时，学术百家强调"夏夷之辨"，莫不自思以易天下。孔子作《春秋》，主张"华夷一家"，这一思想经其弟子颜渊"四海之内皆兄弟"观念的提升，再经《春秋》公羊学派的倡导，在战国时期加速向"天下大一统"观念发展。"天下大一统"观念体现了当时中国历史发展的必然趋势和先进文化的前进方向，新崛起的秦国顺应了这一趋势和方向，完成了统一六国的大业。

古代文学的道德倾向为民族发展奠定了坚实的伦理基础。伦理道德与现实政治是中国文化关注的两大核心。因此，古典文学创作倾向表现进步的思想、正义的事业、崇高的理想，而对现实的黑暗、政治的腐朽、道德的堕落、不良的风尚，则要进行尖锐的揭露和批

相关链接

过秦论
汉 贾谊

秦孝公据崤函之固，拥雍州之地，君臣固守以窥周室，有席卷天下，包举宇内，囊括四海之意，并吞八荒之心。当是时也，商君佐之，内立法度，务耕织，修守战之具，外连衡而斗诸侯。于是秦人拱手而取西河之外。

孝公既没，惠文、武、昭襄蒙故业，因遗策，南取汉中，西举巴、蜀，东割膏腴之地，北收要害之郡。诸侯恐惧，会盟而谋弱秦，不爱珍器重宝肥饶之地，以致天下之士，合从缔交，相与为一。当此之时，齐有孟尝，赵有平原，楚有春申，魏有信陵。此四君者，皆明智而忠信，宽厚而爱人，尊贤而重士，约从离衡，兼韩、魏、燕、楚、齐、赵、宋、卫、中山之众。于是六国之士，有宁越、徐尚、苏秦、杜赫之属为之谋，齐明、周最、陈轸、召滑、楼缓、翟景、苏厉、乐毅之徒通其意，吴起、孙膑、带佗、倪良、王廖、田忌、廉颇、赵奢之伦制其兵。尝以十倍之地，百万之众，叩关而攻秦。秦人开关延敌，九国之师，逡巡而不敢进。秦无亡矢遗镞之费，而天下诸侯已困矣。于是从散约败，争割地而赂秦。秦有余力而制其弊，追亡逐北，伏尸百万，流血漂橹。因利乘便，宰割天下，分裂山河。强国请服，弱国入朝。延及孝文王、庄襄王，享国之日浅，国家无事。

及至始皇，奋六世之余烈，振长策而御宇内，吞二周而亡诸侯，履至尊而制六合，执敲扑而鞭笞天下，威震四海。南取百越之地，以为桂林、象郡；百越之君，俯首系颈，委命下吏。乃使蒙恬北筑长城而守藩篱，却匈奴七百余里。胡人不敢南下而牧马，士不敢弯弓而报怨。于是废先王之道，焚百家之言，以愚黔首；隳名城，杀豪杰，收天下之兵，聚之咸阳，销锋镝，铸以为金人十二，以弱天下之民。然后践华为城，因河为池，据亿丈之城，临不测之渊，以为固。良将劲弩守要害之处，信臣精卒陈利兵而谁何。天下已定，始皇之心，自以为关中之固，金城千里，子孙帝王万世之业也。

始皇既没，余威震于殊俗。然陈涉瓮牖绳枢之子，氓隶之人，而迁徙之徒也；才能不及中人，非有仲尼、墨翟之贤，陶朱、猗顿之富；蹑足行伍之间，而倔起阡陌之中，率疲弊之卒，将数百之众，转而攻秦，斩木为兵，揭竿为旗，天下云集响应，赢粮而景从。山东豪俊遂并起而亡秦族矣。

且夫天下非小弱也，雍州之地，崤函之固，自若也。陈涉之位，非尊于齐、楚、燕、赵、韩、魏、宋、卫、中山之君也；锄耰棘矜，非铦于钩戟长铩也；谪戍之众，非抗于九国之师也；深谋远虑，行军用兵之道，非及向时之士也。然而成败异变，功业相反，何也？试使山东之国与陈涉度长絜大，比权量力，则不可同年而语矣。然秦以区区之地，致万乘之势，序八州而朝同列，百有余年矣；然后以六合为家，崤函为宫；一夫作难而七庙隳，身死人手，为天下笑者，何也？仁义不施而攻守之势异也。

判。先秦诸子以来，中国古典文学的学术关怀最终都是指向社会秩序和伦理道德的建立以及新的社会理想模式的建构，具有强烈的入世情怀，这是士人文化精神共同的价值取向。先秦时代的孔子说："诗可以兴，可以观，可以群，可以怨。"汉代的司马迁在此基础上提出了"发愤著书"的思想，后来唐代的韩愈进一步提出了著名的"不平则鸣"主张，要求文学为受封建专制主义迫害的人鸣不平。如明清小说就非常重视人物的德行节操，倾尽全力赞扬那些大忠大孝、品行高洁之士。《三国演义》之所以推崇诸葛亮、关羽，就是因为他们忠义赤诚，肝胆照人。诸葛亮的"鞠躬尽瘁，死而后已"，关羽的"拼将一死酬知己，致令千秋仰义名"，都足以让人领悟到这种道德文化精神的魅力。

第三节 中国古代文学的精神内涵

一、爱国忠君的价值取向

中国古代有一大批爱国诗人，他们创作了大量气贯山河的爱国诗歌。例如，南北朝鲍照《代出自蓟北门行》中"时危见臣节，世乱识忠良。投躯报明主，身死为国殇"；唐朝杜甫《蜀相》中"三顾频烦天下计，两朝开济老臣心。出师未捷身先死，长使英雄泪满襟"；北宋范仲淹《岳阳楼记》中"居庙堂之高则忧其民，处江湖之远则忧其君"；南宋辛弃疾《破阵子》中"了却君王天下事，赢得生前身后名，可怜白发生"；南宋文天祥《扬子江》中"臣心一片磁针石，不指南方不肯休"；等等。这些作品表达了诗人的拳拳爱国之心和殷殷报国之情，也体现了中国古代诗人"兼济天下"的大爱思想。屈原的《离骚》突出体现了中国文人的风骨，原因就在于它表现出知识阶层传统的人格典范、价值观念和行为规范。屈原为理想"虽九死其犹未悔"的顽强奋斗精神，"兼济"之志，彰明较著。当奋斗失败、理想受挫时，诗人便"退将复修吾初服"。这不是消极的退避，而是以退为进，以卓然独立于流俗之外的行动。"鸷鸟之不群兮，自前世而固然。何方圜之能周兮，夫孰异道而相安？屈心而抑志兮，忍尤而攘诟。伏清白以死直兮，固前圣之所厚。"屈原把谴责和耻辱一起承担，保持清白之志而死于忠贞之节。正是这种坚贞的气节和高尚的情操，构成了中国古代文人的理想人格，同时，这种"怨而不怒""哀而不伤"的思想情绪，以及"不合作"的抗议方式，又是统治者所能容忍的。既不同流合污，又不犯上作乱，以"独善"求"兼济"，是封建社会中士大夫阶层能达到的最高境界。作为这一境界的化身，诗人与诗作一起，成了后世文人的楷模。

二、独善其身的人格表露

如果不能兼济天下，那就独善其身，这是儒家思想进退自如的表现。南北朝时期的诗人鲍照甘于贫穷，因为"自古圣贤尽贫贱，何况我辈孤且直"，为了节操和修养大放豪言："吾不能为五斗米折腰，拳拳事乡里小人邪。"唐朝的李白冲天豪情道："安能摧眉折腰事

相关链接

岳阳楼记
北宋　范仲淹

庆历四年春，滕子京谪守巴陵郡。越明年，政通人和，百废具兴，乃重修岳阳楼，增其旧制，刻唐贤今人诗赋于其上，属予作文以记之。

予观夫巴陵胜状，在洞庭一湖。衔远山，吞长江，浩浩汤汤，横无际涯，朝晖夕阴，气象万千，此则岳阳楼之大观也，前人之述备矣。然则北通巫峡，南极潇湘，迁客骚人，多会于此，览物之情，得无异乎？

若夫淫雨霏霏，连月不开，阴风怒号，浊浪排空，日星隐曜，山岳潜形，商旅不行，樯倾楫摧，薄暮冥冥，虎啸猿啼。登斯楼也，则有去国怀乡，忧谗畏讥，满目萧然，感极而悲者矣。

至若春和景明，波澜不惊，上下天光，一碧万顷，沙鸥翔集，锦鳞游泳，岸芷汀兰，郁郁青青。而或长烟一空，皓月千里，浮光跃金，静影沉璧，渔歌互答，此乐何极！登斯楼也，则有心旷神怡，宠辱偕忘，把酒临风，其喜洋洋者矣。

嗟夫！予尝求古仁人之心，或异二者之为，何哉？不以物喜，不以己悲，居庙堂之高则忧其民，处江湖之远则忧其君。是进亦忧，退亦忧。然则何时而乐耶？其必曰"先天下之忧而忧，后天下之乐而乐"乎！噫！微斯人，吾谁与归？

时六年九月十五日。

权贵，使我不得开心颜。"西汉苏武出使匈奴被扣，不惧威逼利诱，宁愿在天寒地冻的贝加尔湖畔牧羊19年。所以说，气节不但表现为临危不惧的品格，而且表现为百折不挠的意志。

北宋范仲淹的"居庙堂之高则忧其民，处江湖之远则忧其君"（《岳阳楼记》），表现出中国文人对百姓和君主的忧虑。《离骚》突出体现了中国文人的风骨精神，原因在于它表现出了知识阶层传统的人格典范、价值观念和行为规范。

屈原为理想"虽九死其犹未悔"的顽强奋斗精神，"兼济"之志，彰明较著。当奋斗失败、理想受挫时，诗人便"退将复修吾初服"。这不是消极的退避，而是以退为进，以卓然独立于流俗之外的行动，向"党人"和"群小"发出最后的抗议。由此可见，中国古代诗人以安贫乐道为信仰。

苏武传（节选）

律知武终不可胁，白单于。单于愈益欲降之，乃幽武，置大窖中，绝不饮食。天雨雪，武卧啮雪，与旃毛并咽之，数日不死。匈奴以为神，乃徙武北海上无人处，使牧羝，羝乳始乃得归。别其官属常惠等，各置他所。武既至海上，廪食不至，掘野鼠去草实而食之。杖汉节牧羊，卧起操持，节旄尽落。

——班固《汉书·李广苏建传》

三、忧国忧民的悯苦思想

无论是欧阳修《食糟民》中"上不能宽国之利，下不能饱尔之饥。我饮酒，尔食糟，尔虽不我责，我责何由逃"，还是苏轼《荔枝叹》中"我愿天公怜赤子，莫生尤物为疮痏。雨顺风调百谷登，民不饥寒为上瑞"，都能使我们深切地感受到中国文人关心社稷、忧国忧民的强烈社会责任感。中国文人把同情的目光投向人民大众，将人民疾苦诉诸笔端。其中，最典型的代表就是杜甫和白居易。杜甫是唐代最伟大的诗人之一，其以沉郁顿挫的独特诗风深刻地揭示了人民生活的艰难与痛苦。例如，《茅屋为秋风所破歌》中"安得广厦千万间，大庇天下寒士俱欢颜！风雨不动安如山。""安史之乱"使社会矛盾日益尖锐，人民生活苦不堪言。诗人白居易倾向于儒家入世思想和民本观念，并以此作为诗歌创作的宗旨。其作品《卖炭翁》对统治者掠夺人民的罪行给予了有力的鞭挞与抨击，讽刺了当时腐败的社会现实，表达了作者对下层劳动人民的深切同情，有很强的社会意义。

在中国文学史中，反映人民劳作辛苦、生活痛苦，关注民生的文人和作品很多。中国的知识分子就这样将"关注民生"的思想和理念，用文学的形式一代代传承下来。

卖炭翁
唐 白居易

卖炭翁，伐薪烧炭南山中。满面尘灰烟火色，两鬓苍苍十指黑。卖炭得钱何所营？身上衣裳口中食。可怜身上衣正单，心忧炭贱愿天寒。夜来城外一尺雪，晓驾炭车辗冰辙。牛困人饥日已高，市南门外泥中歇。翩翩两骑来是谁？黄衣使者白衫儿。手把文书口称敕，回车叱牛牵向北。一车炭，千余斤，宫使驱将惜不得。半匹红纱一丈绫，系向牛头充炭直。

单元练习四

一、单选题

1. 我国第一部诗歌总集是（　　）。
   A.《山海经》　　B.《乐府诗集》　　C.《楚辞》　　D.《诗经》
2. 《诗经》被称为"经"是在（　　）。
   A. 先秦　　B. 秦朝　　C. 汉代　　D. 南北朝
3. 《诗经》全书共有（　　）。
   A. 100 篇　　B. 105 篇　　C. 300 篇　　D. 305 篇
4. 春秋三传不包括（　　）。
   A.《左传》　　B.《穀梁传》　　C.《史记》　　D.《公羊传》
5. 《左传》是（　　）。
   A. 一部国别体史书　　B. 一部纪传体史书
   C. 一部纪事本末体史书　　D. 一部编年体史书
6. 汉乐府民歌中最长的叙事诗是（　　）。
   A.《木兰诗》　　B.《陌上桑》　　C.《羽林郎》　　D.《孔雀东南飞》
7. 北朝乐府民歌艺术水平最高的长诗为（　　）。
   A.《木兰诗》　　B.《西洲曲》　　C.《子夜歌》　　D.《企喻歌》
8. 有"诗仙"之誉的是（　　）。
   A. 杜甫　　B. 孟浩然　　C. 苏轼　　D. 李白
9. 魏晋南北朝志怪小说的代表作是（　　）。
   A.《博物志》　　B.《世说新语》　　C.《搜神记》　　D.《冥祥记》
10. 李白绝句佳作"故人西辞黄鹤楼，烟花三月下扬州。孤帆远影碧空尽，唯见长江天际流"的篇名是（　　）。
    A.《望庐山瀑布》　　B.《望天门山》
    C.《将近酒》　　D.《黄鹤楼送孟浩然之广陵》
11. 《行路难》的诗人是（　　）。
    A. 李白　　B. 杜甫　　C. 陈子昂　　D. 李商隐
12. 北宋第一个大量写作慢词长调的词人是（　　）。
    A. 秦观　　B. 柳永　　C. 晏殊　　D. 欧阳修
13. 易安居士是（　　）。
    A. 秦观　　B. 李清照　　C. 柳永　　D. 辛弃疾
14. 《漱玉集》的作者是（　　）。
    A. 晏殊　　B. 周邦彦　　C. 朱敦儒　　D. 李清照
15. 元杂剧最优秀的代表作家是（　　）。
    A. 王实甫　　B. 马致远　　C. 关汉卿　　D. 白朴

16. "元曲四大家"是（ ）。
A. 郑光祖、王实甫、白朴、钟嗣成
B. 关汉卿、白朴、马致远、王实甫
C. 关汉卿、马致远、白朴、郑光祖
D. 关汉卿、王实甫、郑光祖、钟嗣成

二、简答题

1．结合所学知识，举例阐述古代文人身上体现的悯苦思想。
2．《诗经》分为风、雅、颂三类的依据及其各自的含义是什么？
3．简述中国古代文学的发展脉络。
4．阐述中国古代文学的文化特征。

中国古代建筑

　　中国是一个拥有悠久历史和文化传统的文明古国。在这片土地上，祖先为我们留下了许多古老而优秀的建筑遗产。这一系列技术高超、艺术精湛、风格独特的建筑，经过数千年的发展，在世界建筑史上自成体系，独树一帜。中国古代建筑像一部部石刻的史书，直观地记录着人类的历史，展示着我国的灿烂文化，是我们宝贵的文化遗产。同时，它也是一种可供人观赏的艺术，给人以美的享受。

【知识目标】

了解我国古代建筑的发展脉络、主要类型，及其基本结构、整体布局、装饰色彩等特点。

【能力目标】

通过对我国古代建筑的历史源流、形式和风格等信息的掌握，提升对中国古代建筑艺术的审美能力、鉴赏能力与解读能力。

【素质目标】

激发对中国古代建筑主动探究的兴趣，坚定文化自信，增强文化认同，提高艺术修养。珍惜与保护存世的民族建筑艺术与建筑遗产。

【情境导入】

神奇的抗震建筑

曲阜孔庙奎文阁始建于宋天禧二年（1018），原名"藏书楼"，金明昌二年（1191）重修时改名为"奎文阁"，是北方著名的藏书阁，也是中国十大名阁之一。

奎文阁自明代扩建以来，经历了无数风雨和上百次地震。清康熙七年（1668），山东南部发生了一次8.5级的地震，史称"郯城大地震"，这是我国大陆东部板块一次最强烈的地震，其释放的能量约是1976年唐山7.8级地震的11倍。当时，百姓描述"忽听空中若响雷，霎时大地皆翻覆"。据说，当时是"人间房屋倾者九，存者一"，但23米高的奎文阁却安然无恙，岿然屹立，可见其坚固性。原来，奎文阁是纯木质结构，三重飞檐，四层斗拱，结构合理，异常坚固，体现了中国古建筑杰出的抗震性能。

第一节　中国古代建筑的发展历史

建筑是凝固的史书，我国的建筑发展历史悠久，从上古时期的自然样式到近现代各种风格的建筑，每个时期都有着独有的特点，这些建筑从材质到风格千变万化，闪耀着人类智慧的伟大光辉。

中国古代建筑发展历史主要分为六个阶段，即上古时期、两汉时期、魏晋南北朝时期、隋唐时期、五代宋辽金时期和元明清时期。

六大建筑派别

一、上古时期

原始社会的先民栖身于大自然赐予的天然洞穴中，人工建筑物出现于新石器时代。中国新石器时代的建筑形成、发展于黄河流域和长江流域，先是人工挖掘、搭建的地穴、巢居，后逐步演变为半地穴、地面建筑和干栏式建筑，建筑空间则由单室发展为多室。与此同时，极具中华文明特色的木骨泥墙、夯墙、木构架、榫卯等技术也陆续出现了。

夏王朝开始修筑城市和宫殿，其"廊院式"建筑空间模式开中国建筑体系院落空间布局之先河。此后，殷商王朝的建立促进了经济和文化的发展，进一步融合了中国南北方的建筑技术和艺术。公元前1046年至公元前771年，西周统治者制定了比较成熟的建筑等级制度，其建筑布局更趋严谨，建筑类型更加多样。到了春秋战国时期，经济、文化空前繁荣，阡陌纵横，城市林立。各国诸侯纷纷打破周代礼制的羁绊，建筑庞大的都城，"高台榭，美宫室"遍及天下。

秦统一六国后，一方面，大力改革政治、经济、文化，统一货币和度量衡，统一文字，巩固政权；另一方面，集中全国人力、物力与六国技术成就，修筑都城、宫殿、陵墓等，呈现出一种模式化、统一化的趋势。秦建筑主要是砖瓦木结构，民居以土坯砖为主，城市以火烧砖为主，城郭以夯土为主，也有石砌的，街道以平整土为主。其主要标志性建筑有阿房宫、长城、秦始皇陵等。

二、两汉时期

两汉可以称为中国建筑史上的第一个高潮时期，其主要建筑类型为宫殿和阙，木构建筑更加成熟。这时，出现了砖瓦的生产技术，砌筑技术也逐步提高，形成了我国古建筑台基、屋身和屋顶三段式高台建筑的特色。当时，建造了许多大规模的宫殿，可见高台建筑之盛行。随着历史的发展，高台建筑不能满足社会多样性的需求，于是出现了重楼式的建筑，即由单层构架重叠建成，各层构架不一定对称，外观的形式可有多种变化。东汉时期，有了斗拱组合使用，建筑形式更加丰富，主要标志建筑有山东沂南石墓等。

三、魏、晋、南北朝时期

自魏到隋的 360 余年,朝代更迭,干戈不绝,建筑发展与两汉时期难以比拟。佛教由印度传入我国并开始发展,因此,佛寺建筑逐渐兴起。同一时期,来自印度、中亚一带的绘画技术也传入我国,使我国的壁画、石窟、佛寺雕塑都得到了很大程度的发展,这一时期遗存下来的建筑也多为石窟、佛塔、陵墓等。因受外界影响,这时的建筑风格已脱离两汉时期的格调,有创新之风。其标志性建筑有甘肃敦煌莫高窟、山西大同云冈石窟等。

四、隋唐时期

当时南北统一,文化得到交流,促进了我国经济文化的繁荣发展,建筑的发展更在其中,尤其是都城建设和水利建设。隋唐时期的洛阳、长安,就是都城建设的宏伟作品。虽然如今已不在,但根据文献记载,顾炎武有言:"予见天下州之为唐旧治者,其城郭必皆宽广,街道必皆正直,廨舍之为唐旧创者,其基址必皆宏敞。"足见隋唐时期都城建设之宏伟。除此之外,水利的建设也有较大发展。隋炀帝时期建造的大运河,在很大程度上发展了水上交通,促进了南北两地的交流,使经济文化逐渐繁荣。提到水利建设,不得不说到河北赵州桥,它是一座单孔坦弧敞肩石拱桥,跨度大、桥面低、易通行。最具意义的是大拱的两边分别有一个小拱,这样的设计不仅美观,而且减小了桥的自重,还能加大过水量,同时降低了洪水对桥身的冲击,保护桥身。这座桥具有施工方便、用料节省等优点。

赵州桥

南禅寺大殿

隋唐时期城市、宫殿、佛道、寺观的发展达到了顶峰,当时的建筑特点也可以从遗存下来的佛寺、塔、石窟、壁画中得以了解。其标志性建筑有大雁塔、赵州桥、长安城、洛阳城,建筑风格特点是气势恢宏、严整开朗,舒展而不张扬、古朴却富有活力,这也正是当时社会精神的体现。

五、五代宋辽金时期

宋朝在建筑造诣上未能取得重大突破,但由于商业、手工业的发展,建筑艺术与技术、城市布局水平也有了一定提高。虽不能与隋唐时期的恢宏气势相比较,但这一时期的建筑风格变化多样,渐趋于繁丽细致。到宋中叶,风格更趋于纤丽文弱,其造型更是多样繁丽,彩画大量用于装饰,建筑物大多精致、柔美、瑰丽,许多建筑样式能在宋徽宗所作的《瑞鹤图》中觅得踪迹。隋唐是建筑艺术发展的成熟期,它是繁荣多样的,更值得一提的是,这时出现了《营造法式》一书,对我国建筑设计和技术做了总结,也为建筑的建造与技术形成了规范。其标志性建筑有滕王阁、隆兴寺、初祖庵大殿等。

六、元明清时期

由于手工业的不断发展，砖瓦建造的房屋增多，其中，制造琉璃的技术也不断精进，促进了建筑的装饰和结构多样化。元朝时期，受外来文化影响，建筑建造在技术上有了创新，斗拱体系也发生了转变。明代可以说是我国建筑建造复兴的时期，其建筑风格专注于简约、工整、简化。明清时期最典型的建筑就是故宫和园林建筑，故宫作为宫殿建筑中规模最大的建筑，其壮丽景观让人惊叹。放眼望去，宫殿楼台、错落有致，红墙绿瓦、富丽堂皇。规模之大，色彩之和谐，结构之精美，气势之磅礴，不禁让人感叹设计者的奇思妙想。园林建筑的发展在这个时期已相当成熟，标志性建筑有故宫、圆明园、颐和园等。

颐和园

相关链接

天下第一宫

阿房宫被誉为"天下第一宫"，始建于秦始皇三十五年（前212），位于今陕西省西安市，是秦统一六国后首次修建的标志性建筑，也是华夏民族开始形成的实物标志，与万里长城、秦始皇陵、秦直道并称为"秦始皇的四大工程"。1991年，阿房宫遗址被联合国确定为世界上最大的宫殿基址，属于世界奇迹。

阿房宫的占地面积约为54.1万平方米，东西长1270米，南北宽426米，宏伟气派。阿房宫共包括两大建筑群，一个是前殿建筑群，另一个是"上天台"建筑群。前殿是阿房宫的主体宫殿。史载："东西五百步，南北五十丈，上可以坐万人，下可以建五丈旗。周驰为阁道，自殿下直抵南山。表南山之巅以为阙。为复道，自阿房渡渭，属之咸阳，以象天极阁道绝汉抵营室也。""上天台"建筑群主要是祭祀建筑等。

阿房宫不仅是秦代建筑中最宏伟壮丽的宫殿群、中国古代宫殿建筑的代表作，更记载着中华民族由分散走向统一的历史，承载着华夏文明的辉煌记忆。

中国古代建筑历经各朝代的发展，逐步形成了一种成熟的、独特的体系。无论在城市规划、建筑群、园林、民居等方面，还是在建筑空间处理、建筑艺术与材料结构的和谐统一、设计方法、施工技术等方面，都有卓越的创造与贡献。

第二节　中国古代建筑的基本特点

在5000年的悠久历史中，我们的先人创造了光辉灿烂的建筑文化。中国建筑在世界独树一帜，它与欧洲建筑、伊斯兰建筑并称为"世界三大建筑体系"。

中国建筑文化是东方独有的一种"大地文化"，它独有的文化性格，如天人合一的时空意识，淡于宗教、浓于伦理，"亲地"倾向和"恋木"情结，达理而通情的技艺之美等耐人寻味。总的来说，中国古代建筑的基本特点主要包括以下四个方面：平面布局、外观造型、材料结构和装饰色彩。

一、平面布局

中国古代建筑平面布局的一般特点是由若干座单栋建筑组成庭院，再根据实际需要由若干个庭院组成建筑群。平面的群体组合，是中国古代建筑区别于西方建筑的一个显著特点。例如，四合院就是由前、后、左、右四栋建筑围合组成一个院落，而西方建筑如巴黎圣母院、圣彼得大教堂等的建筑平面布局典型特征是独立的、单栋的建筑。

中国古代建筑群的平面布局特点主要有对称布局和自由布局两种方式。帝王的都城、皇宫、坛庙、陵寝、寺院基本上都采取对称的布局形式，由一条中轴线贯穿主要建筑，次要建筑陪衬在主要建筑两侧。采用这种布局方式的建筑物一般体量较大，强调秩序感，给人以庄严肃穆的感觉。

北京故宫

乔家大院

江南私家园林、民居房舍以及山村水镇等建筑主要依照山川地势和自然条件因地制宜建造。这种自由灵活的布局方式与民众的生活习俗、建筑功能和文化信仰相互适应，呈现出静态和谐之美。

苏州园林

上海豫园

二、外观造型

我国古代单个建筑大都由台基、屋身和屋顶三部分组成。台基是建筑物的底座，高于地面建筑物的底座，具有防腐防潮和承托建筑物的作用，使建筑物显得稳重、高大雄伟。须弥座台基是最高等级的台基，常用于宫殿建筑的主要殿堂。屋身是建筑物的主体部分，立在台基之上，是由柱子、梁枋、斗拱制作而成的房屋骨架；屋顶位于屋身之上，是我国古建筑最具特色的部分，中国古代建筑屋顶形式多样，包括庑殿顶、歇山顶、悬山顶、硬山顶、攒尖顶、卷棚顶等多种式样。中国古代建筑的屋顶等级分明，庑殿顶是最高等级的屋顶，只有宫殿建筑或坛庙建筑才能使用，其中，重檐庑殿顶又比单檐庑殿顶等级高。各式屋顶或雄浑庄重，或灵动活泼，配以屋脊、斗拱、棱柱、雀替、门窗等构件组合，形成风格独特的建筑艺术造型。

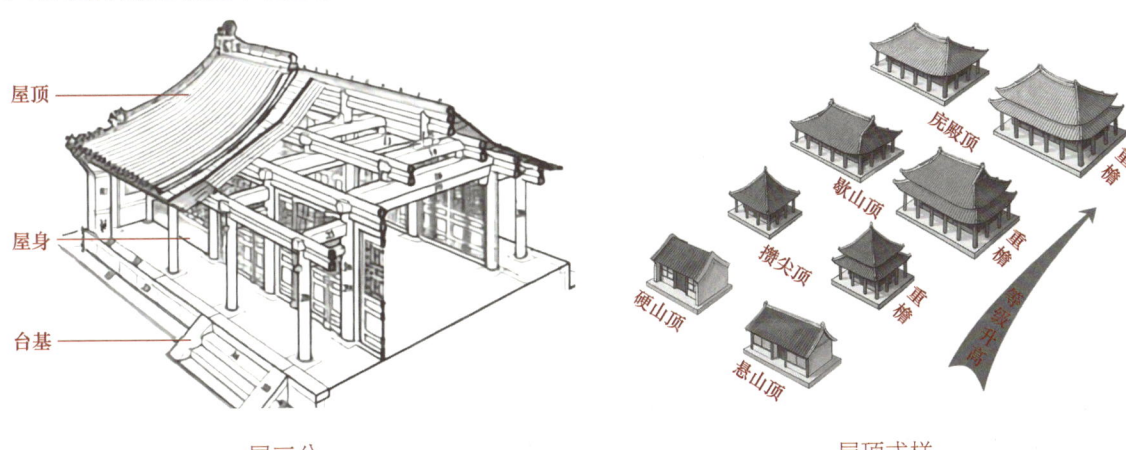

一屋三分　　　　　　　　屋顶式样

三、材料结构

中国古代建筑材料以木头为主，结合土、砖、石等作为建筑的基本结构材料。木结构是中国古代建筑的一大特点，中国古代建筑的框架、屋顶、柱子都是以木头为主，墙壁、窗等结合砖土围合而成。中国古代建筑屋架木结构主要有抬梁式屋架（叠梁式）和穿斗式屋架，这种结构的好处就是我们俗话讲的"墙倒屋不塌"，当遇到地震和大风的时候，木结构能充分发挥它的优越性。

抬梁式

穿斗式

木结构建筑有很多优点。首先，承重与围护结构分工明确，屋顶重量由木构架承担，外墙起遮挡阳光、隔热防寒的作用，内墙起分割室内空间的作用。由于墙壁不承重，这种结构赋予建筑物以极大的灵活性。其次，有较好的防震效能，木构架结构类似今天的框架结构，由于木材具有韧性，而构架的结构所用斗栱和榫卯又都有伸缩的余地，因此，可在一定程度上减少地震对这种构架造成的损害。再者，木与土的建筑材料获取方便，可因地制宜，就地取材，且能适应不同的气候条件，可根据不同环境要求随意处理房屋的高度、墙壁的厚薄、门窗的位置和大小。因此，相较于以石头为主要建材的西方建筑，中国古代建筑样式更灵活多变，形式更丰富多样。

北京故宫就是木结构建筑的典型代表，它不仅是我国无与伦比的古代建筑杰作，也是世界上现存规模最大、保存最完整的木质结构古建筑群。

四、装饰色彩

中国古代建筑的装饰异常丰富，包括彩绘、雕饰等。油饰彩绘具有装饰、保护、象征等多方面的功能，不同色彩的使用标识了等级的尊卑，油漆颜料可以防腐、防风化、防虫蚁。彩画多出现于建筑物内外檐的梁枋、斗栱及室内天花板、藻井和柱头上，构图与构件形状密切结合，绘制精巧，色彩丰富。

明清彩画分为三种：和玺彩画、旋子彩画和苏式彩画。其中，和玺彩画为最高等级，主要用于皇宫主殿；旋子彩画一般用于官衙、庙宇主殿和宫殿、坛庙和次要殿堂；苏式彩画多用于宅第园林。

和玺彩画

旋子彩画

苏式彩画

雕饰包括石雕、木雕、砖雕等，题材内容也十分丰富，有动植物花纹、人物形象、戏剧场面及历史传说故事等。建筑装饰一般从实用功能演变而来，发展到明清时期已遍布建筑的各个部位，是中国古建筑的又一大特色。

春秋时期，不仅官殿建筑柱头、护栏、梁上、墙上有彩绘，而且已使用朱红色、青色、淡绿色、黄灰色、白色、黑色等颜色。秦代继承了战国时的礼仪，更重视黑色。汉代宫殿与官署建筑多用红色，有大量的"丹楹""朱雀""丹墀"文字记载。汉代除民间一般砖造泥木房的室内比较朴素外，宫殿楼台极为富丽堂皇。天花板一般为青绿色调，栋梁为黄、红、金、蓝色调，柱、墙为红色或大红色。汉代发展了周代阴阳五行理论，五色代表方位更加具体：青绿色象征青龙，代表东方；红色象征朱雀，代表南方；白色象征白虎，代表西方；黑色象征玄武，代表北方；黄色象征龙，代表中央。这种思想一直延续到清末。

相关链接

雕刻的宝库——婺源"三雕"

婺源"三雕"是指江西省婺源县境内明清古建筑中的砖雕、石雕和木雕，它属于徽派建筑艺术的支系，制品多用作民居、官宅、宗祠、庙宇、廊桥和牌坊等建筑上的装饰部件。

婺源"三雕"起源于唐代，明清时期达于鼎盛，其中，砖雕被广泛用于徽派建筑中的门楣、屋顶、屋瓴等处，石雕用于牌坊、勾栏、柱磉等处，木雕饰于堂内屏风、梁柱、窗棂、门楣等处。"三雕"艺术是徽派建筑中最精彩的艺术亮点，集美学、力学、数学、历史学、生态学于一体。各种刀法不拘一格，混合并用，使作品达到空灵剔透的效果。雕者刀随意至，意随刀达，圆雕、浮雕、浅雕、深雕、透雕各具其妙，相得益彰。图案的布局形成了一定的模式，不得越级。龙、人物、花鸟和几何图案等级森严，龙的等级最高，在最中间、最高处，人物次之，花鸟器皿更次之，就连一盏灯、一只香炉也十分讲究。摆放狮子有严格规定，大门外都是一雄一雌，成双成对，而且规定左雄右雌，符合中国传统"男左女右"的阴阳哲学。

婺源"三雕"不在于局部的雕琢趣味，而在于整体的神韵气度，诸如"三步金阶""四水归堂""三开间五架梁""一条二线六檐""五凤楼""儿脊顶"，三、五、七、九檩，二、四、六、八椽等，在婺源"三雕"的作品中，数字的和谐形式被赋予了礼的规范内容。

2006年，婺源"三雕"被列入第一批国家级非物质文化遗产名录。

第三节　中国古代建筑的主要类型

中国古代建筑类型多样，从建筑的性质和使用功能来看，可以分为城防建筑、宫殿建筑、坛庙建筑、陵墓建筑、园林建筑、民居建筑、宗教建筑等。每类建筑都有各自的特点,它们既有为生者服务的建筑,也有为死者服务的建筑,还有为祭祀和宗教服务的建筑。

一、攻防连隔的城防建筑

城防建筑主要指城市的城墙和城楼。城防建筑是中国古代建筑中规模最大的一类。著名的长城也属于城防建筑,但它不是一座城的城墙,而是古代诸侯国的边界。城防建筑是古代社会的产物,中国古代社会很长一段时间处于分裂和战乱时期,城市与城市之间建有城墙、城楼维护各自安全。

万里长城

平遥古城瓮城

相关链接

天下第一瓮城

南京中华门,是南京明城墙十三座明初京城城门之一,始建于杨吴时期,明朝洪武年间扩建,称"聚宝门"。1931年,国民政府改名"聚宝门"为"中华门"。

中华门位于南京市秦淮区中华路南端,坐北朝南,是中国现存规模最大的古城门,古代防御性建筑的杰出代表,在世界城垣建筑史上占有重要地位,也是世界上保存最完好、结构最复杂、规模最大的堡垒瓮城,有"天下第一瓮城"之称。

中华门建有内瓮城3座,门垣共3道,每两道城墙间设瓮城,瓮城呈"目"字形结构,每个城门都有双扇包铁门和可上下启动的千斤闸,内设栓槽,用来供木栓紧闭大门所用。主城门分为三层,共有27个藏兵洞,可以藏兵3000余人。布局严整、构造独特,易守难攻,是研究中国古代军事设施的重要实物资料,在历史、文化史上都占有重要的地位。

二、气势恢宏的宫殿建筑

宫殿是皇帝治理朝政和日常居住之所,建筑规模宏大、气势恢宏、富丽堂皇,体现帝王的气度风范,给人以强烈的精神感染,凸显帝王的权威,是中国历史上最伟大的建筑。

中国古代著名的宫殿有：秦朝的阿房宫，汉代的长乐宫、未央宫，唐代的太极宫、大明宫、兴庆宫，以及明清紫禁城。皇家宫殿建筑是象征最高权力的建筑，其政治意义高于实用功能。"王者择天下之中而立国，择国之中而立宫，择宫之中而立庙。"儒家的中庸思想为帝王立国、建都提供了选址和布局的思想依据。"择中而立"体现出帝王居天下之中"唯我独尊"的思想。

北京故宫就是宫殿建筑的典型代表，位于北京中轴线的中心，是明清两代的皇家宫殿建筑群，旧称"紫禁城"。北京故宫始建于明成祖永乐四年（1406），以南京故宫为蓝本，到永乐十八年（1420）建成，是一座长方形城池，南北长961米，东西宽753米，四面围有高10米的城墙，城外有宽52米的护城河。

北京故宫

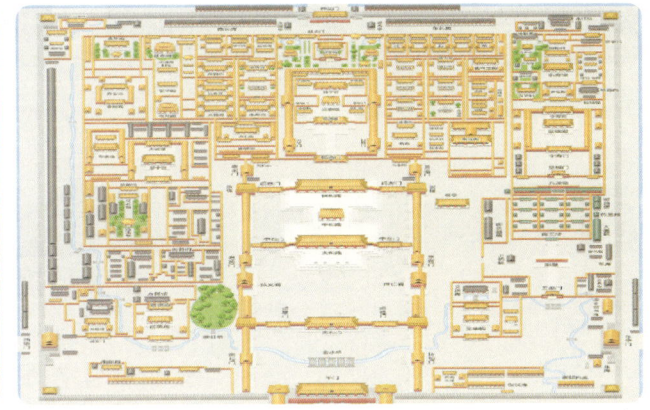
北京故宫平面图

北京故宫以三大殿为中心，占地面积72万平方米，建筑面积约15万平方米，有大小宫殿70多座，房屋9000余间。是世界上现存规模最大、保存最完整的木质结构古建筑群之一。

在象征皇权的紫禁城内，最重要的建筑天安门、端门、午门、太和门、太和殿、中和殿、保和殿、乾清门、乾清宫、交泰殿、坤宁宫、坤宁门、御花园、钦安殿、神武门都位于这条轴线上，皇帝的宝座都位于正殿正中的位置。我国建筑大师梁思成曾赞美故宫：北京独有的壮美秩序就由这条中轴线的建立而产生，前后起伏、左右对称的体形或空间的分配都是以这中轴线为依据的。

我国历代皇宫规划布局大致遵循以下特点：前朝后寝、五门三朝、左祖右社等，这种布局早在2000多年前的《考工记》中就有记载，后面不断完善，一直延续到明清的紫禁城。

紫禁城内的建筑分为外朝和内廷两个部分。外朝的中心为太和殿、中和殿、保和殿，统称"三大殿"，是国家举行大典礼的地方。内廷的中心是乾清宫、交泰殿、坤宁宫，统称"后三宫"，是皇帝和皇后居住的正宫。

"前朝后寝"，"前朝"是指宫殿的前面部分，是皇帝处理朝政、工作的区域；"后寝"是指宫殿的后面部分，是皇帝、皇后、皇子、妃嫔和宫女等生活的区域。

"五门三朝"，古代宫殿制度规定皇宫前面要有连续5座门，即皋门、库门、雉门、应门、路门；皇帝的朝堂要有3座，分别为外朝、治朝、燕朝。在今天北京故宫中相应的五门就是大前门、天安门、端门、午门、太和门；三朝即故宫中的三大殿——太和殿、中和殿和保和殿。

"左祖右社",是指皇宫的左边是祭祀祖宗的祖庙,右边是祭祀社稷的社稷坛。社稷坛位于宫城(天安门)的西侧,过去是皇帝祭祀土地神和粮食神的地方。古代以"社稷"代称国家。

太庙

社稷坛

相关链接

紫禁城名字的由来

北京故宫是中国明清两代的皇家宫殿,旧称"紫禁城"。

"紫"有两种寓意:一是"紫气东来",紫气被认为是祥瑞之气,具有吉祥的含义,预示着圣贤和宝物出现;二是中国古代天文学说,根据对太空天体的长期观察,认为紫微垣居于中天,是所有星宿的中心,有着无比崇高的尊严,因其位置永恒不变,是天帝的居所,因而把天帝所居的天宫称作"紫宫",而封建皇帝自称是"天帝之子",因此,把皇宫喻为天上的紫宫。

"禁"也有两种解释:一是在秦汉时皇宫就被叫作"禁中""禁城";二是皇宫对于老百姓来说是绝对的禁区,更因为是皇帝居住的地方,守卫非常森严,寻常百姓是难以接近的,意指此地是皇权中心,是普通人的禁地,闲杂人等不得来此。

这座帝王之城叫作紫禁城不仅名副其实,而且蕴含着天子之城的意思,传达出皇帝贵为天子、为天下根本的主宰及崇高的不可替代的地位之意。

三、祭天祀祖的坛庙建筑

中国的礼制以"礼"为核心,突出地体现在两个方面:一是崇尚"天"、崇尚神灵、崇尚受命于天的帝王;二是崇尚祖先,因为祖先不仅赋予我们生命,还保佑着子孙后代,所以祖先是神圣的。为了寄托这种崇敬的情感,建造了许多坛庙建筑,这些坛庙建筑统称为"礼制建筑"。

中国古代与祭祀活动相关的建筑就是坛庙建筑,"坛"是用于供祀的露天台子,"庙"

是祭祀祖先和先贤神灵的屋子。坛庙建筑与祭祀礼仪在中国传统礼治体系中占据着核心地位。

中国古代祭祀分为两类。一类是祭祀天、地、日、月、社稷以及风、云、雷、电、山川、河流等自然神灵，这类祭祀表达的是人与自然的关系。其中，祭天是最高等级的仪式，只有皇帝才能祭天，因为皇帝是"天子"，上天之子。中国古代用于祭祀天地、社稷等活动的场所最初在林中空地的土丘上进行，后面逐渐发展为用土筑坛。这类祭天建筑属于礼制建筑，是祭祀神灵的高台。北京天坛是我国现存规模最大、等级最高的礼制建筑群。

祈年殿

圜丘坛

相关链接

天坛

天坛始建于明永乐十八年（1420），是中国古代皇帝祭天的场所。天坛坛域北为圆形，南为方形，以象征"天圆地方"。天坛占地约270万平方米，是故宫的3倍，是我国现存最大、等级最高的礼制建筑群。1998年，天坛被列入世界文化遗产名录。

天坛主体建筑分为圜丘坛、皇穹宇、祈年殿和斋宫四个部分，圜丘坛是皇帝冬至祭天的地方，台基堆砌九层石板，取"上天九重"之意。坛台中心嵌着一块圆形石板，称为"太极石"。皇穹宇是平时存放上天及诸神灵位的殿堂。殿外以圆形高墙围绕，墙高3.72米，直径61.5米，周长193米，是名列我国声学建筑之首的回音壁。祈年殿位于中轴线最北端，是全园最大的建筑。下方是高6米的三级汉白玉基座，基座上是高38米、直径32.73米的三重亭式圆殿，中央四柱代表一年中的四季，外围两排各有12根柱子，分别代表12个月和12个时辰。斋宫位于西天门内南侧，坐西朝东。按照明清两代帝王的典制规定，皇帝须在祭天的前三日来斋宫斋戒，不沾荤腥葱蒜，不饮酒，不娱乐，不理刑事，不吊祭，不近女色，多洗澡，名为"斋戒"，又称"致斋"。

另一类，是供奉神佛、名人或祖宗神位的宗庙，如太庙。祭祀人物为国家级的，最高级别的是祭祀孔子，全国各地都有孔庙、文庙。数量最多、最普及的是老百姓祭祖宗，即所谓家庙、祠堂。还有各地祭祀的著名人物、历史功臣等，如祭祀屈原的屈子祠、祭祀诸葛亮的武侯祠等。这类祭祀表达的是人与人的社会关系。

岳麓书院孔子像

屈子祠

如北京的九坛八庙（天坛、地坛、祈谷坛、朝日坛、夕月坛、太岁坛、先农坛、先蚕坛、社稷坛，太庙、奉先殿、传心殿、寿皇殿、雍和宫、堂子、文庙、历代帝王庙），就是明清帝后进行祭祀的场所，具有宣教的功能。坛庙建筑的布局与宫殿建筑一致，但是在形制上略有简化，装饰色彩不能多用黄色。

四、"事死如事生"的陵墓建筑

古代帝王和后妃的坟墓、祭祀殿堂以及其他附属建筑物统称为"陵墓寝建筑"。中国古人普遍重视丧葬，历代帝王从年轻时就开始修建自己的陵寝，留存了庞大的帝后墓群。这些陵墓建筑一般由地上的封土、陵园建筑和地下墓室三部分组成。根据地面封土形式，帝王陵寝可以分为"覆斗方上""因山为陵""宝城宝顶"三种类型。

秦始皇陵

北京明十三陵

秦始皇陵、汉唐陵、明孝陵、明十三陵、清东陵和清西陵等是中国皇家陵墓建筑的杰出代表。中国古代陵墓建筑在长期发展中，逐渐与绘画、书法、雕刻等多种艺术融为一体，成为展现多种艺术成就的重要载体。

五、"师法自然"的园林建筑

中国自古以来就有崇尚自然、热爱自然、亲近自然的传统。在这种传统文化的影响下，

"师法自然"、讲究诗情画意的园林建筑得以产生和发展，成为中国建筑中又一重要组成部分。

在中国传统建筑中，古典园林是独树一帜、有重大成就的建筑，被公认为"世界园林"之母，世界艺术之奇观，人类文明的重要遗产。其造园手法已被西方国家推崇和模仿，在西方国家掀起了一股"中国园林热"。中国的造园艺术，以追求自然精神境界为最终和最高目的，从而达到"虽由人作，宛自天开"的审美旨趣。

中国古典园林起源于殷商西周时期帝王狩猎的"囿"，到秦汉时期发展成为具有山水、植物和宫殿的"苑"，初步具有了"园林"的形态。唐宋时期，我国的园林艺术进一步发展，唐代的辋川别业和宋代的艮岳体现出较高的园林艺术水准。明清时期，我国古典园林进入全盛时期，北方皇家园林和江南私家园林体现出中国园林营造的高超境界。

中国古典园林以北方皇家园林和江南私家园林为代表。北方的园林建筑具有厚重沉稳、布局严整的特点，多用色彩艳丽的彩绘进行装饰。皇家园林的建筑规模宏大、雍容华贵、富丽堂皇，彰显皇家气派。通过这些高超的造园手法，表达出皇权至上、儒家道德、神佛护佑、重视农桑等主题。圆明园、清漪园等皇家园林建筑高峻轩敞，模仿九州大地各处名胜，表达出"万物皆备于我"的帝王思想；皇家园林中的大量佛寺建筑，表达了帝王对神仙境界的向往和祈求神佛庇佑的愿望；皇家园林中的耕织景观，不仅丰富了园内景观，也是古代帝王重视农桑的体现。

圆明园

苏州园林

江南私家园林兴起于魏晋南北朝时期，相比皇家园林占地面积较小，这些园林主人和建造者多为士族文人，具有很高的文学艺术修养。他们在遭遇了仕途坎坷后，推崇道家清静无为的思想，并将政治理想与内心的愤懑寄情于山水之间，建造出遍布江南、清新高雅、书卷气息浓郁的私家园林。江南园林体量不大，依托自然环境在高处建阁，濒水为榭，僻静处设斋；江南园林崇尚自然，建筑装饰清雅质朴，灰瓦白墙、深褐色门窗、青砖卵石铺地；园中叠石流水自然流畅，花木植物的乡土气息浓厚，营造出人与自然和谐相处的"人间天堂"。江南园林通过"虽由人作，宛自天开"的高超造园手法，将咫尺山林的园林"小自然"融入大自然，将文人园林特有的精致细腻、灵秀优美展现出来，是中国古典私家园林最典型、最杰出的代表。

六、因地制宜的民居建筑

中国各地的居住建筑，又称"民居"。民居建筑是最基本的建筑类型，出现最早，分布最广，数量也最多。由于中国各地区的自然环境和人文情况不同，各地民居显现出极具地域特色、多样化的面貌。其中，北京四合院、安徽民居、陕晋窑洞、客家围龙屋、湘西吊脚楼等是我国最具乡土风情的建筑形式。此外，还有傣族竹楼、藏族碉房和蒙古族蒙古包等少数民族特色民居建筑。

（一）北方汉族民居

北方地区气候寒冷，地形平坦，建筑材料相对单一，在这些因素的制约下，北方民居呈现出质朴敦厚的特色，房屋方位端正、墙体和屋顶较厚、院落宽敞、排列整齐，正房多为坐北朝南、重视采光。北方的民居建筑大致可以分为三种类型：第一类是以北京四合院为代表的合院建筑，第二类是以黄土高原窑洞为代表的窑洞建筑，第三类是以山西乔家大院和王家大院为代表的大型宅院建筑。

四合院是由建于东、西、南、北四面的几幢单独的建筑连接而成的一个方形院落。其中，又以北京的四合院最具代表性。

北京的四合院在布局上严格区别内外尊卑，讲究对称，并自有天地。四合院的大门一般位于住宅东南。进入院内向西是前院，前院主要用作门房、客房、客厅，外人也只可进入到前院。过前院后便进入内院，内院由正房、耳房和两侧厢房组成。正房为长辈居住，耳房多用于放置杂物，厢房则为儿女晚辈使用。另外，正房以北是后罩房，主要有厨房、储藏室、仆役居住室等。这种内外有别、尊卑有序、等级分明的布局方式，主要是受到传统宗法观念、伦理观念和风水观念的影响形成的。

四合院

窑洞

陕西、山西、宁夏等地处黄土高原，其居民充分利用当地深厚的黄土，在天然的土壁上建造了独具特色的民居——窑洞。窑洞的内外部形态均呈圆拱形，在单调的黄土背景下显得轻巧而活泼，也是"天圆地方"思想的体现。阳光可以通过窑洞上的高窗射入室内，冬暖夏凉，居住舒适。

山西的王家大院继承了西周时期前堂后寝的庭院风格，建造了规模庞大、功能齐全且各具特色的众多院落。这些院落在规模和形制上尊卑贵贱有等、上下长幼有序、内外男女有别，既珠联璧合又独立成章，体现出官宦门第的威严和宗法礼制的规整。

相关链接

乔家大院——建筑史上一颗璀璨的明珠

"地下文物看陕西，地上文物看山西。"历史厚重的山西保留了很多极具特色的古建筑，乔家大院无疑是最著名的古建筑之一。民间所谓"皇家有故宫，民宅看乔家"，说的就是乔家大院。乔家大院位于山西省晋中市祁县乔家堡村，始建于清乾隆二十一年（1756）。祁县有个人叫乔全美，他和兄长分家后，在十字路口东北角买下几处宅地，建造宅院，这就是乔家大院的老宅。

现在的乔家大院占地8724平方米，建筑面积4175平方米，拥有6个大院，19个小院，共313间房屋，整体形如城堡，三面临街。以城门式洞式大门，配置四周封闭式砖墙，高10余米，上有掩身女儿墙和瞭望口。

从高处往下看，乔家大院呈双"喜"字布局，每个院都是相接的。鳞次栉比的悬山顶、歇山顶、硬山顶、卷棚顶及平面顶上，都有通道和堞墙连接，进出非常方便。乔家大院可以说院内有院，院内有园，做工精细，堪称匠心独具。

（二）南方汉族民居

南方汉族民居以徽派建筑、苏派建筑和福建土楼为代表。南方民居一般屋檐较深，天井狭小，重视通风，造型秀丽轻盈。这些民居在风格与布局上体现出与自然的完美结合。

苏派建筑呈现园林式布局特征，民居外观为两坡屋面、粉墙黛瓦，具有轻巧简洁、古朴典雅的艺术特色。江、浙的民居多依水而建，房屋沿河道两岸伸展，河道两旁设有码头连接水陆交通，它们共同组成了独特的江南小镇风光。

徽派建筑的外形古朴优美，高墙深院、粉墙黛瓦、错落有致的马头墙和以天井为中心的内向合院是其突出特点。西递村和宏村是皖南古村落的代表，集中体现了徽派民居建筑工艺精湛的特色。

徽派建筑

福建田螺坑土楼群

"客家土楼"是客家人为了防卫建造的一种对外封闭、对内开放的民居建筑，造型独特，历史悠久。其中，以福建龙岩、上杭、永定一带的土楼最为有名。这种土楼，或方或圆，是中国"天圆地方"传统思想的体现，是家族内部长幼等级分明，族规法度井然的体现。圆形平面的直径最长可达 70 余米，共 3 环，以夯土墙承重，墙厚达 1 米，高达 5 层，其间有 300 余间房屋，形成聚族而居的堡垒式建筑。土楼内部结构复杂多样，上、中、下三堂采用中轴线布局方式，下堂位于土楼最前端，是进出土楼的通道；中堂居于中心位置，是家族的厅堂，也是接待宾客和重要时节聚会的场所；上堂位于最里面，是供奉祖先牌位的宗祠，也是后人祭拜祖先的场所。

相关链接

民间故宫——张谷英村

张谷英村位于湖南省岳阳县境内，距今有近 600 年的历史，是我国目前由同一姓氏聚族而居、规模超大、保存最为完整的汉族江南传统村落。其独特的连体建筑形式别具一格，有着"民间故宫"的称号。明洪武年间，张氏祖先张谷英沿着幕阜山西行至渭洞，发现这里群山环绕，环境优美，于是在这里大兴土木，繁衍生息，张谷英村由此得名。

经明清两代多次续修，古村落依山傍水，屋连屋，堂连堂，巷连巷，形成连体建筑群 5 万余平方米，有房屋厅堂 1732 间，天井 206 个，集中国优秀传统文化、平民意识、建筑艺术、审美情趣之精华于一体，在世界建筑史上有重要价值。

张谷英村以其建筑规模之大，建筑风格之奇，建筑艺术之美，被誉为"天下第一村"。

（三）少数民族民居

我国少数民族特色建筑就像隐于山水之间的隐士，低调中蕴含着自己独特的气质魅力。这些民居因受制于当时的自然环境、技术条件和民族习俗，呈现出了类型多样的建筑风格。

牧区的蒙古包和毡房是北方草原民族——蒙古族的典型民居建筑。它们的外形呈圆形尖顶，室内采光好，冬暖夏凉，建造过程简单，材料可以反复利用，非常适于游牧民族的游牧生活。

在西藏、青海、甘肃、四川诸地的藏族同胞居住地有一种用乱石垒砌或土筑的房屋，一般高三四层，外观很像碉堡，所以被称为"碉楼"。碉楼以当地丰富的石材为主要建筑原料，具有下宽上窄、顶部平坦、布局合理、造型完整等特点。它不仅是家族共同生活的居所，也是抵挡外来侵扰的军事防御设施，更是雪域高原一道独特的风景。

云南竹楼

西藏碉楼

维吾尔族房屋的整体构型多为方形，厚墙平顶，四面只留门没有窗，室内主要依靠屋顶的天窗采光，有前廊和半地下的券顶居室用以避暑，庭院中搭有高大的栅顶或凉棚，室内有壁炉用来取暖，并用精致的石膏花装饰。

傣族多居住在平坝地区，常年无雪，雨量充沛，年平均温度达 21 摄氏度，没有四季区分。这种环境很适合建造竹楼。傣族竹楼是傣族固有的典型干栏式建筑，依山傍水隐蔽于绿荫丛中，竹楼的整体构型为方形，建造材料几乎全部为竹子，取材方便、建造简单。竹

相关链接

侗族鼓楼

侗族鼓楼流行于贵州、湖南、广西地区。侗族有聚族而居的传统，通常一个族姓居于一个侗寨，并随着人口不断增多，寨子规模不断扩大，侗族人家建寨皆循古训"先修鼓楼，后起民房立寨"。

侗寨鼓楼本名"堂瓦"，意为公众活动的地方，因形似佛塔，明代称为"罗汉楼"，清代称为"聚堂"，就是聚众集会的场所。因其楼中悬鼓，后统称为"鼓楼"。在古代，侗族鼓楼可作为开会的场所，在外敌入侵时，也可以在上面鸣鼓警示。

鼓楼不只是侗族文化的象征，也是我国木构架建筑之瑰宝。侗寨鼓楼属于全木建筑，结构严密坚固，可数百年不朽不斜。结构以杉木凿榫衔接，顶梁柱拔地凌空，排枋纵横交错、上下吻合，采用杠杆原理，层层支撑而上，将成百上千错综复杂的木梁、柱、椽、枋、板等材料衔接起来，不用一钉一铆，充分反映了工匠的科学思维和高超技术。鼓楼高耸于侗寨之中，飞阁垂檐，层层而上，整体呈宝塔形，瓦檐上充斥着彩绘或雕塑，五彩缤纷。

楼冬暖夏凉、通风良好，上层用于居住，下层用于储物，非常适应当地高温湿热的气候条件。

七、融合发展的宗教建筑

宗教建筑是传统建筑的又一重要类型。我国历史上曾出现过多种宗教，其中，影响较大的主要有佛教、道教和伊斯兰教。尤其是佛教对我国古代传统文化的影响较为深远，因而佛教建筑在中国传统建筑中占据着极为重要的位置。

（一）佛教建筑

佛教建筑一般叫"寺""院""庵"。汉明帝时期佛教传入我国，史籍中记载的最早佛教建筑，是东汉明帝时建造的洛阳白马寺，它由官府改建而成。其后的魏晋南北朝时期，佛教在中国的广泛传播，促进了佛教建筑的快速发展。这一时期无论是佛寺还是佛塔，受印度佛教建筑的影响都较大。如佛寺的布局方式是以塔为中心，四周环绕着僧房形成独立的院落。突出中间的佛塔，与印度佛寺在布局上是一脉相承的。不过这一时期的佛教建筑也明显出现了与中国传统建筑互相融合的趋势，如佛塔前或塔后加筑大殿，构成"前塔后殿""前殿后塔"式的廊院式寺院，北魏洛阳的永宁寺等就体现了这一特点。

白马寺

佛光寺

从隋代至宋代，佛教逐渐进入鼎盛时期，这一时期的佛教建筑也逐渐完成了其中国化的进程。寺庙的布局逐渐向宫室建筑形制转变，引入中国传统建筑中轴线的概念和手法；佛塔被供奉的佛像所取代，形成了以大殿为主，左右各置一座配殿的三合院或四合院的形式；还出现了许多大型的佛像，推动了多层楼阁的兴建。佛塔也由木结构变为砖石结构，外观和平面形式也更加丰富。

元明清时期，藏传佛教的兴盛使佛教建筑出现了许多新的样式，如瓶子似的喇嘛塔和风格独特的金刚宝座塔等。

（二）道教建筑

道教是中国本土的宗教，道教建筑相比佛教建筑有许多不同的特点。道教认为，通过修行可以成为长生不老的神仙。据《史记·封禅书》记载，汉代方士公孙卿说过，"仙人好楼居"，因此，楼阁成了道教建筑的特点之一，道教称为"观"。到了唐代，不少皇帝崇信道教，将"观"改名为"宫"，以表示尊重，后来人们就以"宫""观"称呼道教建筑。明代在湖北武当山、清代在四川青城山都有过较大规模的道教建筑修建活动。

青城山

老君山

道教建筑和其他类型的中国传统建筑一样，是木构架建筑体系。在建筑布置上采取中轴规整的形式，主要建筑居中，左右对称，前后组成几重院落，形成一定的秩序。在建筑装饰上，既有道教的标志八卦太极，也有表示长生不老的鹤、鹿、龟、灵芝、仙草等动植物，还有象征吉祥的"暗八仙"（葫芦、扇子、宝剑、莲花、花篮、渔鼓、横笛、玉板）。在位置上，道教宫观多建于名山大川之间，体现出道教崇尚自然、追求清静脱俗的精神内涵。如今青城山、武当山的一些道观就是依据地形，依山就势建造的。

相关链接

宗教建筑"寺""观"名称的由来

寺是僧人住所的通称。相传，天竺僧人以白马驮经东来，最初住在洛阳鸿胪寺，改建后称"白马寺"。隋唐以后，"寺"就成为中国佛教建筑的专用名词。"观"是道教建筑的统称。汉武帝在甘泉建造延寿观之后，建"观"迎仙蔚然成风。相传，汉朝的王仲都因治好汉元帝的顽疾而被引进皇宫内的昆明观。道教徒感激皇恩，把道教建筑称为"观"。

单元练习五

一、单选题

1. 中国古代建筑区别于西方国家建筑的一大特点是（　　）。
   A. 砖结构　　　B. 土结构　　　C. 石结构　　　D. 木结构

2. 中国三大名楼不包括（　　）。
   A. 滕王阁　　　B. 黄鹤楼　　　C. 岳阳楼　　　D. 爱晚亭

3. 中国古代建筑屋顶等级最高的是（　　）。
   A. 攒尖顶　　　　B. 重檐歇山顶　　　C. 重檐庑殿顶　　　D. 歇山顶
4. 马头墙、天井这种民居最可能位于（　　）。
   A. 东北地区　　　B. 华北平原　　　　C. 西北地区　　　　D. 江南地区
5. 下列有关民居建筑设计的说法，不正确的是（　　）。
   A. 天井的主要作用是防晒，通风和排水
   B. 马头墙能在发生火灾时防止火势蔓延
   C. 马头墙是为了抵御风沙和防寒保暖
   D. 天井的设计与当地多雨潮湿的环境有关
6. 客家先人来自中原地区，经数代迁移至福建等地繁衍。客家土楼墙体厚实坚固，与当地原有民居形成鲜明对比，对客家土楼建筑理解不正确的是（　　）。
   A. 土楼采用独特的建筑材料是受自然环境因素的影响
   B. 圆形土楼的防卫功能极强，主要起防卫的作用
   C. 体现了客家人和原住民的和谐共处
   D. 土楼建筑风格是对中原文化的传承
7. 我国建筑装饰彩画中，以画山水、人物故事、花鸟虫鱼为主要内容，从江南包袱画演变而来的彩画是指（　　）。
   A. 和玺彩画　　　　　　　　　　　　B. 旋子彩画
   C. 苏式彩画　　　　　　　　　　　　D. 民间彩画
8. 我国现存最大、最完整的堡垒瓮城位于（　　）。
   A. 明南京城墙　　　　　　　　　　　B. 西安城墙
   C. 平遥城墙　　　　　　　　　　　　D. 丽江古城墙
9. 吊脚楼属于以下哪种类型的建筑（　　）。
   A. 干栏式　　　　B. 宫殿式　　　　　C. 宗教式　　　　　D. 城防类
10. 以下民族与典型建筑搭配不正确的是（　　）。
    A. 蒙古族—毡房　　　　　　　　　　B. 藏族—碉楼
    C. 布依族—窑洞　　　　　　　　　　D. 傣族—竹楼

二、简答题

1. 我国古代建筑的基本特点有哪些？
2. 结合实例，说说中国传统建筑的主要类型。

三、实践活动

1. 请以小组为单位，收集我国传统绘画作品中的古代建筑，并进行欣赏评述。
2. 探寻古建筑之美，走访参观一处传统建筑，并撰写一篇导游词。

第六章

中国医药养生

养生，又称为"摄生""养性"，就是根据生命发展的规律，采取能保养身体、减少疾病、增进健康、延年益寿的手段进行的保健活动，首见于《庄子·内篇》。中医养生，就是指通过各种方法颐养生命、增强体质、预防疾病，从而达到延年益寿的一种医事活动。中医养生重在整体性和系统性，目的是提前预防疾病，治未病。如果说诊断和治疗是中医的形，那么防范就是它的魂。在"治"和"防"上，中医最重视的就是"防"，于是就有了中医养生。

本章将从中医养生原理、经络气血和中医养生之道三个方面入手，领略中医诊疗理论与技法的独特魅力，感受中医文化之美。

【知识目标】

了解中医的特点、中医的贡献和现代意义。

熟悉中医养生的原理和方法。

【能力目标】

掌握所学中医养生原理知识，在日常生活中能自觉践行中医养生的知识。

【素质目标】

用中医理论指导养生实践、保障身心健康、传播中医知识、弘扬中医文化。

【情境导入】

五禽戏

华佗在《庄子》"二禽戏"（熊经鸟伸）的基础上创编了"五禽戏"。其名称及功效据《后汉书·方术列传·华佗传》记载："'吾有一术，名五禽之戏：一曰虎，二曰鹿，三曰熊，四曰猿，五曰鸟。亦以除疾，并利蹄足，以当导引。体中不快，起作一禽之戏，沾濡汗出，因上著粉，身体轻便，腹中欲食。'普施行之，年九十馀，耳目聪明，齿牙完坚。"

五禽戏

第一节 阴阳之辨

阴阳是宇宙中相互关联的事物或现象对立双方属性的概括。中医讲究"阴阳辨证",其实就是把疾病分为两种:一种是阴症,另一种是阳症。"阴阳"是概括病症类别的一对纲领,可以从总体上概括整个病情。阴阳又是八纲(阴、阳,表、里,热、寒,实、虚)的总纲。尽管病症千变万化,但总括起来不外乎阴症和阳症两大类。体内阳气虚衰、寒邪凝滞的症候,属寒属虚,这是阴症;体内热邪兴盛、阳气亢盛的症候,属热属实,这是阳症。

一、阴阳五行与人体

中医以阴阳五行作为理论基础,将人体看成气、形、神的统一体,通过望、闻、问、切四诊合参的方法,探求病因、病性和病位,通过分析病机及人体内五脏六腑、经络关节、气血津液的变化判断邪正消长,进而得出病名,归纳出症型,然后以辨证论治原则制定"汗、吐、下、和、温、清、补、消"等治法,使用中药、针灸、推拿、按摩、拔罐、气功、食疗等多种治疗手段,使人体达到阴阳调和康复。

(一)阴阳五行学说概述

阴阳五行学说是中医的理论基础,对中医学理论体系的形成和发展有着深刻的影响。中医用阴阳五行解释人体的生理功能和病理变化,并指导临床实践,因此,阴阳五行与人体脏腑关系密切。

中医学及中国养生保健学说一致认为,人体阴阳失调是各种不适和疾病发生的基本原因之一。阴阳与人体部位的关系为:人体上部为阳,下部为阴;体表为阳,体内为阴;背部为阳,胸部为阴;四肢外侧为阳,内侧为阴;皮肤为阳,筋骨为阴;胆、小肠、胃、大肠、膀胱、三焦六腑属阳,肝、心、脾、肺、肾五脏属阴。中医认为,人体的健康与否取决于阴阳是否调和,阴阳是否调和又取决于五脏六腑是否正常运行,尤其是属阴的五脏。而五脏六腑运行的规则就是五行的相生相克。

五行既是相生的,木生火,火生土,土生金,金生水,水生木;五行又是相克的,木克土,土克水,水克火,火克金,金克木。五行学说把自然界及人体五脏配五行,五脏又联系所属的五腑、五体、五官等,从而把自然界及机体各部分连接在一起,形成了中医学以及中国养生保健学说的以五行五脏为中心的体系,体现出人体是一个整体,而且这个整体是按照五行生克制化规律相互联系和制约的一个有机的、完整的整体。

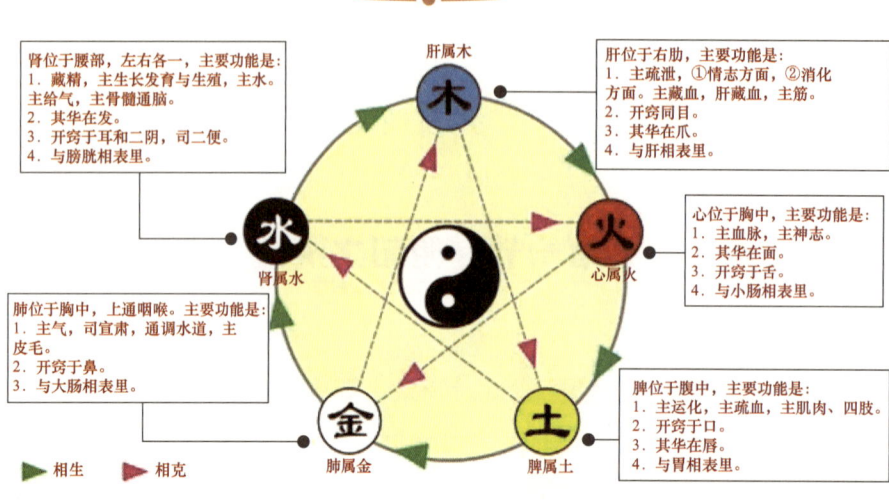

中医阴阳五行图解

（二）阴阳五行与人体的四季更替

按照中国古人的解释，人体五脏分别归属五行，并且借五行学说阐明人体脏腑组织之间在生理和病理上的复杂关系，以及人体与外在环境之间的密切关系。

1. 春季

春天五行属木，主人体肝脏，故春季是护肝的季节。春天一到，大地生机勃勃，人体也气血流畅，全身脏器组织功能易于恢复。此时，选用扶正人体正气之法，清除一冬纳入的多余物质。但春季易受风邪，迎风流泪，伤目，口味发酸，易怒伤肝胆，因此，在春季宜用清理肝胆火旺的保健品，以养肝、调肝、清除肝火为主，可多饮花茶，辅以增加维生素等营养物质。

2. 夏季

夏天五行属火，主人体心脏，故夏季是护理心脑血管的季节。夏季温热，易受暑邪，耗伤津液，常发汗影响小肠吸收，易使心火上炙，面红耳赤，口舌生疮，因此，宜以静养心，适当食用苦味食物降心火，宜饮绿茶，使用针对心脑血管的保健用品。

春季的食物

夏季的食物

仲夏（夏天的第二个月，一般为农历五月）属土，主人体脾脏，故仲夏是重点调理脾胃的季节。仲夏气候炎热，人体出汗较多，食欲不佳，易伤心脾，一般不宜大补，而宜调节元气，调理脾胃，舒筋活络，保证气血运行通畅。脾胃之气充足，才能神清气爽。仲夏时，应尽量少食或不食生冷食物，宜饮用绿茶，并可适当增加微量元素（如钙、铁、锌、硒），调节脾胃，有助食欲。

3. 秋季

秋季属金，主人体肺脏，故秋季是护理肺脏的季节。秋季气候渐趋凉爽，燥气当令，人多口干咽燥，咳嗽少痰，易伤肺津，宜滋阴润肺。如果经春清、夏调之后，身体运行正常，那么这时可饮用青茶，补充适当营养，使气血充盈、阳生阴长、形体壮实。秋补重在润燥，最合适的食物是梨、百合、木耳等，还需要补充微量元素（如钙、铁、锌、硒）、维生素，及酶类等物质，同时可以补肺、益肝、强肾。

4. 冬季

冬季属水，主人体肾脏，故冬季是重点保护肾脏的季节。冬季气候寒冷，体虚不御寒而伤肾；活动量减少，摄入量增多，体内容易积存过多脂类物质。冬季气血运行缓慢，机体免疫力下降，心脑血管和呼吸道疾病极易发生，不可掉以轻心。对于疾病要采取预防态度，身体注意保暖，这样才能保持健康而不受外邪侵害。冬季宜调补，如同时补充微量元素（如钙、铁、锌、硒）、多种氨基酸、维生素及服用心脑血管保健用品。

在了解了自然界、五行与人体的关系之后，可以预先分析出身体可能发生的疾病，也可以根据季节、邪气、脏腑及口味的变化，随时注意身体改变的预兆。由此可做到"未病先调"，防患于未然，这就是我国阴阳五行传统养生保健的独到之处。

秋季的食物

冬季的食物

二、上火与虚实辨证

（一）上火

"上火"为民间俗语，又称"热气"，属于中医热症范畴。中医认为，人体阴阳失衡，内火旺盛，就会"上火"。因此，所谓的"火"，是形容身体内某些热性的症状，"上火"就是人体阴阳失衡后出现的内热症候，具体症状如眼睛红肿、口角糜烂、尿黄、牙痛、咽喉痛等。"上火"在干燥气候及连绵湿热天气时更易发生。

（二）虚实辨证

一般认为，"火"可以分为"实火"和"虚火"两大类，体现的就是虚实辨证。阳过亢显示为"实火",阴偏少则显示为"虚火"。更进一步,中医以脏腑将"实火"进行细分,分别有心火、肝火、肺火、胃火等。

"虚火"主要有两类:一是指脏虚而导致火旺的现象,二是指气虚和阳虚出现的气虚发热、"真寒假热"现象。阴虚有五脏之阴偏虚与精血津液亏损等不同情况,阴虚则阳气相对偏亢,而非阳气绝对过剩,因此,虽然常见火旺征象,实为阴虚所引起。

如何区分"实火"和"虚火"呢?有以下三种方法。

1. 看小便

小便颜色黄、气味重,同时舌质红,是"实火";小便颜色淡、清,说明体内有寒,是"虚火"。

2. 看大便

大便干结、舌质红的为"实火";大便干结、舌质淡、舌苔白的乃为"虚火",大便稀软或腹泻说明体内有寒,也是"虚火"。

3. 看发热

如果身体出现发热的症状,体温超过37.5摄氏度,全身燥热、口渴,这是内热大,是"实火";发热时手脚冰冷,身体忽冷忽热,不想喝水,是体内有寒,为"虚火"。所以无论

相关链接

夏天去火的食物

实火指阳热亢盛实热证。以肝胆、胃肠实火为多见。症见高热,头痛,目赤,渴喜冷饮,烦躁,腹胀痛,大便秘结,小便黄,舌红苔黄干或起芒刺,脉数实,甚或吐血、鼻出血等。治疗上宜采用苦寒制火、清热解毒、泻实败火的原则和方法。

虚火多为内伤劳损所致,如久病精气耗损、劳伤过度,可导致脏腑失调、虚弱而生内热、内热进而化虚火。根据病机不同,一般将虚火进一步分为阴虚火旺和气虚火旺两种病状。阴虚火旺多表现为全身潮热、夜晚盗汗、形体消瘦、口燥咽干、五心烦热、躁动不安、舌红无苔、脉搏细数。治疗时应以生津养血、滋阴降火为原则。气虚火旺者表现为全身燥热、午前为甚、畏寒怕风、喜热怕冷、身倦无力、气短懒言、自汗不已、尿清便溏、脉大无力、舌淡苔薄。治疗时应以补中益气、强肾兴阳、甘温除热为原则。

1. 葡萄

葡萄能滋养肝肾之阴分,止消渴,润筋骨,利目视,而且降火的效果不错,又能通肠胃,是暑热季节对身体非常有益的水果。

2. 柚子

柚子是芸香科植物柚的成熟果实,柚子清香、酸甜、凉润,营养丰富,药用价值很高,是人们喜食的名贵水果之一,具有清凉降暑的妙用。

3. 甘蔗

甘蔗味甘性寒，有清热生津、下气润燥的功能，常用于缓解热病津伤，心烦口渴，反胃呕吐，肺燥咳嗽，大便燥结等不适。

4. 枇杷

枇杷利肺气，化痰止咳（热咳），和胃降气，有清凉生津解渴的作用。便秘、疔疮、支气管炎患者忌食。

5. 甜瓜

甜瓜又称"甘瓜"或"香瓜"。甜瓜因味甜而得名，由于清香袭人故又名"香瓜"。甜瓜是夏令消暑瓜果，其营养价值可与西瓜媲美。

6. 荸荠

荸荠味甘性寒，具有清肺胃之热、化痰消积之功能，可明目退翳，治痔疮、大便下血。预防流脑、高血压，可辅助治疗慢性咳嗽、吐浓痰。

7. 苹果

苹果味甘性凉，具有生津除烦、开胃和脾、润肺悦心、涩肠止泻之功效。可降低胆固醇，防动脉硬化，具有抗癌作用。但心肌梗死及糖尿病患者不宜吃，因含鞣酸多易引起便秘。

8. 梨

梨味甘性凉，微酸，具有清热生津、润肺化痰功能，常用于热病津伤，烦渴消渴，热咳燥咳，气喘失音，便秘等。但胃寒脾虚泄泻者忌食。

9. 橙子

橙子味甘性平，具有疏肝、行气止疼作用。主要用于行厥阴滞寒之气，以及妇女乳汁排出不畅、乳房红肿结硬块疼等。

10. 西瓜

西瓜味甘性寒，有清热解暑，泻火除烦，开胃、助消化、利尿功能，主要用于暑热烦渴，小便不利。但心力衰竭和水肿患者不可以多食。

11. 火龙果

火龙果具有清热解毒、退肠火、通便的作用。吃火龙果还能促进眼睛保健、增加骨质密度、帮助细胞膜形成、预防贫血、抗神经炎和口角炎、降低胆固醇、美白皮肤防黑斑。火龙果味道清甜，是夏天不可不吃的降火佳果。

12. 草莓

草莓酸酸甜甜，十分好吃，具有很好的降火功效。中医认为，吃草莓可以去火、清暑、解热、除烦，因此，夏天容易上火，可以选择吃草莓降火。

什么人，当感觉身体内有热、燥的时候，先按这几点对照一下，就可知是"实火"还是"虚火"了。如果是"实火"，则可服用各种清热、解毒、降火的药。

目前，单纯"实火"的人已越来越少，多数是"虚火"。只有消灭了"火"，才能阴阳平衡，身体健康。

三、望闻问切

据说,"望闻问切"是春秋战国时期的中医扁鹊提出来的,"望闻问切"是中医诊断疾病最基本也是最重要的方法。

(一)望

"望"包括一般望诊和舌诊两部分。

1. 望诊

一般望诊包括望神察色、望形态、望五官等。

望神是观察患者的精神状态,察色则是观察患者面部的颜色和光泽。望形态是指观察形体和动态,从而判断烦躁喜动是什么病症,形瘦善饥是什么病症。望五官是为了了解五脏情况,根据中医的"全息理论",脸上"五官"(口、眼、耳、鼻、舌)的表现与人体"五脏"(心、肝、脾、肺、肾)的健康状况息息相关。例如,出现眼睛发红、发胀的情况,可能与体内肝火旺盛有关;眼睛发干,可能是阴血不足所致。

2. 舌诊

舌诊包括望舌质、望舌苔。

舌质是舌的肌肉部分,舌苔是舌面附着的苔状物。舌质可以反映五脏的虚实,舌苔可以察外邪侵入人体的深浅。正常人是淡红舌,薄白苔。舌质淡白主虚主寒,舌质红主热;白苔主表寒症,黄苔主黑症热症,苔薄病情轻,苔厚病情重;舌苔由薄增厚表示病进,由厚变薄表示病退。临床上通常把舌质和舌苔变化联系起来综合判断。中医上急性病重舌,慢性病重脉,因为舌象比较准确,能及时反映机体生理、病理状况。

(二)闻

"闻"诊很简单,包括听声音和嗅气味两个方面,主要是听患者语言气息的高低、强弱、

相关链接

新编十问歌

明代医学家张景岳在总结前人问诊要点的基础上写成《十问歌》,清代陈修园又将其略作修改补充。原卫生部中医司《中医病案书写格式与要求》中进一步改编为:

问诊首当问一般,一般问清问有关。

一问寒热二问汗,三问头身四问便。

五问饮食六胸腹,七聋八渴俱当辨。

九问旧病十问因,再将诊疗经过参。

个人家族当问遍,妇女经带并胎产。

小儿传染接种史,疹痘惊痫嗜食偏。

《十问歌》内容言简意赅,可做问诊的参考。但在实际问诊中,还必须根据患者的具体病情灵活而重点地询问,不能千篇一律地机械套问。

清浊、缓急等变化，以分辨病情的虚实寒热。

（三）问

"问"诊是通过询问患者或其陪诊者，以了解病情。有关疾病发生的时间、原因、经过、既往病史、患者的病痛所在，以及生活习惯、饮食爱好等与疾病有关的情况，均要通过问诊了解，故"问"诊是了解病情和病史的重要方法之一，在四诊中占有重要位置。"问"诊要求中医有目的地重点探问，围绕患者突出的症状、体征，深入查询其特点及可能发生的兼症，了解病情发展及诊治经过，以提高判断的准确性。

（四）切

"切"诊指摸脉象。"望闻问切"，合称"四诊"。"切"诊是指用手触按病人身体，借此了解病情的一种方法。

切脉又称"诊脉"，是医者用手指按其腕后桡动脉搏动处，借以体察脉象变化，辨别脏腑功能盛衰，气血津精虚滞的一种方法。正常脉象是寸、关、尺三部都有脉在搏动，不浮不沉，不迟不数，从容和缓，柔和有力，流利均匀。节律一致，一息搏动四次至五次，谓之"平脉"。

切脉辨证，早在《内经》《难经》就有记载，经历3000年的不断总结，对于何症出现何脉已有详细论述。但对症象与脉象间的内在联系，却无明晰的概念，不能令人一目了然，以致学者只知其然而不知其所以然。脉症间的内在联系，如用一句话来概括，就是气血津液出现虚滞，五脏功能出现盛衰，才会出现不同脉症。只有弄清气血津液的生化疏泄与五脏间的关系，才能将气血津液虚滞和五脏功能盛衰出现的征象与脉象联系起来，明白切脉能察其五脏病变的道理所在。

寸口脉分寸、关、尺三部，通常以腕后高骨为标记，其内侧的部位为关，关前（腕侧）为寸，关后（肘侧）为尺。两手各有寸、关、尺三部，共六脉。

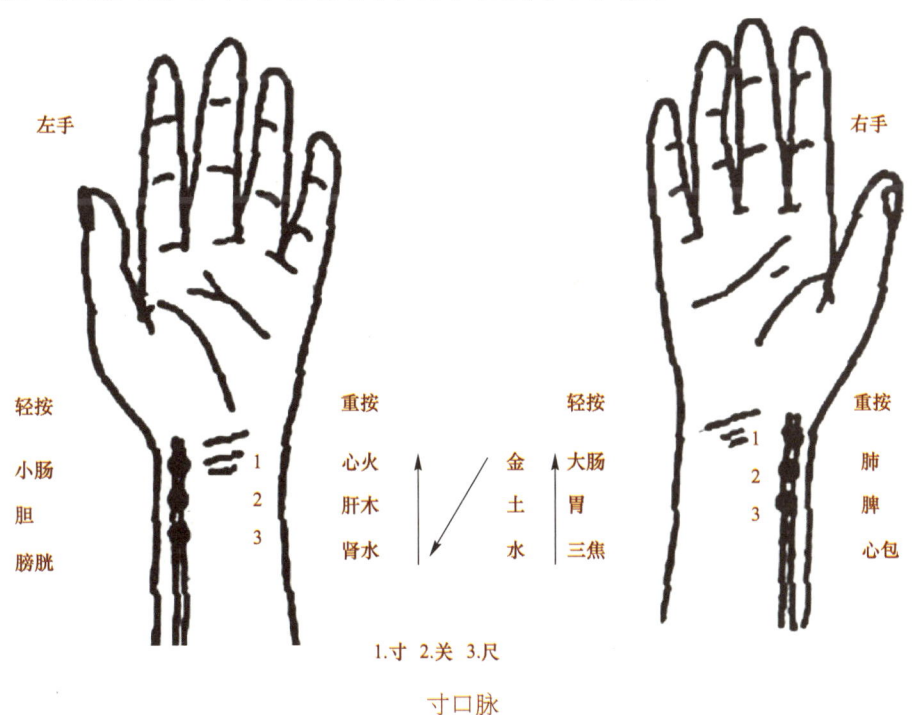

寸口脉

相关链接

望闻问切的故事

有一天，扁鹊觐见齐桓公，站着看了一会儿，说道："您的皮肤纹理间有点小病，不医治恐怕要加重。"齐桓公说："我没有病。"扁鹊离开后，齐桓公对左右的人说："医生总喜欢给没病的人治病，拿来炫耀自己的功劳。"过了十天，扁鹊又觐见，他对齐桓公说："您的病已到了肌肉里，再不医治，会更加严重的。"齐桓公不理睬，扁鹊只好又走了，齐桓公又很不高兴。过了十天，扁鹊又觐见，他对齐桓公说："您的病已到了肠胃，再不医治，会更加严重的。"齐桓公还是不理睬。扁鹊只好又走了，齐桓公又很不高兴。又过了十天，扁鹊在觐见时远远看了齐桓公一眼，转身就跑。齐桓公特意派人去问他为什么跑，扁鹊说："皮肤纹理间的病，用热水捂、用药热敷，可以治好；肌肉里的病，可以用针灸治好；肠胃的病，可以用火剂治好；骨髓里的病，那是司命神的事情了，医生是没有办法的。齐桓公的病现在已到了骨髓，所以我不再过问了。"过了五天，齐桓公浑身剧痛，派人去寻找扁鹊，扁鹊早已逃到秦国去了。于是，齐桓公因病重无法医治死掉了。

第二节　经络气血

中医认为，经络是人体气血运行的通路，是人体功能的调控系统。经络学也是人体针灸和按摩的基础，是中医学的重要组成部分。经络学是博大精深的中医基础理论的核心之一，为保障中华民族的健康发挥了重要作用。

一、经络、气血与穴位

（一）经络

"经络"是经脉和络脉的总称。"经"的原意是"纵丝"，有路径的意思，简单说就是经络系统中的主要路径，存在于机体内部，贯穿上下，沟通内外；"络"的原意是"网络"，简单说就是主路分出的辅路，存在于机体的表面，纵横交错，遍布全身。经络是运行全身气血，联络脏腑形体官窍，沟通上下内外，感应传导信息的通路系统，是人体结构的重要组成部分。

《灵枢·脉度》记载说："经脉为里，支而横者为络，络之别者为孙。"这是将脉按大小、深浅的差异分别称为"经脉""络脉"和"孙脉"。经络的主要内容有十二经别、十二经筋、十二皮部、十二经脉、奇经八脉、十五络脉等。其中，属于经脉方面的，以十二经脉为主；

属于络脉方面的，以十五络脉为主。它们纵横交错，遍布全身，将人体内外、脏腑、肢节连成一个有机的整体。

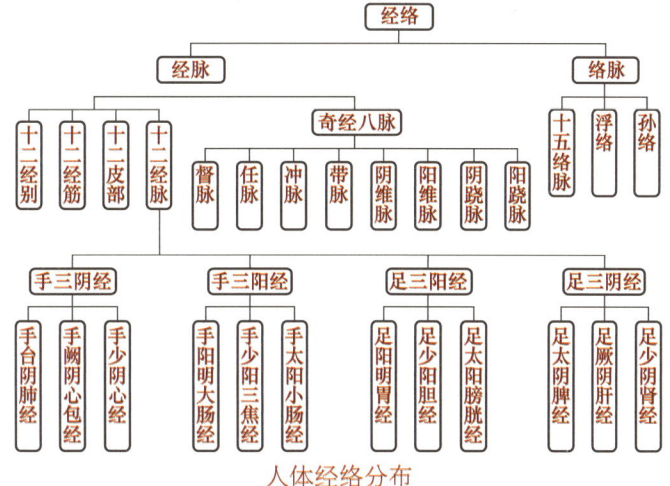

人体经络分布

经络在生理上的作用主要表现在两个方面：一是沟通表里上下，联系脏腑器官；二是通行气血，濡养脏腑组织。通俗一点说，经络是气血运行的通道。

（二）气血

"气血"是气和血的总称，气血是构成人体的基本物质，气血的生成、运行和发挥作用，都有赖于心、肝、脾、肺、肾等脏器的功能活动。气与血密不可分，既独立又相互依存，共同维持人体的生理活动。

1. 气为血之帅

（1）气能生血

气能生血指血液的化生离不开气作为动力。血液的化生以营气、津液和肾精作为物质基础，在这些物质本身的生成以及转化为血液的过程中，每个环节都离不开相应脏腑之气的推动和激发作用，这是血液生成的动力。如脾气旺盛健运，则化生血的功能便强，心血和肝血充盈，表现于外则面色红润，两目视物清晰。若脾气虚，运化功能减退，则化血无源，导致心血虚或肝血虚，表现于外则面色不华，两目无神，视物昏花，以及气短乏力、心悸等。

（2）气能行血

气能行血，指血液循环的动力是气的推动。故《血证论·阴阳水火气血论》中说："运血者，即是气。"具体表现在心气的推动、肺气的敷布、肝气的疏泄等方面。在病理上，气的功能障碍，如气虚或气滞、气逆，常引起血行不利，甚或见血瘀、血涌于上等；肝气郁结，气机不畅，可导致肝经血瘀、两胁刺痛。如若肝气上逆，则血随气涌面红目赤，头晕头胀等。

（3）气能摄血

气能摄血，指血液能正常循行于脉中离不开气的固摄作用，主要体现在脾气统摄血液方面。脾是气血生化之源，如若脾气充足，具有统摄作用，则血液正常行于脉管中而不溢出脉外；如若脾气虚弱，失去统摄，则血溢脉外，可导致出血症，如皮下出血、腹腔积血、大便下血等。因而治疗这些出血病变时，必须用健脾补气方法，益气以摄血。临床中发生大出血的危重症候时，用大剂补气药物以摄血，也是这一理论的应用。

气能生血、行血和摄血的三个方面体现了气对于血的统率作用，故概括地称为"气为血之帅"。

2. 血为气之母

（1）血能养气

血能养气，指气的充盛及其功能发挥离不开血液的滋养。在人体各个部位中，血不断地为气的生成和功能活动提供营养，故血足则气旺。人体脏腑、肢节、九窍等各部位，一旦失去血的供养，就会出现气虚衰少或气的功能丧失等病变。血虚的患者往往兼有气虚的表现，其道理即在于此。

（2）血能载气

血能载气，指气存于血中，依附于血而不致散失，赖血之运载而运行全身。《血证论·吐血》说："血为气之守。"说明气依附于血而得以存在体内，并以血为载体而运行全身。因此，血液虚少的患者，就会出现气虚病变。而大出血的患者，气亦随之大量丧失，往往导致气的涣散不收，飘浮无根的气脱病变，称为"气随血脱"。

血能养气与血能载气，体现了血对于气的基础作用，故概括地称为"血为气之母"。

总之，血属阴，气属阳。气血阴阳之间协调平衡，生命活动得以正常进行。反之，"血气不和，百病乃变化而生"（《素问·调经论》）。因此，调整气血之间的关系，使其恢复协调平衡的状态是治疗疾病的常用法则之一。

二、针灸

（一）针灸含义及原理

"针灸"是针法和灸法的合称，是中国特有的治疗疾病的手段。针法指把毫针按一定穴位刺入患者体内，用捻、提等手法治疗疾病。灸法指用燃烧着的艾绒熏灼穴位皮肤，利用热的刺激治疗疾病。

针灸是一种"内病外治"的医术。在临床医学上按中医的诊疗方法诊断出病因，做出诊断，然后进行相应的配穴处方治疗。以通经脉，调气血，使阴阳归于相对平衡，脏腑功能趋于调和，从而达到预防疾病的目的。

（二）常见的针灸疗法

传统的针灸疗法主要有以下几种。

1. 毫针刺法

毫针刺法，指利用毫针针具，通过一定的手法刺入人的穴位，以疏通经络、调节脏腑，从而达到防病、治病的目的。毫针刺法包括持针法、进针法、行针法、补泻法、留针法、出针法等，适用于内、外、妇、儿等科的多种常见病、多发病。

2. 梅花针疗法

梅花针疗法也称"皮肤针疗法"，由五根或七根针结成丛针，弹刺皮肤经络穴位。其临床应用广泛，临床各种病症都可以用，如头痛、失眠、腰痛、皮神经炎、斑秃等。

3. 艾灸疗法

艾灸疗法是运用艾绒或其他药物在体表的穴位上烧灼、温熨，借灸火的热力以及药物的作用，通过经络的传导，以起到温通气血、扶正祛邪的作用，达到防治疾病目的的一种疗法。艾灸疗法的具体方法很多，如艾条灸、艾炷灸和温针灸等。其适用范围很广，如产后经络不畅、手脚冰凉、痛经、月经不调、胃痛等，还可以用于调理气色，如去除面部水肿、眼袋、黑眼圈、色斑等。

针灸疗法最早见于战国时期问世的《黄帝内经》一书。《黄帝内经》说，"脏寒生满病，其治宜灸焫"，便是指灸术。2000多年来，针灸疗法一直在中国流行，并传播到了世界各地，是联合国教科文组织认定的人类非物质文化遗产代表作之一。

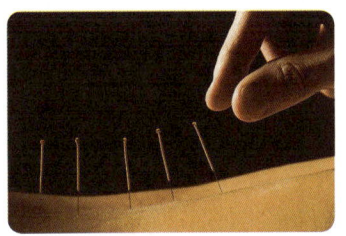 

毫针疗法　　　　　　　　　　　艾灸疗法

相关链接

针灸助产

宋朝年间，中书舍人朱新仲家一产妇过了预产期七天不产，家里人急得不得了，便请名医李几道前往诊视。李几道说："她的情况，百药不能解决问题，唯有针法，可是我的医术不到家，不敢轻率地实施，让我想想办法吧。"他从朱家走出来，适遇老师庞安常，便提及刚才之事。庞安常说："我们一起去看看。"庞大夫端详产妇后说："没有危险。"令家人以汤温其腰间，庞大夫以手上下拍摩。孕妇顿觉肠胃微痛，生一男孩，母子平安。家人惊喜之余问这是什么缘故。

庞大夫说："婴儿的手伸出了衣胞，小手揪住了母亲的肠胃，不懂得解脱。所以，投药没有好处，刚才我隔着腹部摸到了小儿的手所在，针其虎口，儿既痛，即缩手，这样就降生了。"家人听着觉得有点玄，令人将婴儿抱来，一看，右手虎口，针痕尚在，大家无不称妙。

三、推拿

（一）推拿的概念

推拿是一种非药物的自然疗法、物理疗法，也称"按摩"或"推拿按摩"，通常是指医者运用自己的双手作用于病患的体表、受伤部位、不适所在、特定穴位，具体运用推、拿、按、摩、揉、捏、点、拍等形式多样的手法，以期达到疏通经络、推行气血、扶伤止痛、祛邪扶正、调和阴阳的疗效。

（二）推拿的历史发展

推拿的历史可追溯至远古时期，先民在生存竞争中遇到意外损伤时，由于用手按抚体表患处而感到疼痛减轻或缓解,从而逐渐发现其特殊的治疗作用,并在长期实践的过程中形成了这一独特疗法。

中国第一部推拿专著《黄帝岐伯·按摩十卷》,成书于秦汉时期。东汉著名医学家张仲景的《金匮要略》中,介绍了类似今天的前胸按压抢救心跳、呼吸骤停的心肺复苏术等治疗方法。

隋唐时期,朝廷设有按摩专科,有按摩博士、按摩师、按摩工等职位,并在太医署展开了有组织的教学活动。到了宋元时期,推拿运用的范围更加广泛。

以后各朝代,均将推拿列为临床专科,促进了推拿疗法的普及和发展。明清时期,在全面总结推拿临床治疗经验的基础上,发展了许多各具特色的推拿治疗方法,形成了诸多流派,有关专著达数十种之多。

今天常见的一种推拿方式就是按摩。按摩是指医者运用手、指的技巧,在人体皮肤、肌肉组织上连续动作达到治病的目的。从按摩的治疗上,可分为保健按摩、运动按摩和医疗按摩。

(三)常见的保健按摩

在众多的按摩中,保健按摩是最普遍的,而足部按摩又是保健按摩中最流行也是最重要的。专家认为,足部按摩有两个作用。第一,可以促进血液循环。通过足底按摩,分解沉积在脚底的有害物质,可使其通过汗液、尿液排出体外;第二,脚是人的第二心脏,人的脏腑器官与足底穴位是一一对应的。足部按摩通过反射区促使大脑传导信号,改善人体内分泌和血液循环,调节生理环境。

我国是足部按摩起源最早的国家,早在几千年前的中国就有关于足部按摩的记载。中医认为,人有四根,即鼻根、乳根、耳根、脚根,"鼻为苗窍之根,乳为宗气之根,耳为神机之根,脚为精气之根"。鼻、耳、乳仅是精气的凝聚点,脚才是精气总的集合点。从临床上来看,头脑清灵,步履轻健均为健康的特征;而头重脚轻,脚肿履艰,则为病体之躯。因此,古今中外的养生健身方法都极为重视足部的锻炼。

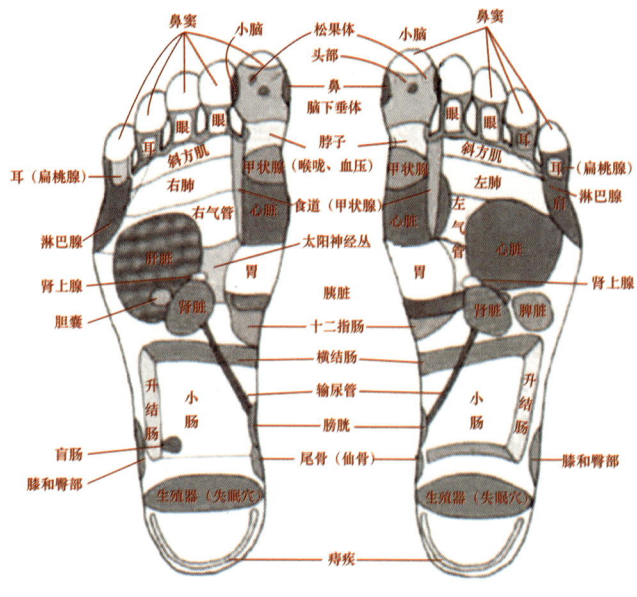

人体各部位器官在足底都可以找到相对应的部位,通过按摩相对应的部位可以调节器官功能

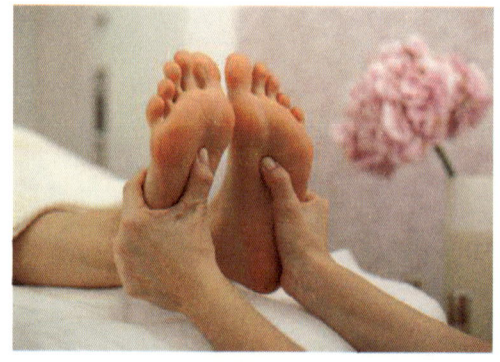

足部按摩

四、刮痧与拔罐

（一）刮痧

1. 刮痧的概念

刮痧是以中医经络穴位理论为指导，利用边缘钝滑的器具蘸取适量的润滑介质，在体表一定部位或经络、穴位上进行反复刮动、摩擦，使皮肤局部出现红色粟粒状，或暗红色出血点等"出痧"变化，从而起到活血透痧的作用。

刮痧还可配合针灸、拔罐、刺络放血等疗法使用，有加强活血化瘀、驱邪排毒的效果。

2. 常用刮痧用具

（1）刮痧板

刮痧板主要有三种。第一种是以水牛角为代表的牛角类，味辛、咸、寒。此类刮痧板质地坚韧、光滑耐用、原料丰富、加工简便。第二种是具有润肤生肌、清热解毒、镇静安神、辟邪散浊等作用的玉石类。第三种是以泗滨浮石为代表的砭石类。这种石材含有多种微量元素，红外辐射频带很宽，可以疏通经络、清热排毒、软坚散结，并能使人体局部皮肤增温。除此之外，铜钱、银圆、瓷汤勺、嫩竹板、棉纱线、蚌壳、树脂、硅胶等，也都可作为刮痧板。

牛角刮痧板

砭石刮痧板

（2）刮痧油

刮痧油主要有两种：液体类和乳膏类。液体类大都选用凉开水、植物油（如芝麻油、茶籽油、菜籽油、豆油、橄榄油）和药油（如红花油、跌打损伤油、风湿油）等，不仅可防止刮痧板划伤皮肤，还可起到滋润皮肤、开泄毛孔、活血行气的作用。乳膏类有凡士林、润肤霜、蛇油等，都可当作刮痧油。

（二）拔罐

拔罐是以罐为工具，利用燃火、抽气等方法产生负压，使之吸附于体表，造成局部瘀血，以达到通经活络、行气活血、消肿止痛、祛风散寒等作用的疗法。拔罐疗法，在古代典籍中也称为"角法"。这是因为我国远古时代医家，是运用动物的角作为吸拔工具的。

1. 拔罐的革新

拔罐疗法在我国已有2000余年的历史，并形成一种独特的治病方法。早在成书于西汉时期的帛书《五十二病方》中就有关于"角法"（类似于后世的火罐疗法）的记载。清代以前，拔罐随着针灸缓慢发展。清代以后，拔罐疗法开始独立发展，主要表现为以下几个方面。

（1）拔罐工具的革新

之前所用的竹罐尽管价廉易得，但吸力较差，且久置干燥后，易产生燥裂漏气。为弥补此不足，清代出现了陶土烧制成的陶罐，并正式提出了沿用至今的"火罐"一词。对此，清朝赵学敏的《本草纲目拾遗》一书叙述颇详："火罐：江右及闽中皆有之，系窑户烧售，小如人大指，腹大，两头微狭。使促口以受火气，凡患一切风寒，皆用此罐。"表明陶罐已作为商品买卖，广为流行了。

（2）拔罐方法有较大进步

"以小纸烧见焰，投入罐中，即将罐合于患处。或头痛则合在太阳、脑户或巅顶，腹痛合在脐上。罐得火气舍于内，即牢不可脱，须待其自落……肉上起红晕，罐中有气水出。"此类拔罐法即目前仍颇为常用的投火法。同时，一改以往以病灶区作为拔罐部位，采用吸拔穴位的方式提高治疗效果。

（3）拔罐治疗开始应用于多种病症

拔罐疗法的治疗范围突破了历代以吸拔脓血疮毒为主的界限，开始应用于多种病症，恰如《本草纲目拾遗》所云，"拔罐可治风寒头痛及眩晕、风痹、腹痛等症"，可使"风寒尽出，不必服药"。

2. 拔罐方法

目前，临床较为常用的拔罐方法为火罐法和抽气罐法。

火罐法，指借火焰的热力，排去罐内空气，使罐具形成负压而吸附在皮肤上。此法一般采用玻璃罐，需要用酒精和棉球作为排气燃料。此法的优点在于玻璃罐质地透明，便于观察皮肤变化，便于掌握治疗情况；不足之处在于罐具导热快，容易烫伤。

抽气罐法，指采用罐顶的活塞抽排空气，使罐具形成负压吸附在选定部位。此法需要采用抽气罐和抽气筒。抽气罐是由有机玻璃或透明的工程树脂材料制成的罐具，形如吊钟，顶端活塞便于抽气。此法的优点在于不需要点火，不会烫伤，使用安全，能随意调节罐内压力，控制吸力，便于观察等；不足之处在于无火罐的温热刺激效应。

火罐法的拔罐工具

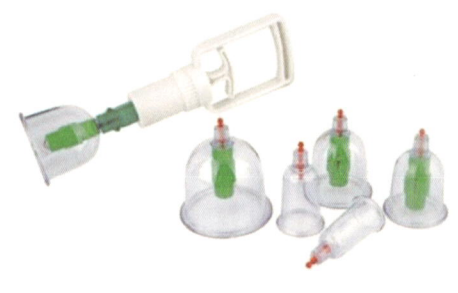

抽气罐法的拔罐工具

无论是针灸，还是推拿，抑或是刮痧和拔罐，都是中医在经络、气血与穴位的基础上进行的针对性治疗，它们都是中医文化的精华。

第三节 中医养生之道

养生是中医的重要组成部分。中国古人的医疗思想是未雨绸缪，未病先治。如果说中医的治疗是"术"，那么养生就是"道"。中医所说的养生并不仅仅是养形，更重要的是养心。无论是药疗还是食疗，其最终目的都是调节阴阳平衡，阴阳平衡了，养生的目的就达到了。

一、养生先养心

（一）养生养心概述

中医说："怒伤肝，喜伤心，思伤脾，忧伤肺，恐伤肾。"情绪"太过"会导致气血运行失常，脏腑功能失去平衡，阴阳失调。《黄帝内经》说："主明则下安，以此养生则寿。"这里的"主"指心脏。古人认为，心脏掌控人的情绪，因此，心脏的"情绪"必须先稳定、平和下来，人才会身体健康。《黄帝内经》又说："主不明则十二官危。"意思是，如果内心不平静，那人体所有的脏腑都可能陷入危险中。

心为五脏之主，是全身血脉的总枢纽。心主神明，主血脉，神明是精神意识活动，血脉是血液和经脉。在现实生活中，任何一种不良情绪的出现都会连累到心脏。因此，中医告诉我们："善养生者养心，不善养生者养行。"

当然，古人所说的"心"不是仅指心脏，而是中华文化中最常见的概念，是思想、意念、心理、情感的总称。养心的标准是把人的思想、意识、心理调整到最佳状态。

（二）如何养生养心

要将人的思想、意识、心理调整到最佳状态，核心就在于调整好"喜、怒、思、忧、恐"这些情绪。具体来说，要做到以下几点。

一要"心广"。心怀开阔则眼界宽，看得高，看得远，志向大，关心的是天下苍生的命运，而不是一己私利。胸怀开阔还包括能容人、容物、容辱。

二要"心正"，要正直、真诚。心正，才能心地光明，才能行正道，才能实现大志。

三要"心平"，即心境平和、宁静。

四要"心安"，即内心安适，对现实、对命运、对处境、对待机遇要安适与习惯，要正确对待。

五要"心静"，万事要随缘，就是要做到凡事不可盲目强求，应当分析利弊，尊重规律，适可而止，守中道，把握恰当的度。

六要"心定"，心要沉静、安定。

正如古人所言："养生先养心，养心一身轻。心静血清，血清无疾。"人只有在心理上健康，才能身体健康，最终达到身心健康的理想境界。

相关链接

孟子的民本思想

古代养生家十分重视四季养生,《黄帝内经》明确提出了"智者之养生必顺四时而适寒暑"的养生要求和"春夏养阳,秋冬养阴"的四时养生原则,并论述了春天养生,夏天养长,秋天养收,冬天养藏的各个季节的具体养生方法。在《黄帝内经》的基础上,历代养生家总结出了许多四季养生的理论和方法。

春三月,属木,晚睡早起,节情欲以葆生生之气,少饮酒以防逆上之火,逆之则伤肝,肝旺脾衰,肝木味酸,木能胜土,土属脾主甘。当春之时,食味宜减酸益甘以养脾气。

夏三月,属火,生于长,养心气,火旺,味属苦。火能克金,金属肺,肺主辛。夏食之味,宜减苦增辛以养肺。夏季心旺肾衰,虽大热,不宜吃冷食等,饱腹受寒,必生内疾。

秋三月,主肃杀,肺气旺,味属辛。金能克木,木属肝,肝主酸。当秋之时,饮食之味,宜减辛增酸以养肝气。早睡早起,收敛神气,禁吐禁汗。秋气燥,宜食芝麻、梨、百合、银耳等以润其燥。

冬三月,天地闭藏,早卧晚起,暖足凉脑。曝背避寒,伏阳在内,心隔多热,切忌发汗以泄阳气。目勿近火,足宜常濯。肾旺心衰,饮食之味,宜减咸增苦以养心气。冬月肾水味咸,恐水克火,心受病耳,故宜养心。

二、未病先治

(一)未病先治含义

"未病先治"也就是"治未病",原话是"不治已病治未病",它是一个古老而又前沿的命题,意思是采取相应的措施,防止疾病的发生发展。中国医学的先贤汲取中华文化中居安思危、防微杜渐等忧患思想,提出了"治未病"这一著名论断,并逐渐形成了独特的"治未病"理论学术体系,成为中医学的理论精髓。

(二)如何做到未病先治

如何才能"治未病"?具体说来就是四个字:"防病于先。""治未病"首先要着眼于平素养护和调节,未雨绸缪,积极采取措施,防止疾病发生。平时注意保养身体,培养正气,从提高机体抗邪能力和防止病邪侵袭两个方面预防疾病的发生。

医学告诉我们,健康与疾病之间并没有一个截然的界限,中间可能存在一个"第三状态"(亚健康状态)。在此状态,尽管体内已开始发生某些异常变化,但是病象尚未显露。或虽有少数临床表现,却不足以据此确诊病症。中医"治未病"的任务就在于使其向健康状态转化。

当然,"治未病"还有具体的方式,如通过饮食、运动、精神调节等方法和手段预防病症。饮食要以清淡为主,吃七分饱,适量运动,要时常养心。中医正是提倡用这些方法和手段维系人体的阴阳平衡,提高机体内在的防病、抗病能力,达到健康状态。

相关链接

扁鹊见魏文王

据说扁鹊兄弟三人都是医生,而且医术都不错。有一次,魏文王问扁鹊:"你兄弟三人,谁的医道最好?"

扁鹊回答:"长兄最好,二哥次之,我最差。"

魏文王大惑不解,问道:"那怎么你的名声最大?"

扁鹊说:"我长兄治病,是治在病的发作前,一般人还未感到病的危害他就给治了,所以名气不大。我二哥治病是在病的初发期,轻微小病,一治就好,所以,别人以为他只能治些小病。我治病是治在病情严重的时候,病人死去活来,所以我治好后,大家认为我医术好,于是我的名声就最大。"

从这个故事可以看出,中医都将"未病先治"看作医者追求的最高层次和境界。

三、药食同源

(一)药食同源概说

"药食同源"是说中药与食物是同时起源的。《淮南子·修务训》称:"神农尝百草之滋味,水泉之甘苦,令民知所辟就。当此之时,一日而遇七十毒。"可见神农时代药与食不分,无毒者可就,有毒者当避。隋唐时期的《黄帝内经太素》一书中写道,"空腹食之为食物,患者食之为药物",反映出"药食同源"的思想。

随着经验的积累,药食开始分化。在使用火后,人们开始食熟食,烹调加工技术逐渐发展起来。在食与药开始分化的同时,食疗与药疗也逐渐区分。

"药食同源"理论认为,许多食物既是食物也是药物,食物和药物一样,也能防治疾病。在古代原始社会中,人们在寻找食物的过程中发现了各种食物和药物的性味与功效,认识到许多食物可以药用,许多药物也可以食用,两者之间很难严格区分。这就是"药食同源"理论的基础,也是食物疗法的基础。

(二)药膳食疗

中国的饮食文化源远流长,"五谷为养、五果为助、五畜为益、五菜为充"是中国食疗的指南。民间信奉"药补不如食补",至今流传着"冬吃萝卜夏吃姜,不劳医生开药方"的养生谚语。唐代著名医学家孙思邈的《千金要方》和孟诜的《食疗本草》是我国最早的食疗著作。实际上,饮食的出现,比医药要早得多,因为人类为了生存、繁衍后代,必须摄取食物，以维持身体代谢的需要。经过长期的生活实践，人们逐渐了解了哪些食物有益，可以进食；哪些食物有害，不宜进食。通过讲究饮食，使某些疾病得到医治，逐渐形成了药膳食疗学。

中医的药膳食疗是中医的一朵奇葩，在国内外享有盛誉。将色香味俱佳又无毒的中草药与食物结合就是药膳食疗。它"寓医于食"，既将药物作为食物，又将食物赋以药用；既具有营养价值，又可防病治病、强身健体、延年益寿。因此，药膳是一种兼有药物功效和食品美味的特殊膳食，不仅可以养生防病，而且对多种常见病具有辅助治疗作用。

明代李时珍所著的《本草纲目》记载了1892种中草药，其中有300多种是既能被人们用来充饥，又有治疗作用的日常食物。这就是中医药食同源之说的来源，其中还记载了每味药食的性味和作用。既是中药又是常见食物的有大枣、蜂蜜、百合、山药、香菇、杏仁、银杏、薏苡仁、芡实、扁豆、绿豆、黑豆、赤豆、莲藕、莲子、龙眼、木瓜、胡椒、薄荷和干姜等。

药食同源，使中药具有了浓厚的生活气息，也使中药强化了实用性和经验性，人类生活中包含了中药，中药就在人类生活中产生。

相关链接

冬季食疗药膳

● 黑豆红枣汤

[成分] 黑豆50克，红枣15个。

[制作] 黑豆以温水泡发，放入锅内，添加适量水煮至稍烂，将洗净的红枣倒入锅中，文火煮烂即可。

[功效] 健脾补肾，益气养血。

[适应证] 适用于血虚心悸，阴虚盗汗，心脾两虚，须发早白之人。

● 虫草黄芪老鸭汤

[成分] 老鸭1只，冬虫夏草10克，黄芪20克，葱姜适量。

[制作] 鸭子拔毛除内脏并洗净，将冬虫夏草装入剖开的鸭腹中，用线缝好鸭腹，然后在锅内投入黄芪，加水适量，中火煮沸后以文火煮至稍烂即可。

[功效] 滋肺阴，壮肾阳，益精髓，补元气，提高免疫力。

[适应证] 适用于病后亏损，虚劳咳嗽，自汗盗汗，腰膝酸软，阳痿遗精等虚症之人服食。健康人服食可提高免疫力。

● 芡实山药桂花羹

[成分] 芡实50克，山药250克，桂花10克，冰糖适量。

[制作] 将山药刨皮，切成小丁，与芡实一起投入锅内加水适量，中火煮沸后以文火煮至稍烂，放入桂花、冰糖，再煮片刻即可。

[功效] 健脾止泻，补肾缩尿。

[适应证] 适用于大便稀溏，夜间多尿患者。

● 当归羊肉汤

[成分] 羊肉400克，当归15克，生地黄15克，生姜丝5克，酱油、盐、黄酒、白糖调料适量。

[制作] 将羊肉切成厚片，和一根白萝卜一同煮，以去膻气，煮中烂后弃萝卜，将羊肉、当归、生地黄和生姜丝一起投入锅内加水适量，中火煮沸后以文火煮至稍烂，放入各种调料，再煮片刻即成。

[功效] 温中健脾，益气活血。

[适应证] 适用于下元虚冷，冲任不固，体虚血虚诸症。

四、中医养生的意义

中医认为，人是一个有机整体，并且讲究人与自然环境、社会环境的统一性。在中医理论的指导下，合理地运用人与自然社会的相互协调统一，持之以恒地运用正确而科学的养生知识和方法，真正意义上地理解中医养生，可达到预病抗衰、延年益寿的目的。了解中医养生对于生命的健康有着重要的作用和意义。

（一）增强体质

2000多年前的《黄帝内经》就有"正气存内，邪不可干"之语，中医养生就是通过各种途径、多种手段，全面养护人体正气（精、气、神），从而使身强体健，心情舒畅，病邪难以侵袭人体，不容易生病。

（二）延缓衰老

在日常生活中保持积极乐观的心态，同时注意饮食起居再加上适当的劳动锻炼，顺应自然界的气候变化，不但能促使五脏六腑、四肢九窍、血脉筋骨等有形之体都处于良好状态，也能调节气机升降、协调各方面机能、调理阴阳平衡，促使五神、七情等无形之神保持良好状态，最大限度地保持身、心、灵接近完满状态，做到"形与神俱"，从而延缓衰老，保持健康，尽享天年。

（三）提高生活品质

养生的目的就是让人远离亚健康，享受高品质的生活方式。若不重视日常生活的养生之道，等到生病才求医，是不负责任的态度。因为人不一定要懂得医学，但一定要学会养生，通过先知名师的教导与经验传承，摆脱对生命的无知，大力倡导养生的正确理念，改正错误习性，并靠着自身的努力，持之以恒，由内而外，让身、心、灵更健康，才有机会拥有全新美好的生活。

热爱生命，热爱生活，追求健康长寿是每个人的愿望。我们只要掌握中医养生的重要意义,并且掌握中医养生顺应自然、形神兼养、动静结合、调养脾肾的原则,就能达到强身健体、延年益寿的目的,还可以提高我们的生活质量,给我们的生活添姿添彩。

相关链接

药王孙思邈

药王孙思邈出生在西魏时代,相传活到141岁才仙逝,人们猜想其长寿心得必有过人之处。但事实上,幼时的孙思邈体弱多病,因病学医,总结了唐代以前的临床经验和医学理论,编成两部医学巨著——《千金要方》和《千金翼方》。孙思邈在《千金要方》中记载了行为方式不仅是疾病的起因,也是疾病复发的原因:"不减滋味,不戒嗜欲,不节喜怒,病已而可复作。"孙氏记载消渴能够治愈,而复发的第一原因是"不减滋味"。这就是调味品、下饭菜不要掩盖了五谷的气味。这样的养生主张可见于更早的文献:"肉虽多,不使胜食气。"(《论语·乡党》)孙氏的主张又与《黄帝内经·奇病论》相统一:"此肥美之所发也。"孙思邈的养生之法相信会对人们有所裨益。

1. 头常摇

双手叉腰,闭目,垂下头,缓缓向右扭动,直至复原位为一次,共做6次。反方向重复以上动作。经常做这套动作可以令头脑灵活,注意要慢慢做,否则会头晕。

2. 发常梳

将手掌互搓36下令掌心发热,然后由前额开始扫上去,经后脑扫回颈部,早晚各做10次。头部有很多重要的穴位,经常"梳发",可以防止头痛、耳鸣、白发和脱发。

3. 目常运

合眼,然后用力睁开眼,眼珠打圈,望向左、上、右、下四方;再合眼,用力睁开眼,眼珠打圈,望向右、上、左、下四方,重复3次。有助于眼睛保健,纠正近视。

4. 耳常鼓

手掌掩双耳,用力向内压,放手,应该有"噗"的一声,重复做10下。双手掩耳,将耳朵反折,双手食指扣住中指,以食指用力弹后脑风池穴10下。每天临睡前做,可以增强记忆和听觉。

单元练习六

一、选择题

1. 在中国医学史上,药王孙思邈的医学代表著作是( )。

A.《本草纲目》　　　　　　　　　　　B.《伤寒杂病论》

C.《千金要方》　　　　　　　　D.《黄帝内经》

2．首倡"望、闻、问、切"的是（　　）。

A．华佗　　　B．张仲景　　　C．扁鹊　　　D．孙思邈

3．下列不属于夏季降火的水果是（　　）。

A．西瓜　　　B．葡萄　　　C．柚子　　　D．香蕉

4．创编"五禽戏"的是（　　）。

A．华佗　　　B．曹操　　　C．张仲景　　　D．扁鹊

5．下列五行相克错误的是（　　）。

A．金克土　　　B．水克火　　　C．木克土　　　D．火克金

6．（　　）在保健按摩中是最流行也是最重要的。

A．足部按摩　　　B．头部按摩　　　C．全身按摩　　　D．背部按摩

7．《十问歌》是明代医学家（　　）在总结前人问诊要点的基础上写成的。

A．张景岳　　　B．张仲景　　　C．孙思邈　　　D．华佗

8．中国第一部推拿专著（　　），成书于秦汉时期。

A．《本草纲目》　　　　　　　　B．《黄帝内经》

C．《金匮要略》　　　　　　　　D．《黄帝岐伯·按摩十卷》

9．隋唐时期的《黄帝内经太素》一书中写道，"空腹食之为食物，患者食之为药物"，反映出（　　）的思想。

A．四时养身　　　B．药食同源　　　C．治未病　　　D．养生先养心

10．刮痧板主要有三种，下列选项中不属于这三种的是（　　）。

A．牛角类　　　B．玉石类　　　C．砭石类　　　D．陶瓷类

二、多选题

1．目前临床较为常用的拔罐方法为（　　）。

A．气罐法　　　B．药罐法　　　C．抽气罐法　　　D．火罐法

2．下列属于中医特色疗法的是（　　）。

A．针灸　　　B．推拿　　　C．刮痧　　　D．拔罐

3．足部按摩的两个作用是（　　）。

A．可以促进血液循环

B．可以祛风散寒、除湿

C．调节脏腑阴阳的平衡，起到扶正祛邪的作用

D．改善人体内分泌和血液循环，调节生理环境

4．常见的针灸疗法有（　　）。

A．三棱针刺法　　　　　　　　B．梅花针疗法

C．毫针刺法　　　　　　　　D．艾灸疗法

5．古人所说的"心"不是指心脏，而是中华文化中最常见的概念，是思想、意念、心理、情感的总称。养心的标准是把人的（　　）调整到最佳状态。

A．思想　　　B．意识　　　C．心脏　　　D．心理

三、简答题

1. 概括中医养生的方法。
2. 如何做到未病先治？

四、实践活动

1. 查阅中医典籍，根据中医食疗理念，制作一道药膳。
2. 了解中医针灸诊疗，尝试体验一次针灸。

第七章

中国传统服饰文化

　　服章之美谓之华,礼仪之大谓之夏。衣冠服饰,作为"华夏"定义的组成部分,既是物质文明的结晶,又具有精神文明的内涵。

　　作为衣冠古国,中国的文化与服饰一向密不可分。中国传统服饰是中华优秀传统文化的载体,承载着中华民族不同历史时期的思想内涵、文化意识、审美情趣和生活习俗,反映了一定时期内劳动人民的智慧、精神风貌和社会心理。中国衣冠,展现的不仅是服章之美,更是中国智慧与中国文化。

【知识目标】

了解中国传统服饰文化发展形态、服饰特点、服饰制度及服饰礼俗，感知中国传统服饰的形式美和内涵美。

【能力目标】

通过了解中国传统服饰，领会其审美意蕴和文化内涵。

【素质目标】

激发对我国传统服饰的热爱，培养健康的民族审美情趣和民族人文素养。

【情境导入】

深衣——中国最早的连衣裙

从春秋战国之交开始流行的深衣，将以前独立的上衣下裳合二为一，又保持着合二为一的界限，堪称中国古代最早的连衣裙。"此深衣衣裳相连，被体深邃"，这是唐代孔颖达在对《礼记》做注疏时写下的一句话。也就是说，深衣的确是"深深"的衣服。它上衣下裳相连，将全身深深包裹，充满着礼的内涵；它变形发展出缠绕的曲裾，重叠的衣领，张扬着美的旋律。

长衣紧裹身体而下，三角形的衣襟绕到身后，用大的腰带扎系，显得体态修长，纤腰袅袅。有时候，衣裳下摆甚至长到曳地，更是格外隆重、端庄，这是曲裾深衣，它张扬着早期中国服装的典雅与大气，把东方女性那种古典、含蓄、轻盈、飘逸之美展现得淋漓尽致。

深衣也是最接地气的衣服：男也穿得，女也穿得；尊者可穿，卑者也可穿；婚嫁的时候穿，丧葬的时候也穿。这简直是中国古代社会服饰的一个异类。因为，在古代，什么场合穿什么衣服，有着十分严格的规定。深衣却打破一切界限，成为士大夫以上之人的常服、庶人的吉服，达到"上下不嫌同名，吉凶不嫌同制，男女不嫌同服"的境界。

无论是唐代褒博的襕袍，还是元代便于骑射的腰线袄，抑或是近代以来修长的连衣裙，都是由深衣一个母体幻形出来的千姿百态。自从将上衣下裳连为一体的那一刻起，深衣承载的礼学，开启的美学，就成了中国服饰史中一个经典的母题，化为万裳，经久不衰。

第一节　中国传统服饰文化发展形态

中国名列四大文明古国之一，素有"衣冠上国"的美誉。几千年来，中国各族人民在长期的生产活动和社会实践中，制造出了许多精美绝伦的服饰，为中华民族创造了光辉灿烂的文化。服饰文化作为优秀传统文化的一个重要分支，具有重要的时代价值，服饰是人类文明的外化载体，可以在很大程度上反映当时人们的精神风貌和审美情趣，也能体现当时的生产力和工艺制造能力。纵观历史轨迹，中国传统服饰文化的演变经历了两个历史发展形态。

一、自然形态

以石器时代为基础的"自然形态"是中国传统服饰文化的最初形态。在漫长的原始社会中，人们茹毛饮血，大多赤身裸体，不存在服饰。进入石器时代后，人们掌握了制造工具和使用工具的方法，发明了骨锥和骨针，从而创造了原始的服装。约在5000年前，中国出现了仰韶文化，产生了纺织技术，开始用石陶纺轮把采集来的野麻纤维捻成细线，织成麻布，制成服装。到了殷商时期，随着"蚕"的饲养、"丝""帛"的出现和"提花装置"的发明，开始制造出精美瑰丽的丝绸，服饰文化基本形成。在这一无阶级社会发展中，服饰文化的主要特征表现为"自然形态文化"，男耕女织，有什么做什么，做什么穿什么，穿什么是什么，呈现的是一种简单的文化形式。

二、制度形态

随着原始社会的解体，阶级社会的出现，衣冠服饰成了统治阶级"昭名分、辨等威"的工具。中国自西周起就建立了系统、严谨的冠服制度，上至天子、卿士，下至庶民百姓，服饰各有等别，同时，周王朝还设立了"司服"一职，专门掌管服制的实施，安排帝王的穿着。春秋战国之后，随着封建社会的建立，冠服制度被纳入"礼治"的范畴，成了礼仪的表现形式，"法治"与"德治"并举，自此，帝王后妃、公卿百官的衣冠服制更加详备，等级制度日益严格。诸如东汉孝明帝汉代服制的确定、魏晋时期的法定服制、隋唐服制、宋太祖的新服制、清顺治的服饰令，它们对不同级别不

原始服饰

明朝官服

同品级官员的朝服及常服的样式、色彩、质料、图案、纹样等进行了详细的规定,有的还对耆老、兵民、商人的服装都一一定明。尊卑贵贱,各有分别,制度形态成为这一历史阶段的主要特点。

第二节 绚丽的中国传统服饰

服饰不仅指服装,还包括各种饰物。服饰是人类文明的标志之一,它的发展是人类物质进步的体现,同时,反映出特定的审美观念和风俗习惯。一个民族的服饰是这个民族的文化写照。

一、汉民族传统服饰

汉服,即汉民族传统服饰,正式名称为"华夏衣冠"。汉服起源于华夏文明肇始的炎黄时代,定型于春秋战国时期,汉民族在汉朝正式形成后遂有汉服之名。

(一)汉服的基本特征

汉服具备独特的形式,其基本特征是交领、右衽、系带、宽袖,又以盘领、直领等为有益补充。汉服有礼服和常服之分,礼服制式严谨,为正式场合穿的服饰;常服一般去掉大袖,适合百姓日常起居。

1.交领右衽

交领右衽,即衣领直接与衣襟相连,衣襟在胸前交叉,左侧的衣襟压住右侧的衣襟,在外观上表现为"y"字形,形成整体服装向右倾斜的效果。这就是汉服在历代变革款式上一直保持不变的"交领右衽"传统,也和中国历来"以右为尊"的思想密不可分,这些特点都明显有别于其他民族的服饰。另外,汉族传统习俗,死者之服(寿衣)用左衽,不用布纽,使用细布带系死结,以示阴阳有别。

交领右衽

另外一种作为"交领"补充的是"直领"和"盘领"。直领就是领子从胸前直接平行垂直下来,而不在胸前交叉,有的在胸部有系带,有的直接敞开而没有系带。这种直领的衣服,一般穿在交领汉服外面,像罩衫、半臂、褙子等,日常外衣款式中经常运用。盘领是男装中比较多见的一个款式,领型为盘子状的圆形,也是右衽的,在右侧肩部有系带,在汉唐官服中采用,常服中也有盘领款式。

2.褒衣广袖

汉服,大袖长摆,褒衣博带,讲究天人合一。汉服自古即为礼服褒衣博带、常服短衣宽袖。

汉服的袖子又称"袂",其造型在世界民族服装史中都是比较独特的。袖子其实都是圆袂，代表天圆地方中的天圆。汉服的礼服一般是宽袖，显示出雍容大度、典雅、庄重、飘逸灵动的风采。

"袖宽且长"是汉服礼服袖型的主要特点，但不是唯一的款式特点，汉服的小袖、短袖也比较多见，如参与日常体力劳动的庶民服装、军士将领的戎服、紧袖保暖的冬季服装等。有时候，历史上各朝代的经济文化和审美观不同，在袖型上也有不同的表现，比如，汉唐时期贵族礼服多用宽广大袖，宋明时期的常服褙子多用小袖。

3. 系带隐扣

汉服中的隐扣其实包括有扣和无扣两种情况。一般情况下，汉服是不用扣子的，即使有用扣子的，也是把扣子隐藏起来，一般就是用带子打个结系住衣服。

同一件衣服的带子有两对，一种是左侧腋下的一根带子与右衣襟的带子是一对，右侧腋下的带子与左衣襟的带子是一对，将两对带子分别打结系住完成穿衣过程；另一种是腰间的大带和长带子，它不仅有实用性、装饰性的作用，而且是权力的象征。

（二）汉服的主要形制

汉服的款式繁多复杂，且有礼服、常服之分，根据其整体结构主要分为三大类：衣裳制、深衣制、袍服制。

1. 衣裳制（上衣下裳制）

衣裳制即把上衣和下裳分开裁剪，上身穿衣，下身穿裳，下裳中的"裳"亦即裙子，上衣下裳制是汉服体系中最古老、最基本的形制，是汉服的源头、基础形制。发展到春秋战国后，古老的上衣下裳往往被称为"襦裙"，汉朝以后又特指女子襦裙，即短衣长裙，腰间以绳带系扎，衣在内、裙在外。各朝各代在襦裙的基本形制下衍生出高腰襦裙、半臂襦裙、对襟襦裙、齐胸襦裙等。这些款式一般用于常服，普及面很广。

上衣下裳

齐胸襦裙

2. 深衣制（上下连缝制）

深衣制形成于周朝，上衣和下裳分开裁剪，在腰部相连，形成整体，亦即上下连裳，在裁剪上就是分别裁好上衣和下裙，然后再缝缀在一起，最后衣服还是一体的样式，分为直裾和曲裾两大类。

直裾

曲裾

3. 袍服制（上下通裁制）

袍服制即用一块布裁出上衣和下衣，中间无接缝，自然一体，明显区别于上衣下裳制和深衣制。这一形制始创于隋唐时期，有圆领袍、襕衫、直裰、直身、道袍、褙子、长衫、僧衣等，最流行的时期在宋代和明代。皇帝贵族平时也喜欢这么穿，文人骚客更是将其作为休闲装。

圆领袍

襕衫

鹤氅

二、绚丽多彩的少数民族服饰

中国幅员辽阔，民族众多，不同的自然地理环境、生活习俗、民族意识观念构成了形态各异、绚烂多彩的民族服饰。生活在高原和草原的蒙古族、藏族、哈萨克族、鄂伦春族等少数民族服装以袍为主，生活在南方的苗族、壮族等少数民族服装以短窄款为主。

少数民族服饰种类繁多，千姿百态，是其生产方式、风俗习惯、审美情趣、宗教信仰的外显形式，其款式之奇、色彩之艳、花样之繁无不让人惊叹。具体来说，主要表现在以下两个方面。第一，衣饰相融。衣服和饰品相互依存，构成少数民族服饰的形式统一性，有效凸显服装的整体美。其中，饰品的造型和色彩元素起到点缀装饰作用，使服装整体搭配更加协调独特。比如，苗族女子精美绝伦的银饰，造型奇美，工艺精湛，品种170余种，银饰装饰部件遍布全身，头部有凤冠、飘头排、花梳、耳环等；胸颈部主要有大型项圈、胸牌、锁、吊饰、珠穗等；腰饰主要有腰带、吊坠等；前衣饰主要有衣片、围腰链、扣子等；背饰主要有背吊、背牌等；手饰主要有手镯、戒指等；足饰主要有镯子、链条等，银光闪烁，别具风韵，"有花衣银装赛天仙"的美称。第二，鲜明的独特性。如

鄂伦春族服饰

相关链接

苗绣

苗绣是指中国苗族民间传承的刺绣技艺，独具特色，有着悠久的历史。唐代时，东谢苗族是"卉服鸟章"，即在服装上绣许多花、鸟图样。明代时，贵阳苗族喜用彩线挑成"土锦""织花布条""绣花衣裙"。清代文献记载苗族刺绣织锦的很多，如黔东清水江苗族刺的"锦衣"和绣的"苗锦"。2006年5月20日，苗绣经国务院批准被列入第一批国家级非物质文化遗产名录。

苗族喜爱刺绣就像喜爱唱歌一样，苗家姑娘个个会绣花，出嫁时都要穿上一身亲手绣制的盛装。苗绣以五色彩线织成，由若干规则的基本几何图形组成，花草图案极少。几何图案的基本图形多为方形、菱形、螺形、十字形、之字形等。苗族妇女刺绣不打底稿，也不必先描画草图，全凭自己天生的悟性，娴熟的技艺和非凡的记忆力，数着底布上的经纬线挑绣。她们凭借丰富的想象力，布局谋篇，将一个个单独的、局部的图形巧妙组合，形成一个丰满的绣品，达到和谐的境地，美观大方。

苗绣最讲究对称美、充实美和艳丽美。所谓对称美，就是上下左右无论图形、色彩、空间，都要求对称；所谓充实美，就是整个绣品不留空白；所谓艳丽美，就是用色大胆，大红大绿，鲜亮夺目。

苗绣主要用来镶嵌服装的衣领、衣襟、衣袖、裙脚等部位，也可用它来缝制挎包、钱包等。

苗族的刺绣艺术，是苗族历史文化中特有的表现形式之一，是苗族妇女勤劳智慧的结晶，显示了苗族妇女精湛的工艺水平。近年来，苗绣这朵艺术奇葩已享誉海内外，成为观赏、收藏的艺术精品。

历史上以游猎为主的鄂伦春族，独具匠心，鞣制皮革技术非常娴熟，服装多用狍皮制作，形成了完美而独特的狍皮文化，头戴完整狍头形帽成为该民族最具典型性的服饰标识。同时，少数民族借助刺绣、图案等元素增强服饰品的美感，实现了实用性和审美性的内在统一。

三、巧夺天工的配饰

与衣裳相应，中国的传统服装配饰经历了数千年的演变，历经沿革而别具风采。在中国服装的配饰中，最耀眼的当数头饰。早在上古时期，原始人类就已经有不同的发式，并懂得将动物骨头和玉石等做成头饰。

（一）巾帽华冠

秦汉时期，男子的首服为巾冠制，秦代一些武将开始用四方巾托头后再戴上帽子。两汉尤其是东汉时期，头巾更是得到了广泛使用，不仅庶民，就连身居要职的官员也开始用方巾束发。隋唐时期，一种新的头巾形式——幞头，登上历史舞台，成为男子的主要首服，有平头小样、软脚幞头等。到了宋代，幞头开始出现各式花样，有朝天幞头、交脚幞头、顺风幞头、局脚幞头等，这时的幞头已经脱离了巾的形式而演变成一种"幞头帽子"。明代是一个极其重视衣冠的朝代，男子的巾和帽式样繁多，其中最为人熟知的有乌纱帽、四方平定巾等。清代寻常百姓则常戴毡帽、瓜皮帽等。

古人扎巾是为了便利，戴帽是为了取暖，而冠主要是为了装饰悦目。古代有一套详细的衣冠制度，通过冠帽可以区分一个人的官职、身份和等级，男子的冠帽样式繁多，典型的有冕冠、远游冠、进贤冠、梁冠、长冠、高山冠、小冠等，清代官吏的礼冠"顶戴花翎"最为特殊。

明孝端皇后凤冠

皇帝的皇冠和皇后的凤冠是中国最华美的冠帽。

古人重视首服，女子的头饰更是花样百出。汉代女子的发式多为绾髻，髻饰主要以头巾盖于发上，再插上头饰，称"巾帼"。贵妇在头上插步摇以作装饰，也有头戴珠翠花钗的。到了魏晋南北朝时期，女子发饰颇有特点，主要表现为假髻的流行，大概是先刻木或编笼制作出需要的发髻造型，再在上面覆盖大量假发，而且会在假髻上插上簪、钗、花钿等金银首饰，这种假发高髻的风尚一直持续到了隋唐五代时期，隋唐女子发髻式样更加多样，髻饰繁多，有簪、步摇、翠翘、金银宝钿、金钗、梳篦、搔头等。宋朝的衣冠头饰以内敛、简约为美，簪插花朵成为风习，男士也不例外，有宋诗为证："牡丹芍药蔷薇朵，都向千官帽上开。"清代女子的

宋朝花冠

发式分为满汉两式：满族妇女的"两把头"最为典型，后期发展为"大拉翅"；汉族女子则以牡丹头、元宝头等极为流行。

相关链接

巾帼英雄

"巾帼"，指古代妇女的头巾和发饰，巾帼的种类及颜色有多种，如用细长的马尾制作的叫"剪氂帼"，用黑中透红颜色材料制作的叫"绀缯帼"。"巾帼"一词，最早见于《晋书·宣帝纪》，书中记载诸葛亮以巾帼之女饰送与司马懿，激其出战。巾帼是古代妇女的高贵装饰，常选用高级的丝织品制成，并饰有珍贵的珠宝，因而后人也把妇女尊称为"巾帼"，在以男性力量为主导的古代冷兵器战争中，驰骋疆场的女性被称为"巾帼英雄"。

（二）金钏玉佩

中国古代配饰如繁星灿烂绚丽，数不胜数。除了华美的头饰外，点缀于周身的饰品种类繁多，颈上的朝珠、腕上的镯、臂上的钏、腰间的玉佩……

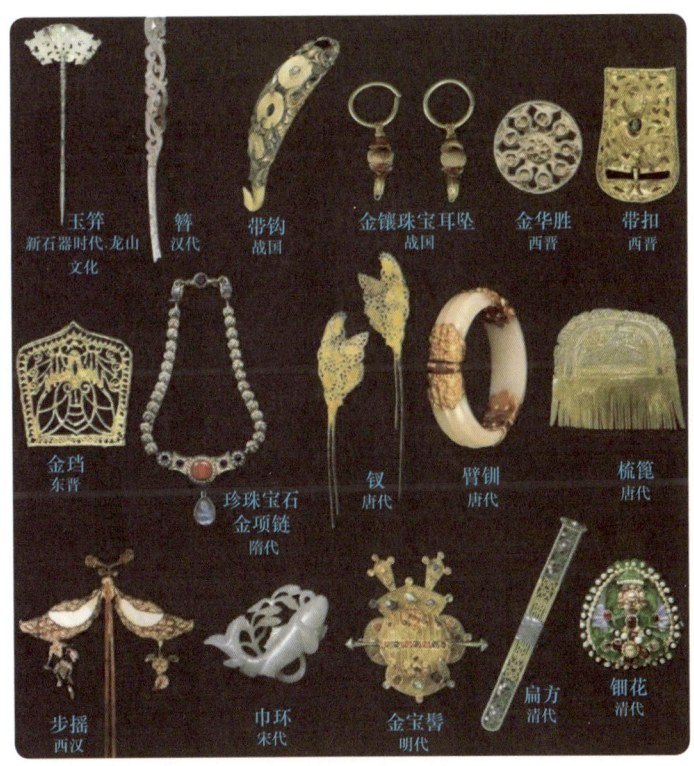

精美绝伦的古代饰物

朝珠，是清代特有的男女颈上饰物。作为官方要求的服饰之一，被记录在官方服饰体系中。

早在先秦时代，人们就开始佩戴手镯了，玉、石、陶、骨等都可以制作手镯，镯形也多种多样，南北朝时流行缠臂的"钏"，臂钏主要以金银条弯曲，盘拢成多圈连续的圆环。

唐宋两代，臂钏是女子极钟爱的饰物之一。镶嵌宝石的金手镯、玉镯则是明代手镯的流行款，清代手镯材料多样，工艺繁复，制作精美。或在金属材质上，盘丝累丝，镂刻镶嵌；或在木石材质上，精雕细琢，着漆彩绘。

玉佩，古人腰间配饰。西周时期，佩玉作为制度，是上至天子下至士人的"标准化穿戴"，且等级分明，形制华丽，会把如玉璧、玉珩等用丝线串联起来，成为一个"玉佩组"，叫"组玉佩"。汉代以前，玉佩的种类主要是玉璧、玉环以及仿动物的玉龙、玉虎，汉代时出现了玉舞人。唐宋以来，富有创意的玉佩不断出现，如双鹤、双鱼、凤凰、花朵等。玉佩在明代叫"禁步"，其器型和材质更加丰富，使女子裙边的垂挂饰物琳琅满目、光彩照人。

四、中国传统服饰特点

（一）形制精致　含蓄讲究

中国传统服饰在式样上主要是上衣下裳和衣裳相连两种基本形式，上衣下裳可以让服饰的整体更有层次感，并且上衣下裳又能形成统一的整体，和衣裳相连一样，彰显华贵的气质。传统服饰大多采用平面设计的形制，精裁细绣，采用广袖、帔巾等对整体的服装造型进行修饰，形制精致并且含蓄。中国古代的服饰受中庸之道影响很深，孔子认为，服饰应既不过于突出，也不过于简陋，而是要适中，这样才符合礼仪。传统服饰形制比较宽松，是为了更好地遮盖人体的形体特征，让整体的视觉效果更加内敛和含蓄。

中国传统服饰讲求一种包藏却又不局限人体、若即若离的含蓄美，于恬淡之中给人一种平和、内敛之感。无论是商朝的"威严庄重"、周朝的"秩序井然"、汉朝的"凝重威严"，还是唐朝的"丰满华丽"、宋朝的"简洁质朴"、元朝的"粗犷豪放"、明朝的"敦厚繁丽"、清朝的"纤巧舒适"，都体现出中国古人的审美倾向和思想内涵，展现了柔静安逸、娴雅超脱、泰然自若的民族性格，体现了中国人平和自然、宽厚仁爱的人生境界，还展现了鲜活的中华民族的生命力和审美情趣。

（二）色彩和谐　雅俗有致

中国传统服饰的色彩设计以五行观念为指导，以青、赤、黄、白、黑为五方正色，以草木为染，创造着各种各样的间色，铸就了丰富的色彩：青黑色、绛红色、桃红色、姜黄色、绛紫色、汉紫色、汉蓝色、竹绿色、银褐色……远在周代，中国人就懂得"色一则无美"，讲究将服饰的颜色搭配合理。东汉后期，襦裙成为妇女流行的外服，色调上以赤红色、黄白色、浅绿色为主，红罗裾、黄襦裙，翩翩在衣褶里。隋朝服装色彩多以浅淡色系为主；从唐末五代开始，贵妇的衣裙多用鲜艳的大红色，并扎染彩绘团花。

中国古人在绫、罗、绸、缎、绣诸般织造技艺中，擅长搭配色彩，注重和谐。经过几千年的发展历程形成了以多元色彩互相搭配的设计体系。黄色、紫色、橙黄色都是显贵的色彩，平民

初唐仕女服饰复原

无法使用，因此民间流行红配绿。最民间的配色，飘扬在衣裙间，艺人从传统中获得设色技巧的滋养，将最难调的对比色处理得充满活力，恰到好处，大红色、深绿色、深蓝色、淡灰色、天蓝色、粉红色、粉绿色、淡黄色，并主要通过图案和装饰实现色彩搭配，"香黄""点绿""添红"三色各美其美，是花钿中极流行的颜色。如宋代贵族妇女用罗、绢、金、玉、玳瑁制成相似色彩的桃、杏、荷、菊、梅等花卉簪在发髻上，时称"一年景"。一年四季的花卉合在一起嵌在冠上，桃红、菊黄、杏粉、荷绿，鲜艳可人。鲜花开放的时节，她们还会穿紫衣服簪白花，穿鹅黄衣服簪紫花，穿红衣服簪黄花，十分和谐。传统服饰的色彩搭配非常巧妙，能够将多元的色彩融合在一起，让服饰整体的视觉效果更加自然，给人以和谐的感觉。

（三）纹样多元　富有内涵

中国传统服饰注重纹样的设计与呈现，通过纹样能实现对服装的整体视觉装饰，并通过服装中的精美纹样表达对美好生活的追求、向往，表达平安、吉祥、富贵和祈福等寓意。

中国传统服饰的装饰纹样，大致可归为动物纹样、植物纹样和几何图案纹样三大类，其中，每种纹样都有明确的象征意义。如雄健的猛兽象征"威武"，用于装饰男服；绮丽的珍禽象征"美好"，用以装饰女服。民间常将同种图案配合在一起，或取其"寓言"，或取其"谐音"，以寄托美好的希望。如把芙蓉、桂花、万年青三种花卉纹样织在一起，取名"富贵万年"；把蝙蝠和云纹织在一起，称"福从天来"；把太阳和凤凰织在一起，叫"丹凤朝阳"；把喜鹊和梅花织在一起，叫"喜上眉梢"；把萱草和石榴织在一起，叫"宜男多子"。百兽中的龙、狮、虎、豹、麒麟，百鸟中的凤凰、仙鹤、喜鹊、鸳鸯，百花中的梅、兰、竹、菊、牡丹、百合，以及祥云纹、如意纹、寿字纹、古钱纹、龟背纹都是传统服饰永不过时的装饰题材。传统服装中的纹样有的华丽复杂，有的简单，大多非常讲究结构的排列和整体的布局，一般纹样在服装中的分布均匀、局部合理，美绝伦。

清朝服饰纹样

传统服饰中的动植物纹样

相关链接

衣冠禽兽

唐代袍服的纹样一般以暗花为多，至武则天当朝，又颁赐了一种新的官服，名叫"绣袍"。所谓绣袍，即在各种不同级别的官服上绣以不同的纹样。这种以纹样区分文武官员品级的做法，后又被明清发展成"补子"，即以金丝、彩线绣成徽识，缀于文武百官常服的前胸和后背，使人一望而知其品级。文官绣禽，武官绣兽，成语"衣冠禽兽"，就出自这里。"衣冠"作为权力的象征，历来受到统治阶级的重视。当初的"衣冠禽兽"并没有后来的贬损之意，是个风光无限的褒义词。明朝中晚期，宦官专权，政治腐败。官员欺压百姓，无恶不作，老百姓视其为匪盗瘟神，把为非作歹、道德败坏的文武官员称为"衣冠禽兽"，成语的意思由此改变。

传统服饰中的纹样包含了几千年的文化内涵，是中华优秀传统文化的一种重要形式，无论其历史发展还是表现形式，都与时代、与人们的生活息息相关，从先秦时期的抽象简洁，到秦以后的整齐工整，再到明清时期的写实细腻，服饰纹样发展反映着不同时期人们的审美情趣、民俗信仰、道德观念和文化经济。

第三节 中国传统服饰制度

一、冠冕制度

随着阶级分化的出现，中国服饰有了等级之分和政治意义，体现严格等级观念的服饰制度由此诞生，其突出例子就是冠冕制度。冠冕制度是从帽子和服装上制定的严格的等级制度，主要是对天子后妃、王公贵族官吏所穿冠帽和服装的规定。

冕服是帝王、诸侯及卿大夫等在祭祀、登基、朝贺等重大礼仪场合穿着的礼服，始于周代，周代的冕服共分六等：大裘冕、衮冕、鷩冕、毳冕、希冕和玄冕，是天子在祭天、会宾、大婚等不同场合下穿的冕服。

冕服包括冕冠、玄衣和纁裳。冕冠是帝王、王公、卿大夫在参加祭祀等典礼活动时所戴的等级最高的礼冠。以君王的冕冠为例，盖在顶上的叫"冕挺"，冕挺的前后各有12根贯穿着玉珠的冕旒，每根有玉珠12颗，共计288颗。在两耳不远处，各有1颗珠玉，称为悬璃或充耳，意在提醒君王勿轻信逸言。天子以下诸侯百官则按等级尊卑，冠上旒数及缀玉数依次递减，以别等差。

玄衣、纁裳是冕服的主体服装，玄衣即黑色质料上衣，纁裳为绛色质料围裳，并采用十二章纹作为图案，装饰于衣裳上。十二章纹是中国古代帝王官吏礼服上绘绣的12种纹饰，包括日、月、星、山、龙、华虫（雉鸡）、宗彝、藻、火、粉米、黼、黻等12种图案，各有其象征意义。日、月、星辰代表光明，山代表稳重，龙代表变化，华虫代表文彩，火代表热量，粉米代表滋养，藻代表纯净，宗彝代表智勇双全，黼代表决断，黻代表去恶存善。

冕服除了冕冠、玄衣、纁裳之外，还有一些配套穿戴的附件，如革带、大带、佩绶等。冕冠制度持续了2000年，随着清政府的建立，从服饰制度中消失，十二章纹则改用到清代的朝服上，继续留存。

冕服

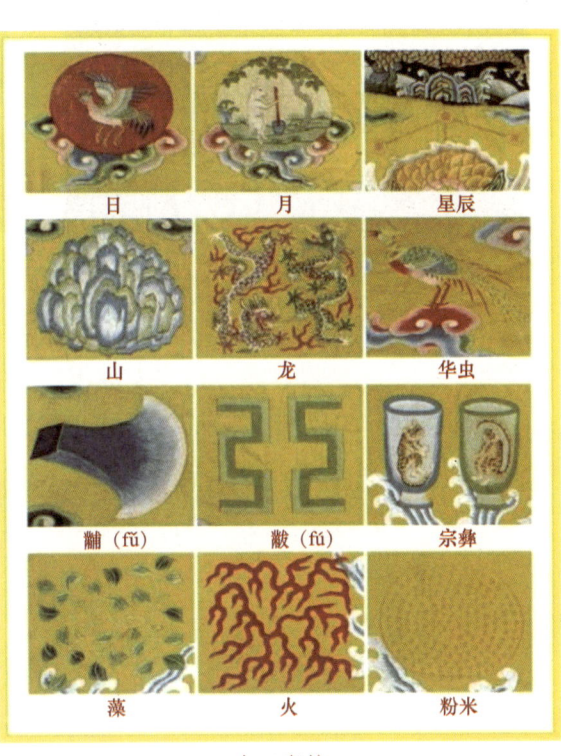

十二章纹

二、佩挂制度

我国服饰制度初步建立大约在夏商以后，到周代已逐步完善。进入封建社会后，冠服制度被纳入了"礼治"的范围，衣冠服饰更有严格规定，而且作为装饰物的佩戴品也随之出现了严格的等级差别，在此基础上产生了古代的佩挂制度，历来受到封建统治阶级的重视，并且作为典章制度被载入《史志》。我国古代的佩挂品多悬挂在腰间，可见我国古代的腰带不仅起着收束衣身的作用，而且有显示等级地位和悬挂佩饰的功能，特别是官员的腰带，这一作用更为重要，甚至替代了原来的束衣功能。

纵观各个时期的腰饰，主要有佩黼、佩玉、佩印、佩绶、佩鱼、佩牌、佩戴饰等饰物。其中，黼是悬挂在腰下腹前下裳正中的一件斧形装饰品；绶是用五彩丝线织成的网状丝织物，悬挂在革带上，以不同的色彩区分不同等级。

玉组绶

铜质鱼符

各个时期对于各级官员佩挂物的种类、色彩都有严格规定，不能僭越。比如，佩玉作为我国古代的一个重要佩饰，是将玉饰用组绶连接在腰间的革带上，以质料和组绶的不同表示等级差别，《礼记·玉藻》中记载："天子佩白玉而玄组绶、公侯佩山玄玉而朱组绶，大夫佩水苍玉而纯组绶，世子佩瑜玉而綦组绶，士佩瓀玟而缊组绶。"不仅对各个级别的用玉有规定，对佩戴方法及部位也有明确的规定，一是人身侧面之佩，将玉挂在人身体两侧；二是垂直悬挂之佩。这种佩玉制度不仅用于各级官员中，也用于宫廷的各级嫔妃贵夫人之间。

唐代流行佩鱼，鱼即鱼符，是一种鱼形装饰物，由金、玉、铜等质料制作而成，三寸长短，上刻有佩戴者姓名。从鱼符的质料到鱼袋的装饰都有定制。据《大唐六典》载："太子用玉质鱼符，亲王佩金鱼，百官佩铜鱼。"鱼符上题刻佩戴者的官品、姓名，佩戴时将鱼符放在特制的鱼袋中，佩挂在革带上。鱼袋上的装饰也有严格的等级区别，规定三品以上饰以金，四品、五品饰以银，官员着朝礼服时必须佩戴鱼袋。鱼袋的功能也就由盛放鱼符以备取验身份转变成为一种官品等级的象征。

佩挂制度是我国古代服饰制度中的一个重要组成部分，各个时期对不同阶层人们的佩挂物都有严格规定，是统治阶级"昭名分、辨等威"的工具，也是中国古代服饰制度的一个特色。

第四节　中国传统服饰礼俗

中国传统人生礼俗中，主要有诞生礼、成人礼、结婚礼等礼节仪式。几千年来，华夏儿女在礼节仪式中形成了丰富多彩的规范和习俗，而服饰作为载体，恰是承接这些仪式最重要的形式。

一、试鞋礼

中国传统的诞生礼包括"三朝""满月""百日""周岁"等。周岁礼是孩子的第一个生日，一般也将其看作诞生礼最后的礼节。周岁礼仪早在我国南北朝时期就有记载，周岁礼俗中有一个代表性的仪式——"试鞋"。周岁以后，孩子开始试穿童鞋，蹒跚学步。因此，周岁的服饰礼仪中，最抢眼的就是亲戚朋友送来的各种各样的童鞋。由于是过周岁仪式时送的鞋，俗称"周岁鞋"。这一天向新生儿赠送的周岁鞋，款式、造型丰富多样。送

虎头鞋

给孩子的周岁鞋以"虎头鞋"为正宗，其他还有不同的兽头鞋、花果鞋、五毒鞋等。"周岁鞋"是对生命延续、吉祥和兴旺的祝愿，反映了父母对子女的舐犊之情。

二、成人礼

冠礼、笄礼是中国古代传统的成人礼仪。冠礼是指古代男子到了20岁时举行的一个隆重的加冠典礼，作为成年的标志；笄礼是指女子的成年之礼。在冠礼仪式中，对于服饰的讲究可谓一丝不苟，不能有丝毫差池。周制的冠礼为"三加"，加三次冠的同时换三套衣服，程序是先加以黑麻布制作的缁布冠，穿的衣服是玄端；次加以白鹿皮制作的皮弁，穿皮弁服；再加以赤而微黑的细麻布制作的爵弁，穿爵弁服。三种冠分别表示有治人、为国出力、参加祭祀的权利。

相见礼

冠礼不仅仅是一种形式，更是将冠者带入一个礼制的社会中，戴不戴冠以及戴什么样的冠，都与年龄、身份、所处的环境有着紧密的关系。从成为戴冠之人的那一刻起，心中就要谨记礼仪，节制自己的行为，修炼自己的品德。

《礼记·杂记》说："女子十有五年许嫁，笄而字。"女子在15岁许嫁之时举行笄礼，结发加笄。结发是将头发梳成发髻，盘在头顶，以区别童年时代的发式。公主笄礼时的服饰为冠笄、冠朵、九翚四凤冠以及大袖长裙。

冠礼

笄礼

三、结婚礼

在中国传统服饰中，婚礼服饰是各个时期最正式、最隆重的服饰，尤为夺目。中国的传统婚礼服饰从出现至今，随着社会制度的转变，以及人们不同时期审美的差异，在不同朝代不仅在颜色、款式上各不相同，在穿戴方式上也各有门道。

周朝是一个非常注重礼节的朝代，婚礼的礼仪也是在这一时期逐渐被完善的。周朝的婚礼多在黄昏举行，预示着阴阳相合，叫作"昏礼"。周朝是奴隶制社会，等级制度尤为严格，因此，这一时期婚礼服饰颜色是以纯衣纁袡为主。女性和男性在这一时期的婚服颜色差异不大，因为婚礼讲求庄严肃穆，所以色彩上整体以黑色的袍衣为主，在边缘搭配点缀红色的边条，包括鞋裤等也都以黑色为主。

秦汉时期，女性婚服制式为深衣制，秦朝由于受"五德始终说"的影响，认为秦朝所属的水德对应着黑色，因此，秦朝时人们仍然在大婚之时延续周朝的婚礼服饰形制，主要穿玄黑色婚服。汉朝时，根据等级分明的服饰制度，在婚服用料和颜色上都有严格的规定，以区分尊卑。《后汉书·舆服志》记，"公主、贵人、妃以上，婚娶得服锦绮罗縠缯，采十二色，重缘袍。特进、列侯以上锦缯，采十二色。六百石以上重练，采九色，禁丹、紫、绀。三百石以上五色采，青、绛、黄、红、绿。二百石以上四采，青、黄、红、绿。贾人，缃、缥而已"，地位越高，可选用的衣料和颜色就越多。

魏晋南北朝时期的婚服也主要是承袭周制，由于玄学的兴起、佛教的输入、道教的勃兴，人们追求返璞归真，而长期的封建割据和连绵不断的战争，也出现了各民族文化交融的现象，这一时期的人们追求自然和谐，渴望过上和平、安宁、简单的生活，在服饰上崇尚极简主义，喜白色。因此，魏晋也成了古代少有的"白衣飘飘的年代"，罕见地出现了白色的婚服。由此可见，将白色作为婚礼服饰的主要颜色并不是近现代才出现的，也不是从西方传入的，而是早在几千年以前就出现在中华民族文化的历史长河中了。

唐朝的服饰绚丽多彩尽显雍容华贵，这一时期的婚服流行"红男绿女"，男儿在成婚当天穿红色的婚服，女子则穿绿色的婚服，因为当时认为绿色是充满生机、极富生命力的颜色，并且认为绿色寓意着吉祥如意。唐代的婚服较之前不仅是颜色上更为绚丽，在形制上也更为烦琐精致，新娘婚服出现了"钿钗礼衣"，新娘穿大袖衫、长裙、披帛、层数繁多，穿时层层压叠着，头上簪有金翠花钿，极为隆重。

宋朝的婚礼服制既传承汉唐，又有所发展，提倡简朴淡雅，摒弃繁复奢华，婚礼服的形制是花钗礼服，普遍流行用霞帔和大袖作为礼服，服装配色上也是沿用"红男绿女"，但是没有唐朝要求那么严格，也有"绿男红女"的。花冠是与之相配的头饰，花冠兴于唐代，盛行于两宋，既是两宋妇女喜爱的头饰，也是婚礼服中必不可少的首服之一。作为婚服首服的花冠，装饰得更加富丽堂皇，尤其是后妃等贵族阶层，有凤鸟装饰，称为"凤冠"。

明朝的婚礼服饰是后世中式婚礼服饰的重要代表，明朝新娘礼服饰则是古代婚礼服的典范，对后世婚礼服饰有着深远的影响。现今，我们最熟悉的汉族婚礼服饰：彩绣龙凤的大红吉服、凤冠霞帔和大红盖头，即始于明代。《明史·舆服志》中提到，"庶人婚，许假九品服"，意思是民间的普通百姓，在大婚当天，新郎也可以穿青绿色的九品官服，头戴乌纱帽，因此，新郎后面就增添了一个官员的"官"字，"新郎官"便由此产生。而这时的女子在出嫁时也可以穿九品命妇的礼服"凤冠霞帔"，值得一提的是，虽然普通百姓可以在大婚当天穿着九品命妇的凤冠霞帔，但是在图案和颜色上受到限制，被普通百姓作为婚服的霞帔只能使用素色面料，并且不能绣有图案，而九品命妇的礼服使用的是大红色并根据官阶高低缀有相应纹样作为装饰。

唐朝婚服"红男绿女"

宋朝的凤冠

清朝服饰风俗的一个重要特征就是满汉服饰文化的交融。清朝时期，女性婚礼服饰最常见的形式为凤冠、云肩、褂裙和大红盖头。其中，褂裙就是典型的满汉服饰融合的产物，是清朝独有的婚礼服。褂裙中上衣宽大，采用对襟的形式，民间图案以双喜、鸳鸯、花枝为主，王室专用龙凤图案，而凤冠、云肩、大红盖头为汉族服饰，云肩也是从清代开始在社会各阶层平民百姓中普及的，尤其是在婚嫁之时会被女子穿戴。云肩常用云纹装饰，讲究"四方四合"。清代的凤冠在其冠服制度中称为"朝冠"。后妃的朝冠与之前时期的凤冠在造型和材料上都存在较大的差异。清朝后妃的朝冠是用毛绒织物或褐色貂皮制成的

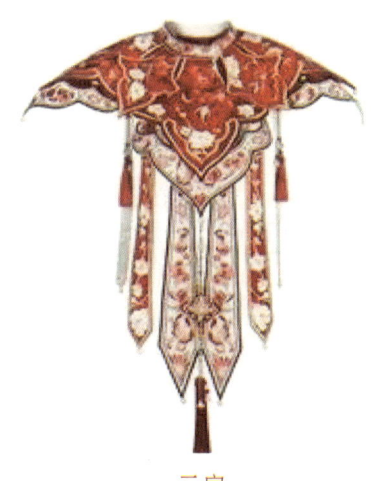
云肩

清朝的霞帔

一种褶檐软帽,帽上覆有红色丝纬,在丝纬的四周装饰金凤,每只金凤的顶部各饰1颗珍珠。在民间,清代汉人新妇佩戴的凤冠,与明朝相比,简化了珠翠等较为复杂的装饰,改用珠翠和绒球装饰。

清朝时期,无论是官员还是平民,在结婚时新娘都可以穿着凤冠霞帔,表示新娘为正妻而不是妾室。清朝时的霞帔已阔如背心,和前朝的霞帔有所不同:霞帔宽度变宽,两边合并,并加了后片及衣领,形状有点像背心,在帔角下部不用坠子,改用流苏装饰;在胸背中央饰有与丈夫身份相对应的补子。基本上,清朝时汉族女性婚礼服饰为:头戴凤冠,遮着红盖头,上身里面穿着红色绢衫,外面套着红色绣花袍,下身穿着大红裙和大红裤,脚穿大红绸缎的绣花鞋,肩上披着霞帔,脖子上戴着天官锁,胸前挂着"照妖镜",手臂上缠着"定手银",挎着子孙袋。

中国古代的婚礼服饰随着每个时代的服饰特点而变化,是"衣冠上国""礼仪之邦"的体现,反映着每个时期的思想文化和审美意趣,呈现了各时期独有的服饰礼俗。

单元练习七

一、单选题

1. "中国有礼仪之大,故称夏;有章服之美,谓之华。"这句话出自(　　)。
   A．《春秋》　　　　　　　　　　B．《左传》
   C．《礼记》　　　　　　　　　　D．《汉书》

2. 中国建立系统、严谨的冠服制度,是在(　　)时期。
   A．春秋　　　　　　　　　　　　B．战国
   C．西周　　　　　　　　　　　　D．秦朝

3. 鄂伦春族最具典型性的服饰标识是(　　)。
   A．头戴完整狍头形帽　　　　　　B．头包牛角形状头巾
   C．身穿鱼皮服饰　　　　　　　　D．头戴无檐白帽

4. 隋唐时期,男子最普遍的首服是(　　)。
   A．头巾　　　　　　　　　　　　B．幞头
   C．乌纱帽　　　　　　　　　　　D．瓜皮帽

5. 人们称妇女为"巾帼"源于(　　)。
   A．妇女戴的头饰叫"巾帼"
   B．妇女善于织造
   C．一个叫"巾帼"的女子的典故
   D．一个叫"巾帼"的地方

6. 魏晋南北朝时期,女子发饰颇有特点,主要表现为(　　)的流行。
   A．假髻　　　　　　　　　　　　B．花冠
   C．姑姑观　　　　　　　　　　　D."大拉翅"

7. 女着男装，即全身仿效男子装束，成为（　　）女子服饰的一大特点。

　　A．战国　　　　　　　　　　B．魏晋

　　C．唐朝　　　　　　　　　　D．元朝

8.（　　）是宋代男女皆穿，尤盛行于女服中的一种服式，最能衬托宋代女性体形的修长。

　　A．深衣　　　　　　　　　　B．褙子

　　C．长袍　　　　　　　　　　D．长裙

9. 古代在官服上绣以飞"禽"走"兽"，用来显示文武官员的等级。这种等级制度，是从（　　）开始的。

　　A．汉朝　　　　　　　　　　B．唐朝

　　C．明朝　　　　　　　　　　D．清朝

10. 佩挂制度是我国古代服饰制度中的一个重要组成部分，各个时期人们的佩挂物有所不同，唐朝时流行（　　）。

　　A．佩黼　　　　　　　　　　B．佩玉

　　C．佩印　　　　　　　　　　D．佩鱼

二、多选题

1. 汉服的基本特征主要包括（　　）。

　　A．交领右衽　　　　　　　　B．褒衣广袖

　　C．系带隐扣　　　　　　　　D．威武奔放

2. 汉服，根据其整体结构主要为（　　）。

　　A．衣裳制　　　　　　　　　B．襦裙制

　　C．深衣制　　　　　　　　　D．袍服制

3. 以袍为主的少数民族是（　　）。

　　A．藏族　　　　　　　　　　B．蒙古族

　　C．哈萨克族　　　　　　　　D．壮族

4. 古代男女的成年礼有（　　）。

　　A．冠礼　　　　　　　　　　B．吉礼

　　C．嘉礼　　　　　　　　　　D．笄礼

5. 以下说法正确的是（　　）。

A．十二章纹是中国古代帝王官吏礼服上绘绣的12种纹饰，每种纹饰都具有象征意义，其中"龙"代表光明

B．宋朝的衣冠头饰以内敛、简约为美，簪插花朵成为风习，男士也不例外

C．唐朝的服饰绚丽多彩尽显雍容华贵，这一时期的婚服流行"红男绿女"

D．中国传统服饰的色彩设计以五行观念为指导，以青、赤、黄、白、黑为五方正色

三、简答题

1. 简述中国传统服饰的特点。

2. 请搜集关于袖子的成语和典故，如"两袖清风""袖里乾坤"。

3. 简述中国历史上第一次服饰变革"胡服骑射"产生的历史背景及意义。

四、实践活动

1．成年礼表演。

主题：庄重典雅的传统成年礼。

请大家熔古铸今，身着汉服，表演当代成年礼。

提示：分男、女两组，男生表演"冠礼"，女生表演"笄礼"。

2．设计现代汉服。

小组合作，设计一套令人喜欢的改良版现代汉服。

第八章

中国传统节日文化

　　中国传统节日作为一种行为层面的优秀传统文化,根植于古代农业社会文明。在长期的流传过程中,中国传统节目通过对天人、群己、义利等关系的约定,形成了自身特定的文化内涵;体现了强大的文化凝聚力与生命力,有时甚至与文化精神、民族精神相联系,在社会发展进程中具有非常重要的作用。

　　中国传统节日是我国民族文化的精髓,其中蕴含着丰富的文化内涵,可以有效凝聚中华各民族,同时也是人们生活的一部分,有着深刻的现实意义。因此,一定要对中国传统节日加以保护,并努力使之发扬光大。

【知识目标】

了解汉族与少数民族重要的传统节日及其精神内涵,并熟悉各种节日的文化习俗。

【能力目标】

学会制作传统食品,掌握传统节日礼仪和仪式流程。

【素质目标】

具备解读中国传统节日文化内涵及现实意义的综合素质,树立文化自信。

【情境导入】

《水调歌头·明月几时有》是宋代大文学家苏轼,于宋神宗熙宁九年(1076)中秋在密州时所作。

这首词以月起兴,以与其弟苏辙七年未见之情为基础,围绕中秋明月展开想象和思考,把人世间的悲欢离合之情纳入对宇宙人生的哲理性追寻中,反映了作者复杂而又矛盾的思想感情,表现出作者热爱生活与积极向上的乐观精神。其中的"但愿人长久,千里共婵娟"成为人们寄托美好情感的千古名句。

每逢中国传统节日,古人都乐于顺应不同节日凝聚出的勤劳勇敢、祀祖敬长、和睦邻里、热爱生活的氛围,将所思所想融汇于诗词歌赋、书法绘画的创作中,且形式多样、内容丰富,成为中华民族悠久历史文化的重要组成部分,承载着华夏儿女共同的节庆记忆。

第一节　中国传统节日

中国传统节日形式多样、内容丰富，是中华民族悠久历史文化的重要组成部分。传统节日的形成，是一个民族或国家的历史文化长期积淀凝聚的过程。中华民族的古老传统节日，涵盖了原始信仰、祭祀文化、天文历法、易理术数等人文与自然文化内容，蕴含着深邃丰厚的文化内涵。从远古先民时期发展而来的中华传统节日，不仅清晰地记录着中华民族先民丰富多彩的社会生活文化内容，也积淀着博大精深的历史文化内涵。

一、汉族传统节日

中国的民间节日数量众多，节俗文化精彩纷呈。有人统计，源于汉族的民间节日就有150多个。以下是一些常见的汉族传统节日。

（一）元旦

元旦，也叫"元日""元朔""元春""元正""三元"等，源于原始社会的腊祭。据说腊祭是神农氏时代的"岁终大祭"。每当一年农事完毕，为报答神恩，便于农历十二月举行腊祭，实际上是对神灵的报恩，也是人们的庆功节、狂欢节。我国采用公元纪年后，将公历1月1日定为元旦，将农历元旦改称"春节"。

春联

春节表示除旧迎新，是中国民间最盛大、最热闹、最隆重的节日，从腊月二十三或二十四祭灶神后拉开序幕。岁前习俗：打扫卫生、掸灰尘、贴福字、祭祖、洗头沐浴等习

相关链接

倒贴"福"字的来历

明太祖朱元璋当年用"福"字做暗记准备杀人。好心的马皇后为消除这场灾祸，令全城大小人家必须在天明之前在自家门上贴上一个"福"字。

马皇后的旨意自然没人敢违抗，于是家家门上都贴了"福"字。其中，有户人家不识字，竟把"福"字贴倒了。第二天，朱元璋派人上街查看，发现家家都贴了"福"字，还有一家把"福"字贴倒了。朱元璋听了禀报大怒，立即命令御林军把那家满门抄斩。

马皇后一看事情不好，忙对朱元璋说："那家人知道您今日来访，故意把'福'字贴倒了，这不是'福到'的意思吗？"朱元璋一听觉得有道理，便下令放人，一场大祸终于消除了。从此，人们便将"福"字倒贴起来，一是求吉利，二是为纪念马皇后。

俗。除夕夜习俗：燃爆竹、吃年夜饭、守岁、叙旧话新。岁后习俗：给亲朋好友拜年等。

春节还有许多节日食品，古人过年时要饮桃汤、椒柏酒、屠苏酒，用以辟邪延寿，其俗今已不传，但食饺子、年糕仍沿古俗，且有许多口彩（吉利话）。

除汉族以外，满、蒙、苗、壮、侗、布依、朝鲜等20多个民族也过春节。2006年5月20日，"春节"民俗经国务院批准被列入第一批国家级非物质文化遗产。

（二）人日

人日，又称"人节""人庆节""人口日""人七日"等，每年农历正月初七是古老的中国传统节日。传说女娲初创世，在造出了鸡、狗、猪、羊、牛、马等动物后，于第七天造出了人，因此，这一天是人类的生日。汉朝开始有人日节俗，魏晋后开始重视。古代人日有戴"人胜"的习俗，人胜是一种头饰，又叫"彩胜""华胜"。从晋朝开始，有剪彩为花、剪彩为人，或镂金箔为人来贴屏风，也戴在头发上。此外，还有登高赋诗的习俗。唐代之后，更重视这个节日。每至人日，皇帝赐群臣彩缕人胜，又登高大宴群臣。如果正月初七天气晴朗，则主一年人口平安，出入顺利。

（三）花朝节

花朝节，简称"花朝"，俗称"花神节""百花生日""花神生日""挑菜节"，汉族传统节日，流行于东北、华北、华东、中南等地，一般于农历二月初二、二月十二、二月十五或二月二十五举行。节日期间，人们结伴到郊外游览赏花，称为"踏青"，姑娘剪五色彩纸粘在花枝上，称为"赏红"。各地还有"装狮花""放花神灯"等风俗，这是纪念百花的生日。

相关诗词

人日思归

隋　薛道衡

入春才七日，离家已二年。

人归落雁后，思发在花前。

（四）社日

社日节，又称"土地诞"，是古老的中国传统节日，社日分为春社和秋社。古时候的社日节期依据干支历法来定，后来因历法变动改用农历定节期。春社按立春后第五个戊日推算，一般在农历二月初二前后；秋社按立秋后第五个戊日，约新谷登场的农历八月。古代把土地神和祭祀土地神的地方都叫"社"，按照中国民间的习俗，每到播种或收获的季节，农民都要立社祭祀，祈求或酬报土地神。

因为古人认为土生万物,所以土地神是广为敬奉的神灵之一。人们认为,该神管理着五谷的生长和地方的平安。二月初二是土地公公的圣诞,土地公公又称"福德正神",在中国南方地区,土地公公的生日称"土地诞"。为给土地公公"暖寿",有的地方有举办"土地会"的习俗:家家凑钱为土地神祝贺生日,到土地庙烧香祭祀,敲锣鼓,放鞭炮。

南方"二月二"仍沿祭社(土地神)习俗,普遍奉祀土地公公,如在浙江、福建、广东、广西等地区,既有类似龙抬头节日习俗,又有以祭社习俗为主的新"二月二"习俗。

相关诗词

社日
唐 王驾

鹅湖山下稻粱肥,豚栅鸡栖半掩扉。
桑柘影斜春社散,家家扶得醉人归。

(五)元宵节

元宵节为农历正月十五,又称"上元节""元夜""灯节",起源于古代的祭祀。《史记·乐书》记载,西汉皇族在正月十五要祭祀太一神,太一神为古代的太阳神,是天神中最尊贵者,祭太一神燃灯而祭,这是后世元宵节燃灯的源头。东汉时,佛教传入,汉明帝永平年间,汉明帝为了弘扬佛法,下令正月十五夜在宫中和寺院"燃灯表佛"。因此,正月十五夜燃灯的习俗随着佛教文化影响的扩大及后来道教文化的加入逐渐在中国扩展开来。南北朝时,元宵节张灯渐成风气。梁武帝笃信佛教,其宫中正月十五大张灯火。此后,民间相沿成俗,形成了元宵节。

从唐代开始,元宵节失去了最初的祭祀意义,成为游乐性质的民间欢乐节。其主要节俗活动有张灯、观灯、猜灯谜、看花灯表演、踩高跷、舞狮子、扭秧歌、唱大戏和吃元宵等。节日里除吃元宵外,各地还有许多不同的饮食习惯。如陕西人吃"元宵茶",即在面汤里放进各种蔬菜和水果做成;河南洛阳、灵宝一带吃枣糕;云南昆明人多吃豆面团等,都是寄托了人们祈求新一年圆满顺遂的心愿。

民间歌谣

元宵月正圆
闽南歌谣

闹元宵,月正圆,闽台同胞心相依,扶老携幼返故里,了却两岸长相思。热泪盈眶啥滋味?久别重逢分外喜!闹元宵,煮汤圆,骨肉团聚满心喜,男女老幼围桌边,一家同吃上元丸。摇篮血迹难割离,叶落归根是正理。

（六）立春

立春，是二十四节气中的第一个节气，"立"是开始的意思。自秦代以来，中国就一直以立春作为春季的开始。明清官方历书中被归入正月节气，时间点在公历每年二月三—五日（农历正月初一前后），太阳到达黄经315度时。在这一天，人们开展各种活动，如挂春幡（又叫"春胜""幡胜"）、做春盘、咬春等，迎接春天的到来，还用鞭打春牛表示催耕迎。

相关诗词

立春
左河水

东风带雨逐西风，大地阳和暖气生。
万物苏萌山水醒，农家岁首又谋耕。

（七）清明节

清明节又叫"踏青节"，在仲春与暮春之交，是极重要的祭祀节日之一。清明本是一个农事节日，后和节期相近的寒食节、上巳节合并。清明节的节俗丰富，扫墓祭祖与踏青郊游是清明节的两大礼俗主题。寒食，即吃冷食，源于古代春季禁火、防火的需要。如清明的节俗食品"青团"一般冷食，是古代寒食留下来的痕迹。

清明踏春郊游

（八）端午节

端午节为农历五月初五，又称"端阳节""龙舟节""重五节""天中节"等，是集拜神祭祖、祈福辟邪、欢庆娱乐和饮食于一体的民俗大节。端午节源于自然天象崇拜，由上古

相关诗词

浣溪沙·端午
宋 苏轼

轻汗微微透碧纨，明朝端午浴芳兰。
流香涨腻满晴川。彩线轻缠红玉臂，
小符斜挂绿云鬟，佳人相见一千年。

时代祭龙演变而来。仲夏端午，苍龙七宿飞升于正南中央，处在全年最"中正"之位，正如《易经·乾卦》第五爻："飞龙在天。"端午是"飞龙在天"吉祥日，龙及龙舟文化始终贯穿端午节的传承历史。关于端午节起源的传说很多，其中纪念屈原投江的传说影响最广。端午节的节俗活动有兰汤沐浴，佩挂香囊，饮雄黄酒，门上悬挂菖蒲、艾草，赛龙舟，吃粽子等。

（九）七夕节

七夕节，又名"乞巧节""女儿节"，是中国的传统节日，该节日来自牛郎与织女的传说，在农历七月初七庆祝。

在古代，女子每逢七姐诞辰，她们都会向七姐献祭，祈求心灵手巧、获得美满姻缘。这也就是"乞巧"名称的来源。妇女会以五色细线对月迎风穿针，穿进了为之得巧。久而久之，七夕也成为"女儿节"。七夕节以牛郎织女的民间传说为载体，表达的是已婚男女不离不弃、白头偕老的情感，恪守的是对爱的承诺。

相关诗词

诗经·小雅·大东

或以其酒，不以其浆；
鞙鞙佩璲，不以其长。
维天有汉，监亦有光；
跂彼织女，终日七襄。
虽则七襄，不成报章；
睆彼牵牛，不以服箱。
东有启明，西有长庚，
有捄天毕，载施之行。

（十）中元节

中元节，是道教名称，民间俗称"七月半""七月十四""祭祖节"，佛教则称为"盂兰盆节"。节日习俗主要有祭祖、放河灯、祀亡魂、焚纸锭、祭祀土地等。它的诞生可追溯到上古时代的祖灵崇拜以及相关时祭。七月乃吉祥月、孝亲月，七月半是民间初秋庆贺丰收、酬谢大地的节日，有若干农作物成熟，民间按例要祀祖，用新稻米等祭供，向祖先报告秋成。该节是追怀先人的一种传统文化节日，其文化核心是敬祖尽孝。

（十一）中秋节

中秋节为农历八月十五，又称"祭月节""月光诞""月夕""秋节""仲秋节""拜月节""月娘节""月亮节""团圆节"等，是中国民间的传统节日。中秋节源自天象崇拜，《礼记》曰："天子春朝日、秋夕月。"秋夕月即在秋天祭拜月亮，由上古时代秋夕祭月演变而来。中秋节自古便有祭月、赏月、吃月饼、看花灯、赏桂花、饮桂花酒等民俗，流传至今，经久不息。中秋节起源于上古时代，普及于汉朝，定型于唐朝初年，盛行于宋朝以后。中秋节是秋季时令习俗的综合,其包含的节俗因素,大都有古老的渊源。中秋节以月之圆预兆人之团圆,为寄托思念故乡、思念亲人之情,祈盼丰收、幸福,成为丰富多彩、弥足珍贵的文化遗产。最初"祭月节"的节期是在干支历二十四节气"秋分"这天,后来才调至农历八月十五。中秋节吃月饼的习俗亦起源于宋朝,到明朝月饼已有市售,并成为赠礼物品。清朝月饼形成京式、广式和苏式等地方特色。

中秋节与春节、清明节、端午节并称为"中国四大传统节日"。

相关链接

月饼起义

中秋节吃月饼相传始于元代。据说,当时,中原广大人民不堪忍受元朝统治阶级的残酷统治,纷纷起义抗元。朱元璋联合各路反抗力量准备起义。但朝廷官兵搜查得十分严密,传递消息十分困难。军师刘伯温便想出一计策,命令属下把藏有"八月十五夜起义"的纸条藏入饼子里面,再派人分头传送到各地起义军中,通知他们在八月十五晚上起义响应。到了起义那天,各路义军纷纷响应。

很快,徐达就攻下了元大都,起义成功了。消息传来,朱元璋高兴得连忙传下口谕,在即将来临的中秋节,让全体将士与民同乐,并将当年起兵时以秘密传递信息的"月饼",作为节令糕点赏赐群臣。此后,"月饼"制作越发精细,品种更多。之后中秋节吃月饼的习俗便在民间流传开来。

(十二) 重阳节

重阳节为农历九月初九。古人以九为阳数,九月九日,双九重合,故称"重阳",又称"重九"。重阳的节俗活动有登高、赏菊、食重阳糕、佩戴茱萸等,其意在于辟邪去恶,益寿延年。重阳登高早在春秋时代就已出现,西汉时宫中每逢九月九日有佩戴茱萸、饮菊花酒等习俗。重阳节食重阳糕,糕上插有小彩旗,"糕"和"高"谐音,含有吉祥的意义。

相关链接

重阳节的传说

相传,在东汉时期,青年桓景为了替民除魔,四处访师寻道,找到了有神奇法力的仙长。仙长被桓景的精神所感动,决定收他为徒,教给他降妖剑术,还赠他一把降妖宝剑,桓景废寝忘食,日夜苦练,终于练出了一身非凡的武艺。一天,仙长把桓景叫到跟前说:"明天是九月初九,瘟魔又要出来作恶,如今你的本领已经学成,应该回去为民除害了。"仙长送给他一包茱萸叶,一盅菊花酒,并且秘授辟邪用法,让他骑着仙鹤赶回家去。

桓景回到家乡，在九月初九的早晨，按仙长的叮嘱把乡亲们领到了附近的一座山上，发给每人一片茱萸叶，一盅菊花酒，做好了降魔的准备。中午时分，随着几声吼叫，瘟魔冲了出来，刚扑到山下，它突然闻到阵阵茱萸奇香和菊花酒气，便戛然止步，脸色突变。这时，桓景手持降妖宝剑追下山来，几个回合就把瘟魔刺死，从此九月初九登高避疫的风俗年复一年地流传了下来。

（十三）腊日

腊日，即每年农历十二月初八，又称"法宝节""佛成道节""成道会"等。腊日是岁终祭祀百神之日。南北朝时以农历十二月初八为腊日，因此，腊日又叫"腊八"。相传这一天还是佛祖释迦牟尼成道之日，因此，寺院在这天煮粥来供佛，这粥被称作腊八粥。此习俗一直流传到今天。在我国北方，有"小孩小孩你别馋，过了腊八就是年"之说，过腊八意味着拉开了过年的序幕。每到腊八节，北方地区忙着剥蒜制醋，泡腊八蒜，吃腊八面、腊八粥。在南方，腊八很少被提起，腊八节是典型的北方节日。

（十四）祭灶日

灶为灶神，民间称作"灶王爷"，传说是上帝派往民间的监护神。传说，每年年底，灶君、太岁神与民间诸神都要回天庭向玉皇大帝述职，尤其灶君会向玉皇大帝禀告人间善恶是非，作为对人类奖惩报应的依据，故人们大多在此时奉拜家中诸神与灶君。民间把农历十二月二十三日或二十四日定为祭灶日。

（十五）除夕

除夕，又称"大年夜""除夜""岁除""大晦日"，是农历一年最后一天的晚上，即春节前一天晚上。农历十二月多为大月，有30天，所以又称为"大年三十""年三十""年三十晚""年三十夜"。而十二月小月时有29天，有些地区又会改称"二九暝"。"除夕"中"除"字的本义是"去"，引申为"易"，即交替；"夕"字的本义是"日暮"，引申为"夜晚"。因而"除夕"含有旧岁到次夕而除，明日即另换新岁的意思。除夕有吃团年饭、守岁、吃饺子的风俗。因为北方人习惯在除夕子时（晚上十一二点）吃饺子，意为"岁更交子"，南方人春节喜欢吃年糕，寓意"年年高"。

压岁钱的前世今生

相关链接

夕的传说

话说古代有一只四角四足的恶兽——夕，因冬季大雪覆盖而短缺了食物常到附近的村庄里找吃的，因其身体庞大、脾气暴躁、凶猛异常，给村民带来了很大的灾难。每到腊月底，人们就整理衣物扶老携幼，到附近的竹林里躲避夕。

这一年，村里人在收拾东西逃走的路途中遇到一个七八岁的孩子，饿倒在路旁。有位好心的老婆婆将孩子救醒，并要带这孩子一起上山躲避恶兽——夕，这个聪明的孩子便与老婆婆一起跟着村子里的人来到了村后的竹林里。由于冬季的竹林寒气逼人，大家冷得纷纷伐竹盖房、烧火取暖。这个被老婆婆救来的孩子就好奇地问大家："我们这竹林离村子那么近，就不怕夕追到这里吗？"有位老人回答他说："我年幼的时候就随乡亲来这里躲避夕，雪很大的那几年因为它饿极了也追来过，可是它每次看到乡亲在这竹林里伐竹就匆匆忙忙地走了。"这个孩子想了想告诉大家："我有办法除掉'夕'，让大家从今以后不用每到腊月就出来逃难。"大家听后都非常高兴，纷纷问他该怎么办。这个聪明的孩子告诉大家："多砍一些竹节带着，今夜全村人都可以回家！在你们各家的门外挂一块红布就好了，等到天亮之后夕就再也不会来了。"乡亲们半信半疑地听了这个孩子的话，由村里的老者带着各自回了家。

很快入夜了，由于村民们害怕夕会来，没有人敢睡觉，在自家门外悬挂了红布条后，都来到村中间的空地上，守着一些从竹林里带回来的碎竹节。天气寒冷，大家点了火堆取暖，饿了就拿些吃的出来……子夜，村民听到一声震天的巨吼，大家恐惧得缩作一团。这时，那个聪明的孩子突然站出来告诉大家说："我去把它引来，然后大家就往火堆里扔我们守了一夜的碎竹节。"

还没等好心的老婆婆伸手去拽，这个孩子已经到了村口。孩子看到夕正在往村里硬闯，破坏了很多东西，于是他大声地喊道："你每年都来，害得百姓不能安居乐业，今天我一定要给你点厉害！"夕听到孩子的叫声，便循着声音追了过来，可是它看到家家门墙都挂着红红的布条就没敢靠近，于是顺着孩子的声音忍着饥饿来到了村中央的空地上。这时，孩子大声说："乡亲们，往火里扔碎竹节啊！"可是大家因为害怕早已经站在那里僵住了，夕乘隙用角把孩子挑了起来重重地甩在了地上。村民们听到孩子落地的声音才反应过来，纷纷往火里扔起了竹节。由于砍伐不久，湿湿的竹节遇到旺火纷纷爆裂，噼里啪啦地响了起来！夕听到这响声抱头鼠窜，没有再损坏村里的东西。

天亮了，夕被人们扔到火里的竹节爆裂时发出的声音吓跑了，住户家因为门前挂的红条，夕没有进入所以保住了。但人们却高兴不起来，因为那个救了村庄的聪明孩子被夕挑死了，而这一天就是正月初一。这个聪明的孩子，名字就叫作"年"。

因为夕没有死，所以每年的腊月三十，大家都守着碎竹节等待着，希望早日除掉夕。可是一年又一年过去了，谁也没有再见过夕，有的只是大家为防止夕的到来燃放的爆竹与门前挂的红布条，然而却给我们留下了这个传说与过年的习俗：腊月三十的夜里，大家齐聚一堂吃着年夜饭，一起守岁等待除夕的钟声。放爆竹，贴对联。等到天亮走访邻里给予问候与祝福。初一早上，乡亲们彼此走访看看相邻有没有受伤，说一些吉祥客气的话，希望来年的腊月夕不再来。

二、少数民族节日民俗

(一) 蒙古族

"那达慕"是蒙古语，亦称"那雅尔"(Nair)，"那达慕"是蒙古语的译音，意为"娱乐、游戏"，以表示丰收的喜悦之情。那达慕大会是蒙古族历史悠久的传统节日，在蒙古族人民的生活中占有重要地位。那达慕大会是蒙古族传统的群众性娱乐活动。一般在每年的七八月举行，那时草原上牧草丰美、牛羊肥壮。大会的主要内容是摔跤、赛马、射箭3项娱乐活动。如今增添了文艺体育表演、物资交流等新内容。为期一至三天或五至七天不等，视其规模而定。

(二) 维吾尔族、回族、哈萨克族

维吾尔族、回族、哈萨克族大多信仰伊斯兰教，因此，它们的节日有共同点，即都庆祝伊斯兰教节日。

1. 宰牲节

宰牲节是伊斯兰教的重大节日，回族、维吾尔族、哈萨克族、柯尔克孜族等称其为"古尔邦节"。"古尔邦"意为"献祭""献牲"，为朝觐功课的主要仪式之一，时间是伊斯兰教历十二月十日，即朝觐期的最后一天。当日，朝觐者要进行宰牲。经济条件宽裕的穆斯林要在伊斯兰教历十二月十日至十二日，3天之内宰牲，逾期无效。我国穆斯林特别重视古尔邦节，是日皆盛装参加会礼，游坟诵经、缅怀先人、宴请亲友，有条件者宰牲。我国新疆地区各族穆斯林还举行丰富多彩的文艺联欢，以示庆祝。现在，古尔邦节已成为中国信仰伊斯兰教的10个少数民族的民俗节日。

2. 斋月与开斋节

阿拉伯语"尔德·菲图尔"的意译。波斯语称"肉孜节"(Ruzi)。伊斯兰教一般把每年的九月一日至十月一日定为斋月，封斋1个月。在斋月里，人们只能在每天日出前和日落后进食，整个白天不能吃饭喝水，称为"守斋"。此外，还要做到清心寡欲。按规定，老弱病残儿童可以不守斋，但要节制食欲。斋日期满之日，就是回族一年一度隆重的节日之一——开斋节。届时，所有虔诚的穆斯林都要沐浴更衣，身着节日盛装，到清真寺做礼拜，人们走访亲友，互相馈赠礼品，互相祝福。与宰牲节并称为"伊斯兰教的两大节日"。

(三) 藏族

雪顿节，是藏族人民的传统节日之一。每年藏历七月一日举行，为期四天至五天。在藏语中，"雪"是酸奶子的意思，"顿"是"宴""吃"的意思，雪顿节按藏语解释是吃酸奶子的节日。后来逐渐演变成以演藏戏为主，又称"藏戏节"。按藏传佛教格鲁派（黄教）的规定，每年藏历六月十五日至三十日为禁期，大小寺庙的喇嘛不许外出，以免踩死小虫，待六月三十日解禁之后方可下山。喇嘛下山时，农牧民拿出酸奶敬献，即为雪顿节。

雪顿节

（四）傣族

泼水节，亦称"浴佛节"，是中国傣族、阿昌族、布朗族、佤族、德昂族等少数民族和中南半岛某些民族的新年节日，为傣族一年中最盛大的传统节日。中国傣族节在傣历六七月（清明节后10天左右）。现已固定在公历4月13日至15日。泼水节是傣族人民的传统节日，也是傣历新年，在公历4月中旬开始举行，历时3～4天。每年的这天清晨，虔诚的佛教徒沐浴更衣，在佛寺院中心用沙堆成宝塔，坐在宝塔四周听佛僧诵经布道，祈祷丰年。之后，全寨人民各挑水担，泼在佛像身上，为佛洗尘。最后，身着节日盛装的傣族男女老少从四面八方敲着铜锣，打着象脚鼓涌向街头，伴随着"水、水、水"的欢呼声，互相追逐，把一盆盆圣洁的水泼向对方，以示美好的祝愿，直至人人全身湿透。节日期间，还要赛龙舟、跳孔雀舞，青年男女趁过节"丢包"定情。夜晚，燃放五颜六色的烟花，大家围着熊熊的篝火载歌载舞，欢闹通宵。

泼水节是展现傣族水文化、音乐舞蹈文化、饮食文化、服饰文化和民间崇尚等优秀传统文化的综合舞台，是研究傣族历史的重要窗口，具有较高的学术价值。

相关链接

泼水节的传说

远古时候，傣族居住的地方遭受了一场灾难。春无风，夏无雨，秋无艳阳，淫雨满冬。需晴不晴，需雨不雨，四季混淆，庄稼无法耕种，田荒地芜，人畜遭疫，人类面临灭顶之灾。

有个被人们称为"帕雅晚"的人，见到如此光景，决心到天庭弄清缘由，禀告天王英达提拉。他将四块木板做成翅膀，腾空而起，冲入天庭，将人间遇到的灾难报告了天王英达提拉。英达提拉调查得知是负责掌管风、雷、电、雨、晴、阴的天神捧玛点达拉乍无视捧玛乍制定的旱、雨、冷三季之规，凭借神通，蓄意作乱。而这个捧玛点达拉乍，法术高强，众天神均对他无可奈何。为惩处这个乱施淫威的天神，英达提拉装扮成一个英俊的小伙子，到捧玛点达拉乍家里去，被捧玛点达拉乍长期禁闭在深宫中的七个女儿，对这位英俊的小伙子一见钟情。七个女儿决心大义灭亲，拯救人类。面对娇女，捧玛点达拉乍终于吐露了秘密，他最怕的是用自己的头发做成"弓赛宰"（"弓"为弓、"赛"为弦、"宰"为心，意为"心弦弓"）。姑娘们在探得秘密之后，将自己父亲灌得酩酊大醉，乘机剪下他的一撮头发，制作了一张"弓赛宰"，她们刚把弓弦对准捧玛点达拉乍的脖子，他的头颅便倏而掉落。然而捧玛点达拉乍的头是只魔头，落地喷头，火势冲天。七个女儿扑向头颅抱于怀中，魔火顿灭。为扑灭魔火，姑娘们只好将魔头抱在怀中，不断轮换，直到头颅腐烂。姐妹每轮换一次，便互相泼一次水冲洗身上污迹，消除遗臭。

泼水节

捧玛点达拉乍死后，树鲁巴的麻哈捧重修历法，执掌风雨，使人间风调雨顺，人民安居乐业。修订的历法是由帕雅晚于傣历六月托梦给他的父亲宣布的。

因此，傣族便把公布新历法的六月作为辞旧迎新的年节。人们在欢度新年时，相互泼水，以此纪念那七位大义灭亲的善良姑娘，并寓驱邪除污，求吉祥如意，流传至今。

（五）壮族

三月三是壮族的重要节日。其中，"三月三"歌圩普遍流行于壮族地区，又以红水河、左右江流域最为常见。每场歌圩少则几百人，多则数千人甚至数万人。在这天，家家户户制作五色糯米饭，染彩色蛋，杀鸡宰鸭，喝酒庆贺，采取不同方式欢度这个节日，有些地方比过春节还隆重。五色糯米饭是人们用采来的红兰草、黄饭花、枫叶、紫蕃藤的汁浸泡糯米，将糯米做成红、黄、黑、紫、白五色糯米饭。相传，这种食品是深得仙女的赞赏后流传下来的，也有人说是祭祀"歌仙"刘三姐的。吃了这种饭，人丁兴旺，身体健壮。壮族人喜爱五色饭，把它作为幸福吉祥的象征。在孩子满月、新居落成等喜庆日子里，也要蒸煮五色饭分送左邻右舍。壮族人也爱枫叶，认为枫叶能"除邪驱鬼"，给人带来吉利和平安。

相关链接

刘三姐的传说

据说,在唐代,壮族出了一个"歌仙",名叫"刘三姐"。她聪明过人,能歌善舞,经常用山歌歌颂劳动和爱情,揭露财主的罪恶。财主斗不过她,对她又恨又怕。因此,有一年的三月初三,财主趁刘三姐在山上砍柴,派人砍断了山藤,使她坠崖身亡。

后人为了纪念这位"歌仙",便在刘三姐遇难这天聚会唱歌,一唱就是三天三夜,歌节就此形成。后来,刘三姐的故事被相继改编成了电影、舞台剧等形式,广为流传。

(六)彝族、白族

火把节是彝族和白族的传统节日,有着深厚的民俗文化内涵,被称为"东方的狂欢节"。不同的民族举行火把节的时间不同,大多是在农历的六月二十四日,主要活动有斗牛、斗羊、斗鸡、赛马、摔跤、歌舞表演、选美等。届时,彝族、白族家家户户门前都要竖一支火把。在广场中央堆砌一个宝塔形火炬:选一根十几米长的青松立在中间,四周用干柴分

相关链接

火把节的传说

关于火把节有两个传说。一个传说是很早以前,天上有个大力士叫斯惹阿比,地上有个大力士叫阿体拉巴,两人都有拔山的力气。有一天,斯惹阿比要和阿体拉巴比赛摔跤,可是阿体拉巴有急事要外出,临走时,他请母亲用一盘铁饼招待斯惹阿比。斯惹阿比认为,阿体拉巴既然以铁饼为饭食,力气一定很大,便赶紧离开了。阿体

火把节

拉巴回来后,听母亲说斯惹阿比刚刚离去,便追了上去,要和他进行摔跤比赛,结果斯惹阿比被摔死了。天神恩梯古兹知道了此事,大为震怒,派了大批蝗虫来吃地上的庄稼。阿体拉巴便在旧历六月二十四日那晚,砍来许多松树枝、野蒿枝扎成火把,率领人们点燃起来,到田里去烧虫。从此,彝族人民便把这天定为火把节。

另一个传说是撒梅王与异族抗争,头被砍掉,待到星宿出现又长出一个头来与之奋战厮杀。最后,由于奸细的出卖,砍掉头用尖刀草扫过脖子后,撒梅王的头就再也长不出来了,死不复生。据说尖刀草上的红斑就是撒梅王的血染红的。后来,撒梅人在每年的六月二十四日、二十五日都要打起火把纪念撒梅王,并寻找他的英灵。

层堆砌成宝塔形,顶端放一根挂满红花、白饼、海棠的翠木。傍晚,男女老少手持火把,随锣声、号角声会集于广场,将树塔点燃。顿时火光冲天,干柴烈火噼啪作响,与锣鼓声、欢呼声汇成一片,震撼山岳。

(七)朝鲜族

流头节起源于朝鲜族古代农耕社会,"流头"一词为"东流水头沐浴"的简称,主要活动是在每年的农历六月十五日,朝鲜族妇女到向东流的河里洗头沐浴,祭拜农神祖先,净身驱除杂鬼,求丰收、求健康。黑龙江牡丹江宁安一带从事农耕的朝鲜族群众一直保持着过"流头节"的习俗,历史悠久。

流头节

流头节上,村民身穿民族节日盛装,在白衣老者的带领下,高举"农者天下之大本"的旗帜,举行流头荐新仪式,并进行东流水头沐浴仪式。村民表演流头舞,进行顶水罐、跳板、摔跤、荡秋千等个人项目比赛以及拔河等集体项目的比赛,还有制作打糕和各种朝鲜族泡菜的表演与比赛。各式各样充分展示朝鲜族饮食风格的食品,体现了"流头宴"的特色。同时,周边的友邻村屯还有具有民族特色的歌舞节目、篝火晚会,以及足球、篮球、排球、接力打靶、吊桶投毽子等体育比赛。

第二节 文化内涵

文化内涵是中华传统节日的精神核心,也是其得以传承发展的动力支撑,寄寓在传统节日可闻可见的诸要素中。文化学认为,文化的结构可以分为物质文化和精神文化两个层面。中国传统节日文化作为一种文化现象自然也不例外。

一、物质层面

(一)传统节日中的饮食文化

中国早期的自然环境和地理位置等决定了中国的农耕经济,由于当时低下的社会生产力,以及对大自然力量的敬畏,古时候出现了很多的祭祀行为。这些祭祀行为一方面是为了祈求神灵确保来年风调雨顺,风和日丽,有个好收成;另一方面是为了祈求自身的健康、家人的幸福等。因此,很多传统节日饮食习惯就是在古老的祭祀基础上发展而来的,如春节吃饺子,元宵节吃元宵,端午节吃粽子,中秋节吃月饼,等等。这些伴随着祭神、祭祖以及节日饮食逐渐形成的习俗食物,都负载着一种深厚的民族情感。这些食物不仅为后来中华民族的饮食文化发展奠定了基础,更重要的是节日食物的献祀、馈赠及分享,构成了中国传统节日文化的重要成分,体现着中国人处理天人关系与社会关系的表达方式。

（二）传统节日中的服饰文化

服饰凸显的文化特征不是服饰，而是中国礼制社会的一种标志，是中华优秀传统文化中不可缺少的一部分，服饰不仅是体现中华民族的审美设计倾向和思想内涵，更是特定文化背景下的一种重要载体。这在春节这个传统节日中体现得尤为明显，与便装相比，传统节日的盛装大多雍容华贵、典雅讲究。更关注节日文化内涵的表达和展示，这从我国服饰的特点和发展演变中可窥见端倪，是我们研究一个民族历史、文化、艺术、工艺的重要参照，具有更重要的历史认识价值、艺术价值、文化价值和科学价值。比如，唐装的演变和发展就是很好的例证。

（三）传统节日中的节日仪式文化

中国古人对自然的崇拜源于对自然的敬畏，这里讲的自然除了太阳、月亮外，也包括土地上的一切生物，比如，端午节采粽叶、包粽子就体现了古人对植物的崇敬；中秋时节赏月体现了古人对月亮这种自然物体的崇拜；春节祭祖、清明扫墓体现了对祖先的尊敬。发展到今天的节日庆典多与古老的祭祀、迎神、驱邪等活动有关，保留到现在的民俗活动，如安塞腰鼓、端午龙舟、上元花灯等，不仅增添了中华民众的节日乐趣，也成了中华民族文化独特的一部分。另外，作为与节日仪式相关的民间文艺，如祭神词、神话、传说、故事等民间文学样式，祭神歌舞、戏剧等表演艺术以及搭建神棚、扎纸结彩等民间工艺，也丰富了中华民族的文化遗产宝库。

二、精神层面

（一）贵和尚中

中国古代以"和"为最高价值。孔子曾说，君子和而不同，小人同而不和。《国语》记述史伯之言说："夫和实生物，同则不继。以他平他谓之和，故能丰长而物归之。若以同裨同，尽乃弃矣。"这里对"和"的意义的解释最为明确。不同的事物相互为"他"，"以他平他"即聚集不同的事物而达到平衡，这叫作"和"，这样才能产生新事物。如果以相同的事物相加，是"同"，是不能产生新事物的。古人在这里提出了高度关注和积极倡导万物和谐的思想。尚中的"中"即不偏不倚，不走极端的意思。它是中华优秀传统文化的又一基本概念。《易传》云，"刚健中正，纯粹精也"，就是要人们效法天，在行为上允当适度，中道而行，即"持中"无过、无不及。

贵和尚中作为中华文化的基本精神，超越了民族、地域、阶级、时代的局限，激励古往今来的中华儿女奋发向上，锐意进取，不断地超越现实。同样地，这一思想在我国传统节日中也有体现。其中，春节最能体现这一精神。春节是我国人民生活中最隆重的节日，一定要全家人围坐在一起包饺子过年。包饺子和面的和就是"和"和"合"的意思，饺子的"饺"是"交"谐音，"合"和"交"是团圆、相聚之意，所以用饺子象征团聚合欢。

节日也调节了民族与民族之间的关系。一方面，通过节日，一个民族可以用和平的方式向其他民族展示自己的强大，弘扬本民族精神；另一方面，不同民族的人聚在一起庆祝节日，能增进民族认同感和文化认同感。此外，元宵节吃汤圆、中秋节吃月饼等，都表达了人们希望生活团团圆圆、和谐美好的愿望。清明节折柳、端午节采艾叶、重阳节遍插茱黄，这些驱恶辟邪的习俗也显露出尚美的意愿。

（二）天人合一

天人合一，即肯定人与自然的统一，亦即认为人与自然"天人合一不是敌对的关系，而是具有不可割裂的关系"。中国的传统节日从根本上说都是古代劳动人民在具体的生产实践和与大自然的搏斗过程中，总结的一些自然界的运行规律，可以说体现了人与自然的和谐，古人依照自然节奏、自然节气进行农业生产，是人类的行为方式和自然界和谐统一的一个良好体现，对节气的庆祝预示着人们祈求天气的风调雨顺，从这一点可以看出天人合一实际上指的就是自然界和人类精神的统一。如春节迎新、清明节踏青、中秋节赏月、端午节赛龙舟、重阳节登高都体现了天人合一的思想。

天人合一思想除了人与自然协调外，更主要的是"天人合德"，即人应该效法天德，向自然学习，与天合德，这是天人合一的最高境界和最高理想。这种认识影响着许多人的价值取向和人生态度，这与"达则兼济天下，穷则独善其身"的观点是一致的。在现实中失意时，就转向自然，或归隐山林，或躬耕田园，在其间找到乐趣，发现真义。传统节日中的一些习俗在社会发展中被淡忘或消失了，唯独亲近自然的行为得以延续，这也从侧面反映了天人合一的思想具有强大的文化生命力。

（三）贵人伦

中华优秀传统文化一个基本特征表现在伦理本位上，中国传统节日都有着贵人伦，重亲情的特征，中国传统节日成为维系中国人情关系一个重要且必要的途径，充分包含着中华民族传统伦理。比如，春节的阖家团圆，中秋节家人的团聚赏月等。其实，贵人伦还具体表现在中华民族的传统美德"孝"上，几乎每个中国传统节日都有对家族中人尤其是祖先的祭拜，表达对先人的尊敬，对家族的敬重，如重阳节重敬老，端午节妇女回娘家、女婿看望岳父岳母等。从这里可以看出，实际上这些中国的传统节日是一种道德约束，而这种约束又从传统节日中逐渐引申到人们的日常生活中，慢慢地成为人们日常生活中的一种伦理道德理念，所有人都要去遵循这些道德伦理。

第三节　现实意义

中国传统节日作为中华优秀传统文化精神的体现之一，在社会发展中产生过深远影响，这种影响既有积极的，也有消极的。一般而言，消极的习俗总是流传不久，而经过几千年社会历程流传至今的传统节日习俗则都具有深刻的现实意义。

一、中国传统节日传承中华优秀传统文化

从中国传统节日的起源、发展及历史传承来看，其蕴含了丰富的人文精神，有着丰富的文化底蕴以及形式各样的风俗习惯，属于中华优秀传统文化的瑰宝。因此，从现代文明社会提倡的多元化的文化发展及社会主义核心价值观来看，都有其进步的现实意义，对于

提升中华民族的文化素质、满足人们的文化需求有着重要的传承作用。

比如，春节阖家团圆、清明节扫墓踏青、端午节纪念屈原的划龙舟比赛等传统节日内容表现出的孝道、敬重、爱国等情怀，很容易让人想起对传统文化的记忆、对传统精神的敬重，唤起人们同宗同源的民族情怀及对文化同根性的认同。中国有许多俗语如"一人有难，众人帮忙""老乡见老乡，两眼泪汪汪"等，这些都是传统节日具有强大民族凝聚力的体现。文化凝聚力与民族凝聚力有利于增强民族团结、维系国家统一，有利于加深世界各地中华儿女的亲情，也有利于激励一个民族不断前进、发展和强大。

二、中国传统节日是进行思想政治教育的良好契机

传统节日文化的丰富内涵自然蕴含着丰富的情感教育、思想政治教育内容，越是好的思想政治教育越应该超越教条主义，产生一种入夜细无声的影响。如果以传统节日为契机，在传统节日文化中予以思想政治教育，就可以有效避免传统的课堂或者学校的教条主义式思想政治教育，而这种教育往往空洞乏味，很难引起青年大学生的注意，从而缺乏实效性。

比如，可以将传统节日中的历史人物作为丰富多彩的教育资源，有利于民族文化精神的普及，有利于培养青年大学生的民族自豪感和对民族精神的认同感。

三、中国传统节日是人们对美的追求的向往

中国传统节日中的风俗和行为习惯都是人们对美的一种向往与追求。无论是清明节踏青、端午节赛龙舟、七夕节赏星这种与大自然亲密接触的节日风俗，还是春节回家、中秋节团圆、重阳节敬老这种与亲人团圆的行为习惯，都表现出人们对美好愿景的追求。传统节日中的美主要指生命与生活之美，在亲近自然、家人团圆、希望有情人终成眷属的传统习俗中，人们体会到了生活之美，也更加珍爱生命。传统节日中的行为、愿望都发自内心，充满了感情。因此，即使有时愿望不能实现，结局未必圆满，也会因为这些行为、愿望来自心灵，而是美的。

单元练习八

一、单选题

1．下列选项中，不属于我国法定节假日的是（ ）。
A．元旦　　　　　B．春节　　　　　C．愚人节　　　　　D．国庆节
2．你认为以下四种活动，属于春节传统习俗的是（ ）。
A．和父母一起外出旅游　　　　　B．和同学一起到游乐场游玩
C．跟着父母给亲戚拜年　　　　　D．欣赏中央电视台的春节联欢晚会
3．下列节日中，全部属于外国节日的是（ ）。
A．感恩节、圣诞节、狂欢节、母亲节、愚人节
B．圣诞节、情人节、狂欢节、端午节、愚人节

C．狂欢节、母亲节、愚人节、中秋节、圣诞节

D．母亲节、愚人节、中秋节、圣诞节、端午节

4．下列选项中，不属于我国传统节日的是（　　）。

A．元旦　　　　　B．端午节　　　　　C．重阳节　　　　　D．元宵节

5．下面是四则民间传说，你认为，与元宵节的起源有关的是（　　）。

A．牛郎织女的故事

B．东方朔设巧计让那位宫女与父母双亲相见

C．嫦娥奔月的传说

D．爱国诗人屈原含愤投江报国的传说

6．以下各个选项中，全是传统节日的是（　　）。

A．元旦、春节、中秋节、国庆节、七夕节

B．元旦、春节、中秋节、七夕节、重阳节

C．春节、元宵节、端午节、中秋节、重阳节

D．春节、清明节、建军节、中秋节、重阳节

7．下列选项中，不属于世界性节日的是（　　）。

A．三八　　　　　B．五一　　　　　C．六一　　　　　D．十一

8．以下内容，属于七夕节风俗的是（　　）。

A．乞巧、祭拜钟馗、登高、赏月

B．乞巧、祭拜魁星、晒衣、晒书

C．乞巧、祭拜钟馗、晒衣、晒书

D．乞巧、团圆、祭拜魁星、饮菊花酒

9．我国传统节日中，最希望与家人团圆的两个节日是（　　）。

A．中秋节、七夕节　　　　　　　　B．中秋节、重阳节

C．中秋节、春节　　　　　　　　　D．中秋节、元宵节

10．下列选项不属于端午风俗的是（　　）。

A．悬艾草、挂菖蒲　　　　　　　　B．赛龙舟

C．吃"五黄"　　　　　　　　　　　D．春游踏青

11．傣族的重大节日有泼水节、关门节和开门节，均与（　　）有关。

A．藏传佛教　　　B．大乘佛教　　　C．小乘佛教　　　D．东巴教

12．''芦笙节''是（　　）的节日。

A．彝族　　　　　B．苗族　　　　　C．壮族　　　　　D．白族

13．喜戴银饰是（　　）姑娘的天性，素有"花衣银装赛天仙"的美称。

A．纳西族　　　　B．土家族　　　　C．苗族　　　　　D．白族

14．"阿细跳月"是（　　）的集体舞蹈。

A．壮族　　　　　B．苗族　　　　　C．彝族　　　　　D．白族

15．插花节、耍海会分别属于（　　）的节庆活动。

A．彝族、纳西族　B．苗族、纳西族　C．彝族、白族　　D．苗族、白族

16. 长篇叙事诗《阿诗玛》反映了（　　）人民不畏强暴、追求自由和幸福的愿望。
   A．彝族　　　　　　B．纳西族　　　　　C．白族　　　　　　D．苗族

17. 《创世纪》是（　　）的长篇史诗。
   A．纳西族　　　　　B．彝族　　　　　　C．苗族　　　　　　D．傣族

18. 白族共同体形成是在（　　）时期。
   A．大理国　　　　　B．南诏国　　　　　C．叶蕃国　　　　　D．蒙古国

19. "云南十八怪，大理粑粑叫饵块"，这"饵块"是（　　）用糯米制作的一种美食。
   A．白族　　　　　　B．纳西族　　　　　C．傣族　　　　　　D．苗族

20. 下列少数民族与其传统节日搭配正确的是（　　）。
   A．傣族—泼水节　　　　　　　　　　B．蒙古族—开斋节
   C．维吾尔族—火把节　　　　　　　　D．回族—那达慕节

二、简答题
试论述传统节日的文化内涵。

三、实践活动
1．举办一次包粽子活动。
2．调查自己家乡的传统节日习俗，做成PPT与他人进行交流。

第九章

中国传统美食与美饮

  饮食文化是一个国家和民族物质文明与精神文明的双重体现，也是国家和民族历史文化与心理特征的主要标志。自古以来，华夏儿女不仅烹制了各种各样的家常便饭、珍馐美馔，而且塑造了博大精深的中华饮食文化，这种文化不仅是中华优秀传统文化的感性载体，更是中华优秀传统文化在世界范围传播交流的重要窗口和媒介。

  源远流长的历史，幅员辽阔的地域，造就了古代中国的美食美饮，丰富了中华民族的生活体验，培养了中华儿女热爱生活、积极向上的人生态度。这种人生观又进一步激励着中华儿女投入更大的热情与智慧积累饮食文化，使"食在中国"享誉天下。本章将从"中国传统美食文化""中国传统酒文化""中国传统茶文化"三个具有代表性的饮食文化方面探讨中国传统美食与美饮的精华，深化饮食文化理论，感受饮食文化魅力，领会中华饮食独特的当代价值与现实意义。

【知识目标】

了解中国丰富的饮食文化知识，掌握中国传统饮食文化的精髓。

【能力目标】

能够向家人、朋友推荐一道中华美食，并能说出推荐理由。

掌握行酒礼、品茗之道。

【素质目标】

知行合一，在平时的饮食中做到健康饮食、文明饮食，尊重劳动者的劳动果实。

吃出健康，吃出礼仪，吃出温情，吃出文明，吃出格调。

【情境导入】

东汉末年，各地灾害严重，很多人身患疾病。南阳有个名医叫张机，字仲景。他不仅医术高明，而且医德高尚，无论是穷人还是富人，都认真施治，挽救了无数人的性命。张仲景从长沙告老还乡后，走到家乡白河岸边，见很多穷苦百姓忍饥受寒，耳朵都冻烂了。他心里非常难受，叫弟子在南阳东关的一块空地上搭起医棚，架起大锅，在冬至那天开张，向穷人舍药治伤。

张仲景的药名叫"祛寒娇耳汤"，做法是将羊肉、辣椒和一些祛寒药材放在锅里熬煮，煮好后再把这些东西捞出来切碎，用面皮包成耳朵状的"娇耳"，下锅煮熟后分给乞药的病人。每人两只娇耳、一碗汤。人们吃下祛寒汤后浑身发热，血液通畅，两耳变暖。吃了一段时间后，病人的烂耳朵就好了。

张仲景舍药一直持续到大年三十。大年初一，人们庆祝新年，也庆祝烂耳康复，就仿娇耳的样子做过年的食物，并在初一早上吃。人们称这种食物为"饺耳""饺子"或"扁食"，在冬至和大年初一吃，以纪念张仲景开棚舍药和治愈病人的日子。

张仲景舍"祛寒娇耳汤"

第一节 中国传统美食文化

孙中山先生在《建国方略》一书中提到："我中国近代文明进步，事事皆落人后，惟饮食一道之进步，至今尚为文明各国所不及。中国所发明之食物，固大盛于欧美；而中国烹调法之精良，又非欧美所可并驾。"中华民族的饮食文化，是一种广视野、深层次、多角度、高品位的悠久区域文化，在中华民族5000多年的生产和生活实践中，形成了中国特有的"吃"的艺术。

一、历史发展

中国古代饮食的发展可分为生食、熟食、烹饪三个阶段。

巢氏（旧石器）时期，人们尚不懂得人工取火和熟食，处于茹毛饮血的生食阶段。

燧人氏（旧石器）时期，人们学会了钻木取火，开始吃熟食，进入石烹时代。这时，人们已懂得使用炮、煲、煮、焙等多种烹调法。再到伏羲氏（新石器）时期"结网罟以教佃渔，养牺牲以充庖厨"、神农氏（新石器时代）时期"耕而陶"，中国的农业文化就此展开。

燧人氏钻木取火

周秦时期，中国饮食文化正式成形，当时的主食以谷物、蔬菜为主。春秋战国时期，自产的谷物、蔬菜已基本具备，只不过在食物结构方面与现在存在差异。如今，中国有"南食稻，北吃麦"的饮食习惯，而当时整体上的主食是"稷"。

汉朝淮南王刘安意外地发明了豆腐，使五谷中的"菽"（豆类）不仅可制作出多种菜肴，而且保留了营养，易于消化。东汉时期，植物油被提炼出来，与此前用的动物油一道在中国烹饪中扮演了重要角色。此外，汉代中西（西域）饮食文化的相互交流，为中原地区引进了石榴、芝麻、葡萄、胡桃（核桃）、西瓜、甜瓜、黄瓜、菠菜、胡萝卜、茴香、芹菜、胡豆、扁豆、苜蓿（主要用于马粮）、莴笋、大葱、大蒜等大量新食材，还传入了一些烹调方法。

唐朝时期，由于社会安定，四邻友好，中西方文化得到了很好的交流，举国上下一派繁荣景象，食材与烹饪方法更为多样化。

明清时期是中国古代饮食文化的又一高峰。这一时期不仅延续和发展了唐宋时期的食俗，而且还大规模引进了马铃薯、甘薯等食材，使蔬菜的种植达到了较高水准，并成为主要菜肴，使人们的饮食结构发生了很大变化。更重要的是，这一时期形成了粤、川、苏、鲁、湘、闽、徽、浙八大菜系，取得了中华食俗极具代表性的成就。

二、文化特点

经过几千年的发展,食材原料不断丰富,烹饪技术不断完善,加之受外部物质条件的影响,各地的饮食通过调试整合,逐渐形成了中国饮食文化的独有特点。

(一) 地域风味

早在秦汉时期,《黄帝内经》就记载:"东方之域其民食鱼而嗜盐,西方之民华食而脂肥,北方之民乐野处而乳食,南方之民嗜酸而食胕"。中国地大物博,幅员辽阔,人口众多,不同区域的自然环境和人文条件存在许多差异,反映到饮食上也就带有了地域性的特色,比如,在主食方面一直有"南米北面"的说法,在菜肴和面点方面也有八大菜系和三大面点流派之分。

(二) 四季有别

"不时不食"一直是中国饮食文化的特点之一。中国人自古以来便讲究按季节变化进行菜肴的调味与搭配,如冬季调味宜醇浓,多食用羊肉、牛肉等滋补食物,以炖、煮为主;而夏季调味清淡,多食用绿豆、苦瓜等清热去火的食物,在烹饪方式上也以凉拌、拼盘为主。

(三) 层次鲜明

古代中国是宗法制国家,等级森严,不同等级有不同社会地位和待遇。在饮食活动层面就表现为等级礼制,在宏观层面就表现为文化的层次性。具体而言,主要可分为五个层次。

最广大底层民众没有或少有超出小农经济丰年以上的饮食要求,尚不具备充分体现饮食生活的文化、艺术等物质和精神条件,所以"粗茶淡饭"便是日常,其饮食基本水准常处于果腹层。

城市中的一般市民,农村中的中小地主、下等胥吏以及经济、政治地位相应的其他民众通常能过上温饱生活或超出这一经济水平,已具有一定的文化色彩,因而达到了小康层。

中等仕宦、富商和其他殷富之家,相较普通市民阶层有了明显的经济、政治和文化优势,具备较充足的条件讲究饮食,而且仕宦的特权和优游、富商大贾的豪侈贪欲、文士的风雅猎奇等,赋予了他们突出的文化色彩,在饮食文化上已属于富家层。历史上的许多美食家、饮食理论家就是出自或附属于这一阶层。

达官贵胄及家资丰饶的累世望族则属于贵族层。他们家中童仆千万,厨作队伍组织健全,分工细密,擅长绝技的名师巧匠为其中坚。贵族层利用经济、政治上的特权,过着养尊处优的生活,其饮食往往是"钟鸣鼎食""食前方丈",是中国饮食文化发展的一股重要力量。

最上层是宫廷层,其主体是中国最高统治阶层。宫廷膳饮凭借御内最精美珍奇的上乘原料,运用当时最好的烹调条件,在悦目、福口、怡神、示尊、健身、益寿等原则指导下,创造了诸多无与伦比的精美肴馔,充分显示了中国饮食文化的科技水平和文化色彩,体现了帝王饮食富丽典雅而含蓄凝重,华贵尊荣而精细真实的阶层特色。

这五个层次在用料、技艺、条件、风格、排场等方面,存在着明显差异,充分体现出中国传统饮食文化内容和结构的复杂性。

(四) 民族特色

中国56个民族有56种风味流派,这些流派的差异甚至大于地域间的差异。除汉族外的其他55个少数民族由于存在生活地域、传统文化等方面的民族特色，在饮食文化上也相应形成了各自的民族特色。这些特色反映的绝不仅仅是食材的不同，还反映了各民族饮食习俗、民族文化等形成的文化差异。中华民族作为一个由56个民族组成的大家庭，又具有鲜明的特色。从这一层面来说，中国饮食文化就是中华民族饮食文化。

此外，某些民族或民众由于宗教信仰而禁忌一些饮食，长期以来也形成了特有的宗教饮食特质，如部分信仰佛教的民族形成了食素菜系，信仰伊斯兰教的民族形成了以回族饮食文化为核心的伊斯兰菜系。

（五）内外兼美

中国饮食的美，是饮食活动形式与内容的完美统一，给人带来审美愉悦和精神享受。这种美首先体现为味美，中华饮食特别推崇"本味主张"，从食材的选择到制作都讲究天然味道，追求食物的隽美之味。其次体现为色美，中国菜肴在制作上既讲究保留食材的自然本色，也讲究对食材搭配调色。例如，在宴席上的配菜必须有红色、黄色、青色、白色四种颜色的菜，才能显示出丰富多彩。最后体现为形美，造型别致的食物不仅给人以味觉上的享受，也带来视觉上的美感。这种形美往往通过精细的刀工来体现，精湛娴熟的刀工与色香俱全的美味相结合，使中国菜成了名副其实的"功夫菜"。除了食材本身，中国人对餐具的选择也十分考究。若菜品的容器具有观赏性，则菜品在造型上的审美性也大大增强。所以，古人历来把使用制作精细、美观大方、搭配合理的餐具视为一种美的享受。

（六）重情厚礼

早在西周时期，《周易·讼》就记载"六三，食旧德"。所谓"食旧德"，即让后人承继前人的思想，安享前人留下的恩德。在日常生活中，饮食更是中国人实现情感交流的重要媒介，比如，每逢中国传统节日以及诞生礼、婚礼等人生重大时日，人们便会设宴聚首，通过"食"的行为调节人际关系，延续道德伦理。一日三餐，对于中国人而言，不仅仅是满足日常生理的需要，更是人们进行情感表达、信息交流、心绪调节的一种社交活动，在果腹之余更多地被赋予了情感满足的功能。

而在整个通过饮食沟通情谊的过程中，不可缺少的便是中国完备的饮食礼仪。《礼记·礼运》记载"夫礼之初，始诸饮食"，饮食是礼仪之源。在中国古代，饮食的内容、礼仪、规模等都有严格的等级礼制，比如，周代天子食宴要有十二鼎，其他诸侯则依次递减。此外，美食、美器的结合也要体现"礼"，从器具的质地、造型、选用，到宴会的规格、座次等，均要有明确严格的规定，以体现出森严的等级性和伦理规范。古人的筵席宴飨，便是基于人与人之间"礼"的关系形成的就餐形式。

三、地方菜系

中国饮食文化的菜系，是指在一定区域内，由于气候、地形、历史、物产及饮食风俗的不同，经过漫长历史演变而形成的一整套自成体系的烹饪技艺和风味，并被全国各地承认的地方菜肴。不同派系的风味美食不仅承载着浓厚的乡情亲情，更是中华儿女对家乡、民族、国家热爱之情的深厚蕴藉。

中国的地方菜系主要指鲁菜、川菜、粤菜、苏菜、湘菜、闽菜、徽菜、浙菜八大菜系。

（一）鲁菜

1. 概况

鲁菜起源于山东，是中国传统四大菜系中唯一的自发型菜系，是历史最悠久、技法最丰富、难度最大、最见功力的菜系之一。

2. 原料

鲁菜原料为胶东半岛盛产的果蔬和各种海鲜，微山湖盛产的各种河鲜，以及粉丝、葡萄酒等。

3. 烹调方法

鲁菜加工技法全面，常用的有爆、炒、熘、蒸、扒等。

4. 口味

鲁菜以咸鲜为主，醇厚不腻，鲜、香、脆、嫩。

鲁菜：德州扒鸡

5. 代表菜

鲁菜的代表菜有糖醋鲤鱼、德州扒鸡、葱烧海参、油爆海螺、炸蛎黄、清蒸加吉鱼、九转大肠、清氽赤鳞鱼、油爆双脆、清汤燕菜等。

（二）川菜

1. 概况

川菜起源于四川、重庆。巴蜀地区山川环抱，物产丰富，境内气候温和，四季常青，盛产粮、油、果、蔬和禽、畜及河鲜、野味，饮食以麻、辣、鲜、香为特色。川菜的出现可追溯至秦汉时期，在宋朝时期已形成流派。明末清初，辣椒传入中国一段时间以后，川菜进行了大革新，逐渐发展成了现在的川菜，主要由成都、重庆、自贡等风味构成，有"食在中国，味在四川"之美誉。

川菜：麻婆豆腐

2. 成都风味

成都风味除具有川菜的共同特点外，更注重麻味在加工中的应用。成都风味代表菜有麻婆豆腐、樟茶鸭子、家常海参、干烧鲜鱼、锅巴肉片、鸡豆花、红烧熊掌、回锅肉等，特色小吃有赖汤圆、龙抄手、担担面、夫妻肺片等。

3. 重庆风味

重庆风味川菜更注重辣味的应用，其辣香特别突出。代表菜有鱼香肉丝、干烧岩鱼、毛肚火锅、一品海参、烧牛头方、清炖牛尾等。面点小吃有山城小汤圆、九园包子、鸡丝凉面、鸡汁什锦等。

4. 自贡风味

自贡地区多少数民族，自贡风味除具有川味特征外，还具有浓厚的少数民族特色，口味麻辣并重，鲜香软嫩。自贡风味川菜代表菜有水煮牛肉、小煎鸡等。

（三）粤菜

1. 概况

粤菜即广东菜，是中国传统四大菜系之一，在经历了2000多年的发展历程后，于晚清时期成熟。广东地跨亚热带和热带，气候温暖，四季常青。北依五岭，中有珠江，南临南海，各种动、植物原料丰富。加上广东作为对外贸易的枢纽，是最早对外开放的口岸之一，因此，粤菜虽起步较晚，但影响深远，发展迅猛，在世界各地与法国大餐齐名。粤菜主要由广州、潮州、东江三种风味构成。

2. 广州风味

广州风味粤菜主要指珠江三角洲平原和部分沿海地带，擅长清蒸、软炒、烩、烤等，口味清新，清而不淡，鲜而不俗。广州风味粤菜代表菜有烤乳猪、一品天香、红烧大鲍翅、清汤鱼肚、脆皮鸡、红烧乳鸽等。

3. 潮州风味

潮州风味粤菜主要包括潮州、汕头、潮阳、普宁、饶平、揭阳、海丰等地在内的潮汕平原地区风味。潮州风味粤菜以烹制海鲜见长，代表菜有烧雁鹅、豆酱鸡、红烧大鲍翅、明炉烧螺、太极素菜羹等。

粤菜：脆皮乳鸽

4. 东江风味

东江风味粤菜又称"客家风味"，因历史上大批客家人聚居而得名。东江主要包括梅县、东莞和惠州等地区。东江海、河鲜相对较少而禽畜及野味较多，多用炖、煲、焗、酿等烹饪法，酥软香浓，口味偏咸。东江风味粤菜代表菜有东江酿豆腐、东江盐焗鸡、红焖牛肉、爽口牛肉丸、香酥鸭等。

（四）苏菜

1. 概况

苏菜即江苏菜系。江苏位于中国东部，地理条件优越，气候温和，东临黄海、东海，长江横穿中部，湖泊河流交错，四季丰产各种海、河鲜和果蔬，有"鱼米之乡"的美称。苏菜讲究选料和造型，刀工精细，口味偏甜，特色鲜明。苏菜主要由淮扬、南京、苏锡、徐海等风味构成。

2. 淮扬风味

淮扬风味苏菜主要指扬州地区的淮河流域风味。此域南到镇江，北到洪泽湖，东到沿海，水产品丰富。淮扬风味苏菜代表菜有醋熘鳜鱼、三套鸭、大煮干丝、炝虎尾、水晶肴肉等；名点有淮扬细点、蟹黄汤包、黄桥烧饼、鱼汤面等。

3. 南京风味

南京风味苏菜以醇和为主，擅长焖、炖和烤等烹调法，尤其是擅制鸭馔面，清真菜肴品种丰富。南京风味苏菜代表菜为盐板鸭、叉烤鸭、桂花虾饼、炸虾球、松鼠鱼和凤尾虾。

4. 苏锡风味

苏锡风味指苏州、无锡地区包括太湖、阳澄湖等地的风味，擅长烹调河鲜，注重造型，口味略甜。苏锡风味苏菜代表菜有碧螺虾仁、雪花蟹汁、香脆银鱼、无锡排骨等；名面点有苏州糕团、昆山面等。

5. 徐海风味

徐海风味的"徐海"指徐州沿东陇海线至连云港一

苏菜：碧螺虾仁

带。徐海风味苏菜以鲜咸为主，五味兼有，风格淳朴，菜肴有齐鲁之风。

（五）湘菜

1. 概况

湘菜即湖南菜系，调味特色是酸辣，以辣为主，酸寓其中。湖南大部分地区地势较低，气候温暖潮湿，古称"卑湿之地"，而辣椒具有提热、开胃、祛湿、祛风之效，故深为湖南人民所喜爱。湘菜主要有湘江风味、洞庭湖风味、湘西风味。

湘菜：辣椒炒肉

2. 湘江风味

湘江风味指以长沙、湘潭、衡阳为中心的地区风味。湘江风味湘菜口味浓淡厚薄分明，讲究酸、辣、软、嫩、清、鲜、香。

3. 洞庭湖风味

洞庭湖风味指以常德、岳阳等地为中心的地区风味。洞庭湖风味湘菜具有色重、油厚、咸辣、香软特点。

4. 湘西风味

湘西风味属山区风味，以怀化等地为中心，具有咸、香、酸、辣的主要特点，擅长烹制熏肉、腌肉制品。湘菜代表菜有板栗烧菜心、红烧甲鱼、冰糖湘莲、荷叶软蒸鱼、清炖牛肉、红煨鱼翅、腊味合蒸、酱汁肘子、麻辣子鸡等。

（六）闽菜

1. 概况

闽菜是福建菜系。福建位于中国的东南部，地属亚热带，气候温和，雨量充沛，四季如春；省内江河纵横交错，西部群山环绕；海鲜佳品常年不断，山珍野味、蔬菜瓜果丰富。闽菜主要由福州、闽南、闽西风味构成，最突出的烹调方法有醉、扣、糟等。

闽菜：佛跳墙

2. 福州风味

福州风味主要是福州周边地区风味，是闽菜的主流，具有清爽、鲜嫩、淡雅，偏于酸甜和汤菜居多等特点。福州风味闽菜善用红糟为佐料，代表菜有佛跳墙、淡糟香螺片。

3. 闽南风味

闽南风味指厦门、泉州和漳州等地的风味，其影响远及台湾。闽南风味闽菜口味以鲜醇、香嫩和清淡为主，讲究作料，善用香辣，擅长瓜果制菜。

4. 闽西风味

闽西地处山区，主要出产各种野味和河鲜，闽西风味闽菜与广州的东江菜有几分相似。具有鲜嫩、浓香、醇厚的特色，善用各种香辣作料。闽西风味闽菜代表菜有油焖石鳞、姜鸡、白斩河田鸡、炒沙茶牛肉、青菜鲍鱼、当归牛腩、鸡丝燕窝、糟汁余海鲜、荔枝肉等。

（七）徽菜

1. 概况

安徽位于华东腹地，气候温和，雨量适中，四季分明。长江、淮河贯穿其中部，域内黄山、九华山和大别山等耸立，独特的地理环境造就了十分丰富的物产，为其提供了风味基础。

2. 原料

徽菜的原料有大别山盛产的竹笋、香菇、木耳、板栗、山药、雪梨、石鸡；沿江、沿淮盛产的各种水产品，有长江鲥鱼、巢湖银鱼、淮河肥王鱼；淮北平原、江淮地区和江南地区盛产各种禽畜蔬菜水果，有太和椿芽、砀山酥梨、萧县葡萄等。

徽菜：葡萄鱼

3. 烹调方法

徽菜擅长刀工、重火工，常用的有烧、腌、煲、炸、炖、熏、蒸等三四十种，最具特色的是滑烧、清炖、生熏等。

4. 口味

徽菜以咸鲜微甜为主，主要味型有咸香、咸甜、糖醋、椒盐和酸辣甜等。调味善用芫荽、辣椒和冰糖等。有油重芡大、鲜嫩酥醇的特点。

5. 代表菜

徽菜的代表菜有黄山炖鸽、符离集烧鸡、美味葡萄鱼、炸琵琶虾、毛峰熏鲥鱼、清香炒焐鸡、无为熏鸭、砂锅清炖八宝鸭等。

（八）浙菜

1. 概况

浙江东临东海，有水产品产量位居全国之首的舟山渔场。境内江河、平原、丘陵分布，物产丰富。浙菜是以杭州、宁波、绍兴和温州四种风味为代表的地方菜系，采用原料广泛，注重原料的新鲜与搭配，以求味道的互补，充分发掘出普通原料的美味与营养。

浙菜：东坡肉

2. 原料

浙江盛产海鲜、河鲜、粮油、果蔬等，仅鱼类、贝类就有 500 多种。浙菜主要原料有金华火腿、绍兴麻鸭、西湖莼菜、富春江鲥鱼、龙泉香菇、南湖菱、舟山黄鱼、宁波黄泥螺、绍兴酒等。

3. 烹调方法

浙菜重鲜嫩，重火候，特别擅长用各种方法烹制海鲜、河鲜，常用方法有 30 多种，擅长炒、炸、烩、熘、蒸、烧、氽等。

4. 口味

浙菜清鲜脆嫩，本色本味；面点小吃讲究甜、糯、松、滑、咸、香、脆。

5. 代表菜

浙菜代表菜有三丝敲鱼、东坡肉、叫花鸡、油焖春笋、西湖醋鱼等。

相关链接

苏轼与美食

北宋苏轼不仅是一位文学巨匠，而且在美食和烹调方面颇有造诣。他创造出著名菜肴"东坡肉"，这与其善于运用火候有密切关系。他还将这些经验写入诗词："慢着火，少着水，火候足时它自美。"后人采用苏轼的经验，用密封微火焖熟法，烧出的肉原汁原味，油润鲜红，烂而不碎，糯而不腻，酥软犹如豆腐，适口而风味突出。

第二节　中国传统酒文化

中国是世界上最早酿酒的国家之一，也是世界三大酒系的发源地之一。酒在中国很早就摆脱了单纯的饮用价值，在凝结了人类的物质生产与精神创作之后，上升为一种饮食文化——酒文化。酒文化，是一种以酿酒、饮酒、品酒为主要内容的中华优秀传统文化现象。它的产生与酒的制作工艺特点、产地历史、风俗、地理环境等有着紧密联系。中国人在酒文化中祭祀祖先、传情达意、感慨人生，更用杯中日月描绘艺术画卷。

一、酒的发展

酒到底起源于何时，没有定论，但在数千年的历史发展进程中，有关酒的传说、起源与发展的探讨，未曾断绝，极大地丰富了酒文化的内容。

（一）酒的传说

关于酒的起源，历来传说众多，比较有代表性的为以下三种。

1. 猿猴造酒

猿猴造酒之说，自古有之。相传，山中猿猴嗜酒，在水果成熟之际，将大量水果收集起来贮存到石洼之处，堆积的水果受到大自然的微生物发酵，就在石洼中出现一种类似果酒的液体，名曰"猿酒"。

2. 仪狄造酒

据《战国策》记载，夏禹时有仪狄酿酒，她通过努力，酿造出了味道特别好的美酒，献给夏禹品尝。夏禹尝过后觉得非常不错，但又怕后代帝王会因喝酒误事，疏远了仪狄，自己也从此戒酒。不过，也有人认为酒非仪狄所造，因为早在黄帝、尧、舜时期，便已有酒可饮。所以，郭沫若曾说："相传禹臣仪狄开始造酒，这是指比原始社会时代的酒更甘美浓烈的旨酒。"

3. 杜康造酒

一种说法是晋朝江统的《酒诰》记载："有饭不尽，委馀空桑，郁积成味，久蓄气芳，本出于此,不由奇方。"这是说,杜康将未吃完的剩饭放置在桑园的树洞里,剩饭在洞中发酵后,有芳香的气味传出,这便是酒的原始做法。另一种说法是杜康是黄帝部落里一个掌管粮食的官员,因其手下渎职造成粮食发霉变质,被贬职还乡,于是官员便把这些发霉变质的粮食运回家乡,遍访民间造酒高手,总结经验,反复实验,终于酿造出美酒。

(二)酒的起源

早在史前时期,酒就已经出现,但此时的酒是自然发酵产生的,其中,既有天然酒,也有"猴采百花酿酒,土人得之石穴中"的"猿酒"。人工酿酒的起源时间与确切地点,尚未可考,但可以证明的是,最迟在新石器时代就已经出现了人工酿酒。仰韶文化遗址出土的陶器六孔大瓮,证明7000年前的中国人已经懂得酿酒技术。大汶口文化遗址出土的陶制酒器,河姆渡文化遗址第二层出土的供调酒用的陶器盉等,都足以说明在新石器时代已开始了人工酿酒。

河姆渡文化遗址出土的鸟形盉

(三)酒的发展

酒在中国漫长的历史进程中,大致经历了四个重要发展时期。

1. 启蒙与形成时期:新石器时代至商周时期

公元前7000年左右的新石器时代至公元前500年左右的春秋战国时期,是中国传统酒的启蒙与形成时期。由于五谷六畜的出现,加之火和酒曲的发明,我国成为世界上最早用酒曲酿酒的国家,发展到夏商周时期,我国酿酒技术已比较高超。

2. 成熟时期:秦汉至唐宋时期

从秦王朝一统中原开始直到唐宋时期,是中国传统酒的成熟期,这一时期拥有了比较系统且完整的酿酒技术与理论。北魏贾思勰所著的《齐民要术》一书中,记载了许多关于制曲和酿酒的方法,是中国历史上第一次对酿酒技术的系统总结。唐宋时期,传统的酿酒经验总结、升华成了酿造理论,传统的黄酒酿酒工艺流程、技术措施及主要的工艺设备基本定型,黄酒酿造进入辉煌时期。成书于北宋末年的《北山酒经》不仅系统总结和阐述了历代酿酒的重要理论,而且指出了宋代酿酒的显著特点和技术进步之处,完整地体现了中国黄酒酿造的科技精华,在酿酒实践中也极具指导价值。

在这一成熟时期,酒业开始兴旺发达。自东汉以来,连年征战,无论是统治阶级内部还是文人士子,都嗜酒成瘾,大大促进了酿酒业的发展。魏晋时期,饮酒已经在平民百姓生活中普及了。到了唐宋时期,黄酒、果酒、药酒及葡萄酒等各类酒都有了很大发展,各种名优酒品大量涌现,如新丰酒、兰陵美酒、鹅黄酒等。与此同时,不少文人墨客留下了无数赞美酒的诗篇和众多饮酒逸事,大大丰富了酒文化的内容。

3. 提高时期:元明清时期

元明清时期,由于西域蒸馏器的传入,举世闻名的中国白酒得以问世。明代李时珍的《本草纲目》曾载:"烧酒非古法也,自元时起始创其法。"自此,白酒、黄酒、果酒、葡萄酒、药酒五类酒竞相发展。其中,白酒逐渐深入百姓的生活,成为人们普遍接受的宴饮佳品,到明朝时已占领了北方的大部分市场,到清朝时更是成为商品酒的主流。

4. 变革：1840年以后

第一次鸦片战争打破了清王朝古老封闭的局面，西方先进的酿酒技术与中国传统的酿造技艺争放异彩，中国酒苑形成了百花争艳的局面。竹叶青、五加皮、玉冰烧等新酒种的产量迅速增长，传统的黄酒、白酒也琳琅满目，各显特色。

二、酒的器具与礼俗

酒的器具与礼俗紧密结合，在中国古代被赋予了极为丰富且深刻的文化内涵。不仅反映出不同时代的文化特征，而且成为酒文化中不可或缺的重要部分。

（一）酒器

酒器指经人工创造能承载酒水的饮酒用器具。古人云"非酒器无以饮酒"，中国古代的酒器是中国传统酒文化的重要载体，一方面记录了中国古代酒文化发展的历史轨迹，另一方面最直接地凸显了传统酒文化的精神气质。

早在远古时期人们就开始用粮食作为原料酿酒，但当时一器多用还非常普遍，因此最早的专用酒器源起何时，尚无定论。新石器时代出现了陶制酒器，商周出现了青铜酒器，汉代出现了漆质酒器，各种材质的酒器随着酿酒业的发展、制造工艺的提高等，一直沿用至今。

从功用方面进行划分，酒器可以分为盛酒器、温酒器、调酒器、饮酒器四类。盛酒器指在饮酒之前便于把酒倒入小杯的容器，类型诸多，主要有尊、壶、卣（yǒu）、瓿、皿、鉴、瓮、瓿（bù）、彝等。温酒器，也称"煮酒器"，常言道"温酒香浓"，所以古人饮酒常以温为佳，主要有爵、斝（jiǎ）、鐎（jiāo）等。调酒器是用水调和酒味浓淡的器具，目前已知的只有"盉"一种。饮酒器是将酒啜饮入口时捧在手上的酒器，主要有觥、觚、杯等。

商代雷纹爵　　凤鸟柱铜斝　　鸭形盉

（二）酒礼

中国自古就有"酒以成礼"之说，酒礼是人们共同遵守的饮酒准则、规范和礼节，也是一种秩序。酒的社会功能首先在于祭祀，周朝时期已形成了严格的祖先祭祀制度，设立了专门负责祭祀与宴饮事宜的酒官。比如，负责掌管祭祀用的鬯（chàng）酒和裸尊（酒器）的为"鬯人"；负责将鬯酒灌地祭祀先王的为"大宗伯"；掌管酿造"五齐三酒"的为"酒人"；而"酒正"则是酒官之长，负责制定有关酒的一切政令以及负责发送酒的材料。

除了祭祀祖先外，其他的祭祀习俗也要备酒，如祭灶。在不同的时代，祭灶习俗不断演变，但祭必用酒，饮酒必祭，是我国历代相袭的礼则。

中国古代酒礼的具体内容主要包括以下四个方面。

一是主人和宾客一起饮酒时，要相互跪拜。晚辈在长辈面前饮酒，叫"侍饮"，通常要先行跪拜礼，然后坐入次席。长辈命晚辈饮酒，晚辈才可举杯；长辈酒杯中的酒尚未饮完，晚辈也不能先饮尽，倒酒要遵守尊卑长幼的次序。

二是古代饮酒礼仪有四步：拜、祭、啐（cuì）、卒爵。拜即饮者先做出拜的动作，表示敬意；把酒倒出一点在地上是祭，乃祭祀拜谢大地生养之德；啐是尝酒味，并加以赞扬使主人高兴；卒有"最后"和"干杯"的意思，爵是古代酒器，卒爵就是"喝最后一杯酒"，仰脖一饮而尽。对于饮酒，中国古人有着不同于西方人的独到见解，这个见解包含着人对天地的敬仰，这是古老文明的体现。

三是酒辞源于古时祭祀，用于祭辞表现为庄重，用于婚嫁等喜事则表现为祝词。

四是古代敬酒讲究礼仪，由谁敬酒，敬酒的快慢缓急、先后次序都有礼数要求。古代家族饮酒先拜天，后拜地，接着拜神灵和祖先，然后族人敬酒给族长，晚辈敬酒给长辈，儿女敬酒给父母，同时说些祝酒的话，也有请戏班唱戏助兴的。越礼而行酒，不仅在正式场合不允许，就是在日常生活中也会遭到指责。

在现代，酒礼早已深入人们的生活中，比如，敬酒也仍要讲究长幼、尊卑、社会地位，一般要先外后内，先宾后主，如有几位宾客同席，要一一敬到。可以说，酒礼几乎与酒同时诞生，它以体现饮酒行为中的贵贱、尊卑、长幼乃至各种礼仪规范而成了中国传统酒文化中独具特色的一部分。

三、酒与艺术

中国的艺术作品中经常有酒的影子，因为中国的艺术家离不开酒。因醉酒而获得艺术的自由状态，这是古老中国的艺术家解脱束缚、获得艺术创造力的重要手段。刘伶在《酒德颂》中有言："有大人先生，以天地为一朝，以万期为须臾。日月有扃牖，八荒为庭衢。"这种"至人"境界就是中国酒神精神的典型体现。

（一）酒与诗歌

酒醉而成传世诗作，这样的例子在中国诗史中俯拾即是。例如，"举杯邀明月，对影成三人"（李白《月下独酌》）、"醉里从为客，诗成觉有神"（杜甫《独酌成诗》）、"俯仰各有态，得酒诗自成"（苏轼《和陶饮酒二十首其一》）、"醉里且贪欢笑，要愁那得工夫"（辛弃疾《西江月·遣兴》）等。

（二）酒与书画

在绘画和书法中，酒神的精灵更是活泼万端。"画圣"吴道子作画前必酣饮大醉，醉后为画，挥毫立就。"书圣"王羲之醉时挥毫而作《兰亭集序》，"遒媚劲健，绝代更无"，而至酒醒时"更书数十本，终不能及之"。"草圣"张旭"每大醉，呼叫狂走，乃下笔"，于是有了"挥毫落纸如云烟"的《古诗四帖》。

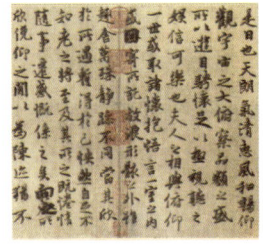
《兰亭集序》节选

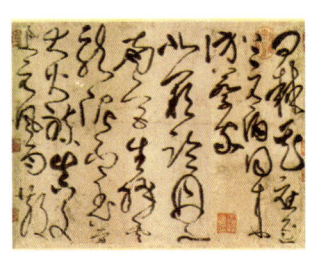
《古诗四帖》节选

（三）酒与音乐

在中国传统戏曲中，饮酒和吃饭是同义词。在戏曲舞台上，吃饭的器皿都不是饭碗、菜盘，而是酒壶、酒杯。请客吃饭，不说"请用饭"，而是说"酒宴摆下"。不管多么隆重盛大的场面，如《鸿门宴》，在舞台上表示丰盛筵席的道具也只有几个酒壶和酒杯。

酒还在中国传统音乐中扮演着重要角色，宋词的词牌（曲调）与酒有关者甚多，例如，《醉太平》（又名《醉思凡》）、《醉中真》（又名《浣溪沙》）、《醉厌厌》（又名《南歌子》）、《醉梦迷》（又名《采桑子》）、《醉花春》、《倾杯乐》、《醉桃源》（又名《阮郎归》）、《醉偎香》（又名《朝中措》）、《醉梅花》（又名《鹧鸪天》）、《酒落魄》（又名《醉落拓》）、《题醉袖》（又名《踏莎行》）、《醉琼枝》（又名《定风波》）、《酹江月》（又名《念奴娇》）、《貂裘酒》（又名《贺新郎》）等。

五齐三酒

"五齐"指的是未经过滤的五种薄酒，即"泛齐""醴齐""盎齐""缇齐""沈齐"。"三酒"为过滤去糟的酒，分别是"事酒""昔酒""清酒"。临事而造的酒称为"事酒"，冬酿夏熟的酒称为"昔酒"，酿造时间长于昔酒的称为"清酒"。

酒本身作为一种艺术，催生和滋养了中国许多其他的艺术，可以说很大程度地绚烂了中国艺术的宝库。

第三节　中国传统茶文化

中国是茶的故乡，中华民族最早发现并利用了茶这种植物，并把它发展成为我国和东方乃至世界的一种灿烂独特的茶文化。"茶圣"陆羽在《茶经》中记载："茶之为饮，发乎神农氏，闻于鲁周公。"茶在我国的发现利用以及茶文化的普及，距今已有四五千年的历史。中国的茶文化不仅包含物质文化层面，更包含深厚的精神文化层面，甚而深深影响着诗词、绘画、书法、宗教、医学等各个方面。

一、茶的种类

我国茶叶生产的历史悠久，茶区分布范围广泛。在不同的自然条件下，培育着数以百计的优良品种。品种多，茶类也就相应地增多。根据制作方法和茶多酚氧化程度的不同，可以分为绿茶、黄茶、黑茶、白茶、青茶（乌龙茶）和红茶六大基本茶类。每种茶类的制法，在同一工序中又有不同的变化，因而制茶化学变化也有差异，色香味各有千秋，形成数种以至数十种茶叶。

茶的分类

我国现有茶叶达数百种之多。

（一）绿茶

绿茶是"不发酵茶"，是以适宜茶树的新梢为原料，经过杀青、揉捻、干燥等典型工艺制成的茶叶。绿茶的主要品质特征是"三绿"，即干茶色泽翠绿、汤底黄绿、叶底嫩绿，具有香高、味醇、形美、耐冲泡等特点。

在我国茶叶中，绿茶是产量最多的一类，产区分布于各产茶区，其中以浙江、安徽、江西产量最高，品质最优。著名的传统绿茶品种主要有西湖龙井、洞庭碧螺春、黄山毛峰等。

西湖龙井

1. 西湖龙井

西湖龙井因产于浙江杭州西湖西南龙井村周围的狮峰山、梅家坞等地而得名，其中，又以狮峰龙井为最佳。此茶外形扁平光滑，形似碗钉，茶色翠绿，汤色碧绿明亮，香馥如兰，滋味甘醇鲜爽。

西湖龙井素以"色绿、香郁、味甘、形美"四绝著称。

2. 洞庭碧螺春

洞庭碧螺春产于江苏苏州太湖洞庭山，卷曲成螺，满身披毫，银白隐翠，汤色碧绿清澈，香气浓郁，滋味鲜醇甘厚。

3. 黄山毛峰

黄山毛峰产于安徽黄山及附近地区，为条形烘青绿茶，形似雀舌，色如象牙，清香高长，汤色清澈，滋味鲜浓、醇厚、甘甜。

4. 太平猴魁

太平猴魁产于安徽黄山区（原为太平县）新明龙门一带，为尖形烘青绿茶。太平县猴坑茶农王魁成精工制作的"魁尖"风格独特，质量超群。为区别于其他尖茶，用产地猴坑的"猴"字，取茶农王魁成名中的"魁"字，定名为"太平猴魁"。太平猴魁外形是两叶抱芽，平扁挺直，自然舒展。叶色苍绿明净，花香高爽，滋味甘醇。

5. 庐山云雾

庐山云雾产于江西庐山，为条形炒青绿茶。庐山的五老峰与汉阳峰之间，因终日云雾缭绕，所产茶叶品质最好，色泽碧嫩光滑，有豆花香，滋味甘醇，茶汤清澈。

6. 婺源茗眉

婺源茗眉产于江西婺源，为直条形炒青绿茶，弯曲似眉，翠绿紧结，银毫满披，汤色清澈，香气鲜浓持久，滋味鲜爽醇厚。

7. 信阳毛尖

信阳毛尖产于河南信阳西南山一带，为针形细嫩烘青绿茶，外形细圆光直，多白毫，色泽翠绿，汤色清澈，香气高爽，滋味甘醇。

8. 安吉白茶

安吉白茶产于浙江安吉，是一种嫩叶全为白色的珍稀茶树。该茶在春季时变为白绿相间的花叶，至夏才呈全绿色，成品为米白色，浓香持久，饮味鲜爽。其制作方法与绿茶相同,故属于绿茶类。

(二) 黄茶

黄茶属于发酵茶类,其杀青、揉捻、干燥等工序与绿茶制法相似,关键差别在于闷黄的工序。人们在炒青绿茶的过程中发现,由于杀青、揉捻后干燥不足或不及时,叶色会出现生变黄的现象,黄茶的制法便由此而来。按采摘芽叶范围与老嫩程度的差别,黄茶可分为黄芽茶、黄小茶和黄大茶三类,主要产区为四川、安徽、湖南、浙江、广东、湖北等地。

1. 君山银针

君山银针产于湖南岳阳洞庭湖中的君山小岛,属于针形的黄芽茶,芽头肥壮,紧实挺直,芽身金黄,满披银毫,汤色橙黄明净,香气清纯,滋味甜爽。

2. 蒙顶黄芽

蒙顶黄芽产于四川名山蒙山区域,为黄芽茶,形状扁直,芽匀整齐,鲜嫩显毫,汤色黄绿明亮,甘香浓郁。

3. 霍山黄芽

霍山黄芽产于安徽霍山大别山腹地的大化坪一带,为直条形黄芽茶,外形似雀舌,细嫩多毫,叶色嫩黄,汤色黄绿,香气鲜爽,有栗子香,滋味浓醇。

4. 霍山黄大茶

霍山黄大茶产于安徽霍山、金寨两县,属于条形黄大茶,梗壮叶肥,梗叶相连,大枝大叶,弯曲带钩,色泽油润,呈古铜色,汤色深黄显褐,滋味浓厚醇和,高爽焦香。

(三) 黑茶

作为一种利用菌发酵方式制成的茶叶,黑茶属后发酵茶,原料粗老,加工时堆积发酵时间较长,使叶色呈油黑色或黑褐色。黑茶的基本工艺是杀青、揉捻、渥堆和干燥四道工序。按照产区的不同和工艺上的差别,黑茶可分为湖南黑茶、湖北老青茶、四川边茶和滇桂黑茶。

最早的黑茶是由四川生产的,是绿毛茶经蒸压而成的边销茶,主要运输到西北边区,由于当时交通不便,必须减少茶叶的体积,因此蒸压成团块。在加工成团块的过程中,要经过20多天的湿坯堆积,毛茶的色泽由绿变黑。黑茶中以云南的普洱茶最为著名,由它制成的沱茶和砖茶深受蒙藏地区人民的青睐。

1. 普洱茶

普洱茶产于云南思茅、西双版纳、昆明、宜良等地区,因原产于云南普洱府而得名。普洱茶是以优良云南大叶种的鲜叶,经杀青后揉捻、晒干的晒青茶为原料,经过泼水堆积发酵(渥堆)而成。普洱茶外形条索粗壮肥大,色泽乌润或褐红(俗称"猪肝色"),滋味醇厚回甘,并具有独特的陈香。以普洱茶为原料,蒸压加工成的紧压茶有:普洱沱茶、七子饼茶(圆茶)、普洱茶砖等。

普洱茶

普洱茶历来被认为是一种具有保健功效的饮品。国内外的临床试验证明,普洱茶具有降血脂、减肥、抑菌助消化、暖胃、生津、止渴、醒酒解毒等多种功效。

2. 六堡茶

六堡茶是指原产于广西苍梧六堡乡的黑茶。采摘一芽两三叶，经摊青、低温杀青、揉捻、渥堆、干燥而成。六堡茶有特殊的槟榔香气，存放越久品质越佳。

（四）白茶

白茶属于轻微发酵茶，生产历史悠久，是中国六大茶类中的珍品。传统白茶制法独特，不炒不揉，晾晒烘干，成茶满披白毫，色泽银白灰绿似雪，因此得名。

白茶为福建的特产，主要产区在福鼎、政和、松溪、建阳等地。白茶制作的基本工艺是萎凋、烘焙（或阴干）、拣剔、复火等工序。白茶的制法既不破坏酶的活性，又不促进氧化作用，因此，具有外形芽毫完整、满身披毫、毫香清鲜、汤色黄绿清澈、滋味清淡回甘的品质特点。

白茶因茶树品种、鲜叶采摘的标准不同，可分为叶茶（如白牡丹、新白茶、贡眉、寿眉）和芽茶（如白毫银针）。

1. 白毫银针

白毫银针产于福建福鼎、政和等地，芽头肥壮，挺直如针，色白似银，汤色浅杏黄，滋味清鲜爽口。

白毫银针冲泡后，香气清鲜，滋味醇和。茶在杯中冲泡，即出现白云疑光闪、满盏浮花乳的景象，芽芽挺立，蔚为奇观。

白毫银针

2. 白牡丹

白牡丹产于福建建阳、政和、松溪、福鼎等地，为叶状白芽茶，因绿叶夹银白色毫芽，形似花朵，冲泡后绿叶托着嫩芽，宛若蓓蕾初开的白色牡丹而得名。白牡丹汤色杏黄或橙黄，味鲜醇香。

（五）青茶

青茶属半发酵茶类，基本工艺过程是晒青、晾青、摇青、杀青、揉捻、干燥，外形色泽青褐，故称为"青茶"，又名"乌龙茶"，以其创始人苏龙（绰号"乌龙"）而得名。在中国茶类中，青茶是具有鲜明特色的品种，由宋朝贡茶龙凤饼演变而来，创制于清朝雍正年间。其药理作用表现在分解脂肪、减肥健美等方面，在日本被称为"美容茶""健美茶"。

青茶结合了绿茶和红茶的制法，既具有绿茶的清香和花香，又具有红茶醇厚的滋味，冲泡后叶片上有红有绿，汤色黄红，有天然花香，滋味醇厚。

青茶的主要产地在福建（闽北、闽南）、广东、台湾，大体分为闽北乌龙茶、闽南乌龙茶、广东乌龙茶和台湾乌龙茶四类。名品有铁观音、黄金桂、武夷大红袍、武夷肉桂、冻顶乌龙、闽北水仙、奇兰、本山、毛蟹、梅占、大叶乌龙、凤凰单枞、凤凰水仙、岭头单枞、台湾乌龙等。

1. 武夷岩茶

武夷岩茶产于福建东北部的武夷山岩壑中，故名"岩茶"。武夷岩茶香气馥郁胜似兰花，滋味浓醇清活，生津回甘。岩茶珍品有四大名丛：大红袍、铁罗汉、白鸡冠、水金龟。大红袍居四大名丛之首，特别耐泡，有"十泡有余香"之称。武夷肉桂也是武夷名丛之一，有明显的桂皮香，佳者带乳味，久泡犹存。武夷水仙在闽北乌龙茶中具有举足轻重的地位，香气浓郁，具有兰花清香，滋味醇厚回甘，汤色清澈橙黄。

2. 铁观音

铁观音原产于福建安溪县西坪乡，为闽南乌龙茶的代表品类。铁观音外形条索卷曲、壮结、沉重，呈青蒂绿腹蜻蜓头状；色泽鲜润，砂绿显，红点明，叶表带白霜，汤色金黄，浓艳清澈，滋味醇厚甘鲜，入口回甘带蜜味，香气馥郁持久，有"七泡有余香"之誉。

3. 黄金桂

黄金桂产于福建安溪县虎邱乡，因汤色金黄有奇香似桂花，故名"黄金桂"。黄金桂条索紧细，色泽润亮金黄，香气幽雅鲜爽，带桂花香型，滋味醇细甘鲜，汤金黄明亮。

4. 文山包种

文山包种主产于我国台湾台北坪林、石碇、新店、汐止、深坑等地，其发酵程度在乌龙茶中为最轻，约为20%。文山包种茶发源于福建安溪，成茶用方纸包成长方形的四方包，因而得名"包种茶"。1881年由福建同安茶商传至台湾。文山包种外形条索卷曲而稍粗长，外观深绿色，带有青蛙皮般的灰白点，干茶具有兰花清香。冲泡后茶香芬芳扑鼻，汤色黄绿清澈，滋味有过喉圆滑甘润之感，回甘力强，系台湾北部茶类之代表，有"北文山，南凉顶"之说。

5. 冻顶乌龙

冻顶乌龙主产于我国台湾南投鹿谷，为半球形包种茶，发酵程度中等（约40%）。冻顶是山名，为凤凰山之支脉，海拔700米。该茶外形卷曲呈半球状，色泽墨绿油润，汤色黄绿，有花香略带焦糖香，滋味甘醇浓厚。

6. 东方美人

东方美人主产于我国台湾新竹北浦、峨眉乡一带，属重发酵（约80%）的乌龙茶白毫，为"白毫乌龙"之种，曾风行欧美，成为英国王室贡品，被女王命名为"东方美人"。东方美人茶芽肥大呈条状有甜香，汤色橙红，有熟果味香或蜂蜜香，滋味甜醇。

（六）红茶

红茶是在绿茶的基础上经过发酵而成的，即以适宜的茶树新芽为原料，经过杀青、揉捻、发酵、干燥等工艺而成，属于全发酵茶。制成的红茶其鲜叶中的茶多酚减少90%以上，新生出茶黄素、茶红素以及香气物质等成分，因其干茶的色泽和冲泡的茶汤以红色为主调，故名"红茶"。

红茶干茶色泽乌润，滋味甜香醇和，有"红汤红叶"的特点，主要有小种红茶（正山小种）、工夫红茶（祁红）和红碎茶（立顿红茶）三大类。

1. 祁红

祁红产于安徽祁门、贵池、石台、黟县的条形红茶，以祁门的历口、闪里、平里一带所产品质最优，故统称"祁红"。祁红外形条索紧结苗秀，汤色红艳，香气清鲜持久，滋味浓醇鲜爽，浓郁的玫瑰香是祁红特有的品质风格，加奶后乳色粉红，其香味特点犹存，赢得国际市场的高度评价。

2. 滇红

滇红即云南工夫红茶，产于云南澜沧江沿岸的临沧、保山、思茅、西双版纳、德宏、红河等地，采摘云南大叶种一芽二叶开展、一芽三叶初展和同叶质嫩度的单叶，初制经萎凋、揉捻、干燥，精制分本身、长身、圆身、轻身四条加工路线，经筛分、拼合而成。条索紧直肥硕，色泽油润，金毫显露，苗峰秀丽，汤色红艳透明，滋味醇厚回甜，香气馥郁持久。

3. 闽红

闽红工夫红茶分政和工夫、白琳工夫和坦洋工夫红茶三种。政和工夫红茶产于福建政和、松溪及浙江庆元高山茶区；毫香显露，香气高爽，茶汤浓醇。白琳工夫红茶产于福建福鼎太姥山麓白琳、翠郊、湖林等地，以白琳为集散地而得名。闽红外形紧结纤秀，含大量橙黄毫芽，呈金黄色，乌黑有光，毫香突出，滋味清鲜甜和，汤色浅红明亮。坦洋工夫红茶产于福建福安白云山麓的坦洋村，条索细长匀整，色泽乌浓鲜艳呈金黄色。

4. 川红

川红主产于四川宜宾、筠连、高县、珙县等地，以宜宾"早白尖"品种最有特色。川红细嫩显毫，乌黑油润，香气橘香持久，滋味鲜醇爽口，汤色红艳明亮。

5. 宜红

宜红是产于湖北宜昌、恩施的条形工夫红茶，外形条索紧细有毫，色泽乌润，汤色红亮，香气甜纯高长，滋味醇厚鲜爽。

6. 宁红

宁红是产于江西修水、武宁、铜鼓三县的工夫红茶。修水古为义宁州，故名。外形条索紧结圆直，峰苗挺拔，略显红筋，色乌略红，光润。肉质香高持久似祁红，滋味醇厚甜和，汤色红亮。其高级产品为"宁红金毫"，金毫显露，香味鲜嫩醇爽，汤色红艳。

7. 越红

越红为产于浙江绍兴、诸暨、桐庐、宁波等地的条形红茶，以绍兴产量最多，质量最好。绍兴古属越国，故名。越红外形紧细、乌润、匀秀，香高醇和，汤色明亮。

8. 台红

台红指主产于我国台湾的红茶。其中，"日月红茶"产于南投县鱼池乡，为条形红茶，条索紧结，色泽深褐，汤色红艳明亮，有焦糖香，滋味浓醇鲜爽。

二、茶的器具

茶具，在古代也被称为"茶器或茗器"。常言道"工欲善其事，必先利其器"，人们在从事茶艺活动时，不仅讲究茶叶的色、香、味、形和泡茶用水的清、冽、净，还要具备一套合适的器具。随着茶从一种药物到满足口腹之欲再到最终演变成为一种文化象征，茶具也从一开始的具备承托作用而有了进一步的观赏性与艺术性。茶具的品类繁多，造型优美，兼有实用和艺术的双重价值，为历代品饮者所重视。

（一）茶具的发展

茶具的历史悠久，从饮茶开始就有了茶具。从粗糙古朴的陶碗到造型别致的茶壶，茶具历经了几千年的变迁。

原始社会，祖先将采集的鲜野生茶叶，放在锅里与其他植物烹煮成羹汤食用。当时的烹饮方法和器皿都很简单，是与食物共用的木质或陶质的碗，一器多用。

西汉辞赋家王褒的《僮约》中记载"烹茶尽具，酺已盖藏"，这是我国最早提到饮茶器具的一则史料。

唐代，朝野上下无不饮茶，引发了瓷窑茶具生产的兴盛。陆羽的《茶经》中列举了当时众多的瓷窑生产地，还列举了烹茶、品饮等用途的24件器具。

宋代，制茶工艺更加精细，茶具已臻入化境，宋人已不再直接煮茶，而是用点茶法，在点茶的基础上又升华为斗茶、分茶和茶百戏，茶具也随之变化。汤瓶是点茶必不可少的茶具之一，其作用是烧水注汤。皇室以及达官贵族多使用黄金制作的汤瓶，而普通阶层人士则以瓷质汤瓶为首选。

元代，青花瓷声名鹊起，其典雅清丽的特点和茶文化的恬静淡雅两相契合，深受饮茶人士的推崇。

明代，宜兴紫砂陶与瓷器同时发展，"景瓷宜陶"并驾齐驱，紫砂茶具的艺术性不断增强。同时，散茶开始流行，不再需要碾罗后冲饮，出现了壶泡法。饮茶方式的大转变带来了茶具的大变革，从此壶、盏搭配的茶具组合一直延续到现代。

清代，"三才杯"颇受宫廷、贵族的青睐。盖碗蕴含"天盖之，地载之，人育之"的哲学观。康、雍、乾三朝皇帝都喜饮茶，曾在宫中多次举行茶宴宴请文武百官，场面宏大，景德镇瓷窑生产了大量茶具满足宫廷茶饮的需要。

三才杯　　　　　紫砂壶

中国历史上茶具的发展，显示了古朴、富丽、淡雅等不同时代的审美趣味，这一轨迹也与茶自身的发展、饮茶方法的演进同步合拍。

（二）泡茶茶具

1. 置茶器

茶则：由茶罐中取茶置入茶壶的用具。

茶匙：将茶叶由茶则拨入茶壶的器具。

茶漏（斗）：放于壶口上导茶入壶，防止茶叶散落壶外。

茶荷：属多功能器具，除兼有前三者作用外，还可视茶形、断多寡、闻干香。

茶仓：分装茶叶的小茶罐。

2. 理茶器

茶夹、茶匙、茶针。

3. 分茶器

茶海、茶盅、公道杯。

4. 品茗器

茶杯（品茗杯）、闻香杯、杯托。

5. 洗涤器

茶盘、茶船（茶池、茶洗、壶承）、渣方、水方（茶盂、水盂）、涤方、茶巾。

6. 其他

煮水器、壶垫、盖罩、奉茶盘、茶拂、茶巾盘、香炉等。

三、沏茶品茗

（一）茶的沏法

沏茶过程可用"备、洗、取、沏、端、品、斟、清"八个字来概括，具体过程如下。

备，是品茶的第一道工序，包括对茶叶、开水、茶具和品茶环境四方面的准备工作。

洗（温），指对茶具的洗涤、热烫过程，主要起到消毒和温杯的作用。

取（选），按客人的嗜好和饮茶习俗，备齐多种茶叶品种，供客人选用。

沏（泡），沏茶时手势动作要轻柔持重，倒开水时要把茶壶上下拉三次，高冲低调，即"凤凰三点头"。目的是使茶叶在杯中均匀地吸水，有利于茶叶在杯中显色、透香和吐味。此时，还要仔细辨别沏茶的水声，观察茶叶从浮到沉的形态变化。

端（敬），端茶给客人，切忌用手抓提杯子边缘或握住杯身，正确做法是恭恭敬敬地用左手托住杯底，最好下垫托盘，右手拇指、食指和中指扶住杯身。

品，客人接过茶后不能举杯一饮而尽，吃口要小，茶水通过舌头，扩展到舌苔，直接刺激味蕾，要细细品之。

斟（加），在给客人斟茶时，不要等客人喝到快露杯底时再加开水，而是要勤斟少加。我国有"浅茶满酒"的习惯，必须注意礼节，一般以杯容量的 2/3 茶液为宜。

清，要等客人离开后，才能清洗茶具，收藏起来以备下次使用。

（二）茶的品法

品茶包括尝茶、闻香、观汤和品味。

尝茶，从干茶的色泽、老嫩、形状，观察茶叶的品质。

闻香，鉴赏茶叶冲泡后散发的清香（包括留在碗盖上的"盖面香"）。

观汤，欣赏茶叶在冲泡时上下翻腾、舒展的过程，茶叶冲泡情况及沉静后的姿态。

品味，品尝茶汤的色泽和滋味。

四、茶的仪式

饮茶仪式是优秀传统文化精神的仪式化过程，重在氛围与体验。实现这种氛围与体验需要一些基本条件以及恰当的组合，这就是中国茶道追求的"五境之美"——茶叶、茶水、茶具、火候和环境。

（一）茶叶

茶叶的形状千姿百态，丰富多彩。茶叶在茶壶中缓缓舒展之时，展示着茶的灵秀之美。茶以新为贵，优质茶叶是中国茶道的基本条件之一。

（二）茶水

《茶经》中记载："山水上，江水中，井水下。"泡茶对水有严格要求，水有软硬之分，泡茶须用软水。正所谓"茶性发之于水，八分之茶，遇十分之水，茶也十分矣；八分之水，试十分之茶，茶只八分耳"。

(三)茶具

一件或一套好的茶具不仅提香、润色,更如知己神交,灵犀化境。器为茶之父,于茶道而言,茶具不仅做盛放茶汤的容器之用,更是人们在享受茶道时欣赏品味的器物,是物质和精神的双重审美载体。

(四)火候

茶道讲究火候与汤候。《茶经》中记载:"其沸,如鱼目,微有声,为一沸;缘边如涌泉连珠,为二沸;腾波鼓浪,为三沸,已上,水老,不可食也。"因此,"茶圣"陆羽认为水煮到锅边上时冒出的气泡增多,既像摇曳上升的泉珠,又像比鱼目小的蟹目,说明此时乃投茶的最佳时刻。

(五)环境

茶道讲究品茗佳境,饮茶的环境要清雅幽静,进入此环境中,可令人忘却俗世,洗净尘心。茶道环境有三类:一是自然环境,如松间竹下,泉边溪侧,林中石上;二是人造环境,如僧寮道院、亭台楼阁、画舫水榭、书房客厅;三是特设环境,即专门用来从事茶道活动的茶室。无论是哪一种,体现的都是饮茶人士对清心的追求。

煮茶的火候非常重要

饮茶的环境突出"清雅幽静"

五、茶的功效

中国的茶文化体现的是一种闲适的生活态度,其核心精神是清醒、沉思、理性、悟性,其独有气质是专一、禅定、淡泊、宁静,其独特趣味是自然、寡欲、无我、坐忘。温盏品茗,实则是修身养性。

(一)茶之养生

茶最早是被当作药物来使用的,被人们称为"茶疗"。一直以来,茶与中医的治疗都密不可分。除此之外,茶还可以配伍中药形成药茶,或是单由药食同源的茶制成药茶饮用,起到养生保健之效。从唐代开始,药茶逐渐成为家庭必备的养生之品。药茶的组方原则不离中药的性味归经理论,以因时、因地、因人制宜为原则。

(二)茶之养性

中国的茶人历来认为,茶是南方的嘉木,是大自然恩赐的"珍木灵芽"。在种茶、采茶、制茶时,必须顺应天地自然的规律,才能得到好茶。通过烹茶、品茶,使自己的精神返璞归真,心性得到完全解放,使心境达到清静、恬淡、寂寞、无为,使心灵随茶香弥漫,仿佛与天地宇宙融合,升华到"无我"的境界。这恰好暗合了中国古代"天人合一"的哲学思想，树立了茶道的灵魂。正因为"天人合一"的哲学思想融入了茶道精神，所以在中国茶人心里，充满着对大自然的无比热爱，中国茶人有着回归自然、亲近自然的强烈渴望，因此，中国茶人最能领略那种与大自然达到"物我玄会"的绝妙感受。

茶可清心，佛教讲"戒定慧"，道教讲"坐忘"，儒家讲"克己"，这些都与茶道追求的"至虚极，守静笃"境界不谋而合。佛教强调"禅茶一味"，以茶助禅，以茶礼佛，在茶中体味苦寂的同时，也在茶道中注入佛理禅机。

相关链接

凤凰三点头

"凤凰三点头"是茶艺道中的一种传统礼仪，对客人表示敬意，同时表达了对茶的敬意。高提水壶，让水直泻而下，接着利用手腕的力量，上下提拉注水，反复三次，让茶叶在水中翻动。"三点头"最重要在于轻提手腕，手肘与手腕平，便能使手腕柔软有余地。所谓"水声三响三轻、水线三粗三细、水流三高三低、壶流三起三落"都靠柔软手腕来完成。

单元练习九

一、单选题

1．以下不属于浙江名菜的是（　　）。
　A．龙井虾仁　　　B．西湖醋鱼　　　C．宫保鸡丁　　　D．油焖春笋

2．"庖丁解牛"出自我国古代著作（　　）。
　A．《论语》　　　B．《孟子》　　　C．《庄子》　　　D．《春秋》

3．区别不同饮食风味流派的主要标志是（　　）。
　A．地区　　　　　B．口味　　　　　C．制作者　　　　D．消费者

4．《茶经》的作者是（　　）。
　A．神农氏　　　　B．有巢氏　　　　C．王褒　　　　　D．陆羽

5．我国产量最多的茶叶种类是（　　）。
　A．绿茶　　　　　B．红茶　　　　　C．黑茶　　　　　D．白茶

6．黄茶中的极品——君山银针，产地是（　　）。
　A．江苏　　　　　B．江西　　　　　C．湖南　　　　　D．安徽

7．"烹羊宰牛且为乐，会须一饮三百杯"的作者是（　　）。
　A．陶渊明　　　　B．李白　　　　　C．杜甫　　　　　D．白居易

8．我国古代早期的酒是用于（　　）。
　A．劳军　　　　　B．药用　　　　　C．宴席　　　　　D．祭祀

9. 下列酒器中，不属于饮酒器具的是（　　）。

A．觥　　　　　　B．爵　　　　　　C．觚　　　　　　D．杯

10．人们在饮食活动中应当遵循的社会规范与道德规范指的是（　　）。

A．饮食风俗　　　B．饮食习惯　　　C．饮食传统　　　D．饮食礼仪

二、多选题

1．中国传统年节的代表性食品有（　　）。

A．馄饨　　　　　B．饺子　　　　　C．年糕　　　　　D．元宵

2．"五畜"除了牛、羊，还包括（　　）。

A．猪　　　　　　B．鸡　　　　　　C．鸭　　　　　　D．犬

3．除了湖南黑茶外，黑茶名品还有（　　）。

A．六堡茶　　　　B．云南普洱　　　C．湖北老青茶　　D．东方美人

4．古代的饮酒礼仪包括（　　）。

A．拜　　　　　　B．祭　　　　　　C．啐　　　　　　D．卒爵

5．茶的品法主要包括（　　）。

A．尝茶　　　　　B．闻香　　　　　C．观汤　　　　　D．品味

三、简答题

1．简述湘菜的主要特点，并介绍一道湘菜的做法。

2．中国历史上饮食文化有哪几个层次，它们之间有何关系？

四、实践活动

1．茶艺展示：以小组为单位，体验沏茶、品茶的过程。

2．诗酒中华：搜集与"酒"相关的古诗词，以小组为单位进行竞赛。

参考文献

［1］潘俊鲜，石慧，白晓丽．中华优秀传统文化［M］．北京：中国言实出版社，2022．

［2］周臻，黎莉，华雪春．中国传统文化［M］．北京：航空工业出版社，2021．

［3］杜莉，姚辉．中国饮食文化［M］．北京：旅游教育出版社，2005．

［4］谢静．中国传统饮食文化文献研究［M］．北京：中国广播影视出版社，2017．

［5］徐馨雅．图解茶道茶艺茶经［M］．北京：北京联合出版公司，2017．

［6］舒黎，唐望庆．中国茶［M］．北京：中国商业出版社，2017．

［7］李丹．中国优秀传统文化［M］．长春：东北师范大学出版社，2020．

［8］刘文，金凤杰．中国少数民族服饰文化［M］．北京：中国纺织出版社，2020．

［9］叶国良．中国传统生命礼俗［M］．上海：上海书店出版社，2017．

［10］黄秀芳．中华遗产［J］．中华遗产，2018（1）．

［11］王霁．中国传统文化［M］．北京：清华大学出版社，2021．

［12］王振杰，郭社军，池云霞．中华传统文化［M］．北京：高等教育出版社，2021．

［13］张建．中国传统文化［M］．北京：中国社会科学出版社，2007．

［14］张义君，陈巨红，周才文．中华优秀传统文化教程［M］．长沙：湘潭大学出版社，2021．

［15］卢志宁，荆爱珍，王晴．中华优秀传统文化［M］．镇江：江苏大学出版社，2021．

［16］印会河．中医学基础［M］．上海：上海科学技术出版社，1982．

［17］张珍玉．中医学基础［M］．北京：中国中医药出版社，1993．

［18］朱文慧，封银曼．中医养生［M］．北京：高等教育出版社，2016．

［19］邓沂，高新彦．中医养生学［M］．西安：西安交通大学出版社，2021．

［20］李欣．传统文化在当下语境传承中的问题与对策［J］．中州大学学报，2007（10）：43．

［21］黄辉．中国传统节日的文化价值及现实意义［J］．沙洲职业工学院学报，2008（6）：43．

［22］陈万柏，张耀灿．思想政治教育学原理［M］．北京：高等教育出版社，2007．

［23］张岱年．中国文化概论［M］．北京：北京师范大学出版社，1994．

［24］林慧．论传统节日仪式在当代的重建［J］．湖南大学学报，2017（4）．

［25］中共中央办公厅国务院办公厅印发关于实施中华优秀传统文化传承发展工程的意见［N］．人民日报，2017-01-26．

［26］苗瑞丹．论社会主义核心价值观融入传统节日的理论意蕴与实践路径［J］．内蒙古社会科学，2016（5）．

［27］刘魁立．我们中国人自己的传统节日体系［J］．江西社会科学，2011（5）．

［28］袁行霈．中国文学史：（1～4卷）［M］．北京：高等教育出版社，2014．

［29］朱东润．中国历代文学作品选（上编1～6册）［M］．上海：上海古籍出版社，2006．

［30］游国恩，王起，等．中国文学史［M］．北京：人民文学出版社，1963．

［31］中国社会科学院文研所．中国文学史［M］．北京：人民文学出版社，1962．

［32］刘大杰．中国文学发展史［M］．上海：上海古籍出版社，1982．

［33］章培恒，骆玉明．中国文学史［M］．上海：复旦大学出版社，1996．

［34］郭预衡．中国古代文学史［M］．上海：上海古籍出版社，1998．

［35］褚斌杰，袁行霈，李修生，等．中国文学史纲要［M］．北京：北京大学出版社，1986．

［36］李修生，赵义山．中国分体文学史［M］．上海：上海古籍出版社，2001．

［37］梁思成．中国建筑史［M］．上海：上海三联书店，2011．

［38］王振复．建筑中国：半片砖瓦到十里楼台［M］．北京：中华书局，2021．

［39］傅熹年．中国古代建筑概说［M］．北京：北京出版社，2016．

［40］李诫．营建法式［M］．重庆：重庆出版社，2018．

［41］柳肃．中国建筑史［M］．北京：中国建筑工业出版社，2020．

［42］马继红，张培艳．中国古建筑文化［M］．北京：中国轻工业出版社，2022．

［43］王俊．中国古代建筑［M］．北京：中国商业出版社，2015．

［44］林徽因．中国建筑常识［M］．成都：天地出版社，2019．

［45］冯慧娟．中国建筑［M］．沈阳：辽宁美术出版社，2018．

［46］伊东忠太．中国建筑史［M］．北京：中国画报出版社，2017．